本书由浙江省义乌市社会科学界联合会提供出版基金资助

吴晗研究文献资料索引

习之◎编

群言出版社
QUNYAN PRESS
·北京·

图书在版编目（CIP）数据

吴晗研究文献资料索引 / 习之编. -- 北京 : 群言出版社, 2021.2
ISBN 978-7-5193-0557-4

Ⅰ. ①吴… Ⅱ. ①习… Ⅲ. ①吴晗（1909-1969）—文献资料—书目索引 Ⅳ. ①Z89：K

中国版本图书馆CIP数据核字(2019)第291510号

责任编辑：李　群
封面设计：李士勇

出版发行：群言出版社
地　　址：北京市东城区东厂胡同北巷 1 号（100006）
网　　址：www.qypublish.com（官网书城）
电子信箱：qunyancbs@126.com
联系电话：010-65267783　65263836
经　　销：全国新华书店

印　　刷：北京众合轩文化发展有限公司
版　　次：2021 年 2 月第 1 版。　2021 年 2 月第 1 次印刷
开　　本：710mm × 1000mm　1/16
印　　张：34.5
字　　数：500 千字
书　　号：ISBN 978-7-5193-0557-4
定　　价：98.00 元

自 序

我是怎样编纂《吴晗研究文献资料索引》的

笔者想要编纂这本《吴晗研究文献资料索引》的缘起，完全出于一个非常偶然的机会。

八年多来，笔者一直在专门从事《吴晗年谱》的编撰工作。由于吴晗先生生前没有写日记的习惯（至少是目前尚未发现），编写《吴晗年谱》所需的史料，就完全靠笔者用地毯式搜索的方法，在图书馆中从浩如烟海的图书、报纸、期刊中去苦苦寻觅、摘抄。

继而我又想，吴晗先生是中国现代史和中国当代史上一位非常有影响的著名人物，它既是一位著名的历史学家、明史大家，也是一位影响力很大的社会活动家，他是一个研究中国现代史和中国当代史无法绕过去的特殊人物。关注吴晗的读者和研究吴晗的学者，也必将会越来越多。如果，我能够在编撰《吴晗年谱》的同时，编纂出一本《吴晗研究文献资料索引》的工具书来，不敢说对学术界有着多大的贡献，至少将为以后关注吴晗的读者和研究吴晗的学者提供极大的便利，为他们避免或减少像我这样繁重的重复的劳动做一点实实在在的有益的事情。于是，《吴晗研究文献资料索引》，我就这样“悄悄地”“私自地”“立项”了。

大家知道，像编纂“索引”这样一类工具性的手册类图书，大都是由一个大小不等的团队通力合作完成的。我凭一己之力如何来完成这样一个繁复、艰巨的任务呢？立项初始，我就这么想，我有这么四个有利的条件助力我来完成这项艰巨的任务：

第一，我的这个所谓的立项，没有任何组织和个人对我进行时间的考核。假以时日，短则三年五年，长则十年八年，应该总是可以完成的。实际上，从我产生这个想法的那时算起，到今天这本书稿基本完稿，笔者开始为之写这篇名为“自序”的文字时止，时间也才过去四年半多一点点，而且在这个时段中，我还同时编写出版了十本吴晗研究的专著。与我当时“短则三年五年”的规划是基本相吻合的。

第二，我在编撰五卷《吴晗年谱》的时候，对我查阅并引用过的图书、报纸、期刊以及档案资料等文献资料，都分门别类逐一进行了详细的记录。这一部分份量不小的资料，为我编纂这本《吴晗研究文献资料索引》提供了最基本、最主干的资料。

第三，目前飞速发展的网络技术，为我编纂这本《吴晗研究文献资料索引》提供了便利。这本《索引》中有三成以上的资料是来源于“国家哲学社会科学文献中心”“人民日报 1946—2003”、“中国国家数字图书馆”“中国知网”“孔夫子旧书网”《炎黄春秋》等诸多期刊的官网等多个网站及在线数据库。

第四，北京是全国的文化中心，又是吴晗先生长期学习、工作的地方。笔者身居北京，北京市档案馆、首都图书馆，特别是国家图书馆更是为我提供大量编写吴晗研究专著的史料的场所。

有了上述这四个有利条件，我的这个看似非常艰巨的编纂《吴晗研究文献资料索引》的任务，倏然间变得异常的轻松了。编写这本书，笔者很少用大块的时间，大都是利用编撰其它吴晗研究专著的“空隙”时间来进行的。而且编纂这本书，不需要特别的构思，在事先设定好本书的基本章节构架和入选规则之后，随时将可用的资料按史料产生的先后顺序，添补进书便可。随着时间的推移，我的这本书稿也由最初的几页慢慢地增长到了，须分上下两卷出版的，一千四百多页的大部头“巨著”了。

浏览完这本花了四年半时间（当然不是四年半的全部时间）编纂出来的《吴晗研究文献资料索引》，我的成就感油然而生。我认为，这本《吴晗研究文献资料索引》中所收入的吴晗研究的文献资料，虽不是挂一漏万，但应该是基本涵盖了绝大多数涉及吴晗研究的文献资料了，应该是目前唯一一本，也是最为齐全的一本查找吴晗研究文献资料的工具书了。

囿于笔者的学识水平和能力，这本《吴晗研究文献资料索引》中存在的问题和不足肯定会在所难免，笔者诚恳的期待业内方家不吝指正，以期在以后的再版中予以修订。

在这本《吴晗研究文献资料索引》即将出版之际，我首先要衷心地感谢吴晗先生家乡的浙江省义乌市社会科学界联合会为本书的出版提供了出版基金的资助。

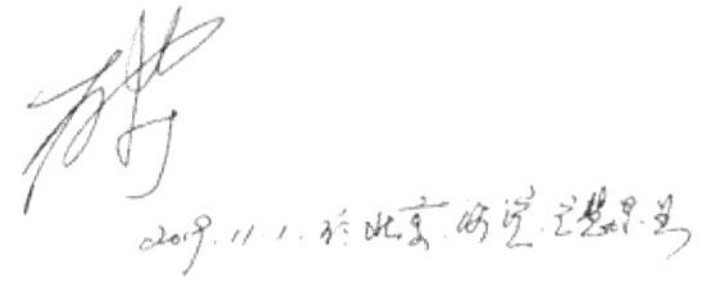

习之，吴晗研究学者，北京吴晗研究会副秘书长。曾先后出版《吴晗年谱（外事篇）》《吴晗年谱（政务篇）》《吴晗年谱（著述篇）》（上下卷）、《吴晗年谱（社会活动篇）》《吴晗年谱（生平交游篇）》等10余本吴晗研究专著，先后在各种平面媒体和网络上发表400多篇有关吴晗研究的文章。

凡　例

一、本索引共分十一章。限于篇幅，分上、下两卷出版。上卷为一至四章的新中国成立后发表的有关研究吴晗的文章及史料索引”的前一部分，截止处为 1965 年 11 月 10 日姚文元在《文汇报》上发表《评新编历史剧〈海瑞罢官〉》之前。下卷从第四章的 1965 年 11 月 10 日始至第十一章（本书下卷目录详见本书附录）。

二、本索引所收入的史料原则上按史料产生的时间为序排列。相同内容且产生时间相同的史料则再按史料题目中文字的音序排列。

三、本索引为了方便读者参阅使用，对一些专著除了做有关版权页内容的介绍外，还对专著的目录作了介绍，但为了减少篇幅仅仅只限于该专著的初版，重印和再版等均未再作介绍。

四、本索引涉及的版权页的信息资料，均系查阅该书的版权页或网上获取的该书的版权页照片所得，囿于客观条件，有些出版时间较早的文献版权页信息无法收集齐全，也只好按业已收集到的信息予以介绍。

五、本索引涉及的目录的信息资料，也系查阅该书的目录或网上获取的该书的目录照片所得，囿于客观条件，有些从网上获取的文献的非照片式的目录，排列不一定符合原件的格式，在此也作一说明。

六、有些资料由于年代久远，其中有些字的字迹不易辨认，着实不清楚的字以缺字符□表示。

目　录

一、吴晗著作专集及文章索引

1. 吴晗逝世前出版的著作索引

1.1 《江苏藏书家小史》

《江苏藏书家小史》，1933 年 5 月出版，16 开，122 页。署名：吴春晗。该书在北平《图书馆学季刊》第八卷第一期上发表后，作为《图书馆学季刊》的抽印本，由国立北平图出版品发行处代售。经编者考证，此书应为吴晗一生中最早出版的学术专著。

本书无目录。

1.2 《十六世纪前之中国与南洋》

《十六世纪前之中国与南洋》，1936 年 1 月出版，16 开。该书是由清华学报社将吴晗发表于《清华学报》第十一卷第一期上的文章《十六世纪前之中国与南洋》抽印成单行本的。

本书无目录。

1.3 《西汉经济状况》

《西汉经济状况》，1940 年 2 月由上海大东书局出版。署名：吴春晗。

目 录

四、西汉的经济政策

a 农本主义

b 困商政策

c 鬻爵

d 平准

e 征盐铁

f 榷酒酤

五、西汉的均产政策

一、名田

二、王田

六、西汉的土地制度

一、a 井田

b 私田

c 代田

d 王田

二、田数及土地与人口的分配

七、西汉的赋税制度

A. 赋

B. 税

C. 国家收入

D. 汉官俸禄表

八、西汉的货币制度

九、西汉的人口问题

十、西汉的都市问题

十一、西汉的农业灾害

十二、结论

附录一：西汉的黄金问题

附录二：西汉的移民统计

1.4 《明太祖》

《明太祖》，1944 年 6 月由重庆胜利出版社出版，一版一印，32 开。署名：吴晗。

目 录

1.5 《由僧钵到皇权》

《由僧钵到皇权》，1944 年 7 月由重庆在创出版社出版，一版一印，32 开，194 页。署名：吴晗。本书系林同济主办的“在创书林”系列丛书之一种。

目 录

1.6 《历史的镜子》

《历史的镜子》，1945 年 11 月由东方学出版社出版，一版一印，32 开，162 页。署名：吴晗。《历史的镜子》是吴晗的第 1 本作品集。东方学出版社系生活书店·读书出版社·新知三联书店的曾用名之一。

目 录

1.7 《历史的镜子》

《历史的镜子》，1945 年 11 月由生生出版社出版，生生出版社亦系生活·读书·新知三联书店的曾用名之一。

（目录与东方学出版社 1945 年版相同，略）

1.8 《历史的镜子》

《历史的镜子》，1946 年 6 月由北平生活书店重印出版。

（目录与东方学出版社 1945 年版相同，略）

1.9 《历史的镜子》

《历史的镜子》，1946 年 8 月由上海生活书店重印出版。

（目录与东方学出版社 1945 年版相同，略）

1.10 《史事与人物》

《史事与人物》，1948 年 7 月由上海生活书店出版，一版一印，32 开，189 页。署名：吴晗。《史事与人物》是吴晗的第 2 本作品集。

目 录

1.11 《朱元璋传》

《朱元璋传》，1949 年 4 月由生活·读书·新知上海联合发行所出版，一版一印，32 开。这一版《朱元璋传》是 1948 年版，吴晗将书稿寄送给三联书店后不久，即奔赴河北解放区，当时他将此书稿誊抄了一份，呈送给了毛泽东主席审阅。

目 录

1.12 《朱元璋传》

《朱元璋传》，1949 年 7 月由石家庄新中国书局重印出版。该书是新中国书局的传记丛书之一。新中国书局是三联书店在石家庄的分店，1949 年年底后停止使用新中国书局的名称。

（目录与生活·读书·新知上海联合发行所相同，略）

1.13 《朱元璋传》

《朱元璋传》，1949年8月由上海生活·读书·新知三联书店重印出版。该书是三联书店的传记丛书之一。

（目录与生活·读书·新知上海联合发行所相同，略）

1.14 《读史劄记》

《读史劄记》，1956年2月由生活·读书·新知三联书店出版，一版一印，32开，358页，260千字。署名：吴晗。《读史劄记》是吴晗的第3本作品集。该书曾有过5次重印：1957年7月进行了第2次重印，1961年11月进行了第3次重印，1979年6月进行了第4次重印，1983年6月进行了第5次重印。

目 录

1.15 《海瑞的故事》

《海瑞的故事》，1959年12月由中华书局出版，32开，36页，14千字。

本书是吴晗为主编的147本“中国历史小丛书”之一。

目 录

1.16 《投枪集》

《投枪集》，1959年9月由作家出版社出版，32开，310页，197千字。《投枪集》是吴晗的第四本作品集。该书收录了吴晗1943年—1948年这6年间所写的一部分杂文，基本按时间顺序编在一起，全书共收杂文60篇，前言1篇。

目 录

抗议非法的武装干涉集会自由
“‘一二·九’划时代的青年史诗”序
文字与形式
“一二·一”惨案与纪纲
论说谎政治
向政治协商会议控诉！
不提旧账和不提联合政府
论扩大政府组织方案
对玩火者警告·向人民申诉
行动比文字更重要
论防止官僚资本之发展
图穷而匕首见
论历史观点
从妈妈说起
两个赤字时代
救灾必须停战
警管区！特务国！
决定今后历史的十五天
论反内战运动
论打手政治
记第八大队
浙道难
真空的乡村
哭公仆
哭一多
闻一多先生传
一多先生周年祭
论法统
论暗杀政治

1.17 《灯下集》

《灯下集》，1960 年 6 月由生活·读书·新知三联书店出版，一版一印，200 页，152 千字。一版曾 8 次印刷：1961 年 6 月第 2 次印刷，1961 年 12 月第 3 次印刷，1962 年 5 月第 4 次印刷，1962 年 11 月第 5 次印刷，1979 年 3 月第 6 次印刷，1983 年 3 月第 7 次印刷，2006 年 9 月第 8 次印刷。《灯下集》是吴晗的第 5 本作品集，共收集吴晗的散文 36 篇，前言 1 篇。

目 录

论海瑞

谈迁和《国榷》

关于评价历史人物的一些初步意见

1.18 《海瑞罢官》（历史剧）

《海瑞罢官》（历史剧），1961年11月由北京出版社出版，一版一印，32开，65页，42千字。该书1962年8月进行了第2次印刷，1965年12月进行了第3次印刷，1979年3月还有新一版一印出版。

目 录

1.19 《春天集》

《春天集》，1961年12月由作家出版社出版，一版一印，32开，268页，168千字。《春天集》是吴晗的第6本作品集，主要收集了他过去两年间写的和他解放以来写的38篇文章和1篇自序。

目 录

清华杂忆
新的中国，新的人民
我克服了“超阶级”观点
我愤恨，我控诉！
所谓日美建交一百周年
一个倡议
两个朋友
老护士
北京大学古典文献专业招生志喜
春天的诗
北京，巨大变化的十年
我爱北京
天安门赞歌
喜看话剧《文成公主》
谈武则天
从历史方面来看戏
谈历史剧
再谈历史剧
论历史剧
卧薪尝胆的故事
夫人城
宣文君
冼夫人
隋末农民领袖窦建德
杰出的学者玄奘
况钟和周忱
明代民族英雄于谦
海瑞
献身于祖国地理调查研究工作的徐霞客

1.20 《学习集》

《学习集》，1963 年 2 月北京出版社出版，32 开，311 页，194 千字。《学习集》是吴晗的第 7 本作品集，其中收集了吴晗写的杂文 49 篇，自序 1 篇。该书 1980 年 11 月有新一版一印。

目 录

赵括和马谡
反对"花法"
戚继光练兵
汪辉祖论做州县官
葬花诗和《白头吟》
伟大的历史学家司马迁
《敕勒歌》歌唱者家族的命运
文天祥的骨气
爱国学者顾炎武
史学家万斯同
论民族英雄
他们走到了它的反面
忆西谛先生
历史剧是艺术，但是和历史有联系
关于历史剧的一些问题
说争论
非争论的"争论"
神话剧是不是宣传迷信
略谈《胆剑篇》
《海瑞罢官》序
写给少年作者
谈历史故事
捻与捻军笔记
影印《明经世文编》序
学习伟大祖国的历史
如何学习历史
关于研究历史的几个问题
学习历史知识的几个问题

1.21 《海瑞的故事》

《海瑞的故事》，1963 年 7 月由中华书局二版一印，一版一印是 1959 年 12 月。本书 32 开，35 页，12 千字。本书是吴晗为主编的 147 本“中国历史小丛书”之一。此次再版，书中增加了吴晗 1962 年 4 月撰写的《〈海瑞罢官〉再版题记》一文，删去了原有的《海瑞的历史地位》一文。《海瑞的故事》第 2 版。曾有过 5 次重印：1963 年 1 月第 2 次印刷，1963 年 6 月第 3 次印刷，1963 年 10 月第 4 次印刷，1979 年 3 月 5 次印刷。

目 录

1.22 《明史中的几个问题》

《明史中的几个问题》，1964 年 7 月中共中央高级党校历史教研室编印的内部资料，83 页。这本《明史中的几个问题》，是根据吴晗的讲课记录稿整理而成的。

目 录

1.23 《朱元璋传》(1965 版)

《朱元璋传》(1965 版)，1965 年 2 月由三联书店出版，302 页，214 千字。该书是吴晗生前在大陆出版的最后一本自己编辑出版的专著。该书先后有 5 次重印：1975 年 4 月第 2 次印刷，1979 年 4 月第 3 次印刷，1980 年 3 月第 4 次印刷，2008 年 9 月第 5 次印刷。

目 录

1.24 《朱元璋传》

《朱元璋传》(1965 版)，1965 年由香港传记文学出版社出版，32 开，250 页。无其他的信息资料。

1.25 《海瑞罢官》(历史剧)

《海瑞罢官》(历史剧)，1966 年 9 月由(台湾)自由青年社出版。无其他信息资料。

目录(仅录与北京 1961 年 11 月版不同之处)

1.26 《海瑞罢官及其他》

《海瑞罢官及其他》，1966 年由香港《明报月刊》编辑部出版，一版一印，32 开，56 页。该书为《明报月刊》第三期附录。

目 录

1.27 《吴晗文集》(第一卷)

《吴晗文集》(第一卷),1967 年 1 月由香港存真印书馆出版,168 页,平装本。该书由港台著名历史学家许冠三作了一篇长篇序言——《吴晗的路》。该书选编了吴晗 1930 年至 1948 年的部分文章。包括吴晗致胡适的信函以及论锦衣卫与东西厂等的文章。这应该是吴晗逝世前,由别人整理出版的他的第一本作品选集。编者暂时还未收集到该书的目录。

1.28 《金瓶梅与王世贞其著作时代与社会背景》

《金瓶梅与王世贞其著作时代与社会背景》,1967 年 1 月由香港南天书业公司出版。该书分报纸本、道林纸本和精装本 3 种版本。这本吴晗的单行本著作,应该是吴晗生前最后出版的一本单行本著作了。

目 录

b 佛教的盛衰和小令

c 太监、皇庄、皇木及其他

d 古刻本的发见

五、金瓶梅的社会背景

2. 吴晗逝世后出版的著作索引

2.1 《海瑞罢官》(历史剧)

《海瑞罢官》(历史剧),1979 年 3 月由北京出版社再版出版,32 开,73 页,44 千字,新一版一印。该书的一版一印是 1961 年 11 月。

(目录同 1961 年 11 月北京出版社版,略)

2.2 《明史讲座》

《明史讲座》,32 开,93 页,61 千字。本书是吴晗 1962 年在中央高级党校讲课时的记录稿。《北京师范学院学报》1979 年第 2、3、4 期将其连续刊载并以“北京师范学院丛书”的形式出版该单行本。

目 录

2.3 《吴晗杂文选》

《吴晗杂文选》,1979 年 12 月由人民文学出版社出版,32 开,342 页,222 千字。本书收录吴晗的杂文 59 篇。这应是大陆在吴晗逝世后,由他人整理出版的第一本吴晗的杂文选集。

目 录

第一辑

论中立
论文化杀戮
论纪念“五四”
社会贤达考
悼朱佩弦先生

2.4 《朝鲜李朝实录中的中国史料》(第一至四册)

《朝鲜李朝实录中的中国史料》(第一至四册), 1980年3月由中华书局出版。该4册书共1706页, 1119千字, 32开, 一版一印。本书吴晗在生前就已经完稿, 并交付给中华书局出版, 但由于种种原因本书未能付梓。1979年7月, 中共北京市委为“三家村”平反之后, 本书由中华书局组织出版。

(目录无)

2.5 《朝鲜李朝实录中的中国史料》(第五至八册)

《朝鲜李朝实录中的中国史料》(第五至八册), 1980年3月由中华书局出版。该4册书1670页, 1096千字, 32开, 一版一印。

(目录无)

2.6 《朝鲜李朝实录中的中国史料》(第九至十二册)

《朝鲜李朝实录中的中国史料》(第九至十二册), 1980年3月由中华书局出版。该4册书1604页, 1271千字, 32开, 一版一印。

(目录无)

2.7 《明史简述》

《明史简述》, 1980年9月由中华书局出版, 32开, 95页, 61千字。该书原为吴晗1962年在中央高级党校讲课时的记录稿。《北京师范学院学报》1979年曾出版成单行本。

目 录

2.8 《学习集》

《学习集》，1980年11月北京出版社出版，32开，279页，200千字，新一版一印。

（目录同1963年2月版，略）

2.9 《江浙藏书家史略》

《江浙藏书家史略》，1981年1月由中华书局选编出版，32开，234页，140千字，一版一印。该书是将吴晗的《两浙藏书家史略》和《江苏藏书家史略》二本小册子合并而成的。

（目录略）

2.10 《江浙藏书家史略》

《江浙藏书家史略》，1982年5月由（台湾）文史哲出版社出版，32开。署名：吴辰伯。

（目录略）

2.11 《吴晗史学论著选集》（第一卷）

《吴晗史学论著选集》(第一卷)，1984年9月由人民出版社选编出版，664页，506千字，一版一印。收入吴晗史学论著29篇。

目 录

《山海经》中的古代故事及其系统
《清明上河图》与《金瓶梅》的故事及其衍变
跋 明嘉靖本《甘泉先生文集》
跋 馆藏明弘治本《经礼补逸》
明嘉靖本《甘泉先生文集》考证
《日本图纂》
跋《断缘梦》杂剧
跋《经礼补逸》
《〈清明上河图〉与〈金瓶悔〉的故事及其衍变》补记
江浙藏书家史略
两浙藏书家史略
江苏藏书家史略
战国诸子的历史哲学
明史小评
《金瓶梅》的著作时代及其社会背景
胡应麟年谱
跋 周昭礼《清波二志》
李继煌译述的高桑氏《中国文化史》
胡惟庸党案考
晚明“流寇”之社会背景
明代的锦衣卫和东西厂
明代的殉葬制度
晚明仕宦阶级的生活
《朝鲜李朝实录》中之李满柱
明成祖生母考

2.12 《朱元璋传》

《朱元璋传》，1985 年 10 月由人民出版社出版，一版一印，32 开，302 页，214 千字，有平装本和精装本两种版本。该书重印了 8 次：1991 年 12 月进行了第 2 次印刷，1994 年 2 月进行了第 3 次印刷，1995 年 11 月进行了第 4 次重印，1996 年 8 月进行了第 5 次印刷，1998 年 10 月进行了第 6 次印刷，2003 年 9 月进行了第 7 次印刷，2007 年 8 月进行了第 8 次印刷。该书是依据三联书店吴晗的《朱元璋传》1965 年版重新出版的。

（目录同三联书店 1965 版目录，略）

2.13 《吴晗史学论著选集》(第二卷)

《吴晗史学论著选集》(第二卷)，1986 年 1 月由人民出版社选编出版，一版一印，32 开，678 页，513 千字。本书收入吴晗史学论著 37 篇。

目 录

投下考
记《明实录》
明代汉族之发展
明教与大明帝国
宋官制杂释
明成祖仁宗景帝之死及其他
记本社社友张荫麟先生
元代之钞法
记大明通行宝钞
论贪污
历史上的君权的限制
说士
三百年前的历史教训
贪污史上的一章
历史上的政治的向心力和离心力
宋代两次均产运动
明代的奴隶和奴变
论晚明“流寇”
论战史的编纂
明初的学校
论皇权
论绅权
“社会贤达”钱牧斋
再论绅权
论所谓“中国式的代议制度”
朱元璋的统治术
回纥助唐记
关于魏忠贤
明初的恐怖政治

2.14 《吴晗史学论著选集》（第三卷）

《吴晗史学论著选集》（第三卷），1988 年 3 月由人民出版社选编出版，一版一印，32 开，588 页，445 千字。本书收入吴晗史学论著 70 篇。

目 录

明初社会生产力的发展
关于中国资本主义萌芽的一些问题
厚今薄古和古为今用
论赤壁之战里的鲁肃
论赤壁之战里的周瑜、诸葛亮、张昭
元代的民间海外贸易
古代的战争
宋元以来老百姓的称呼
宋明间统治阶级的内部矛盾
唐顺之论明代刻书
曹操
明代的火器
阵图和宋辽战争
度牒
古代的服装及其他
木棉的广泛种植和传入朝鲜
海瑞的故事
从曹操问题的讨论谈历史人物评价问题
北京大学古典文献专业招生志喜
谈迁和《国榷》
关于历史知识的普及问题
明代的科举情况和绅士特权
论海瑞

谈烟草
历史的真实与艺术的真实
关于评价历史人物的一些初步意见
谈武则天
况钟和周忱
从历史方面来看戏
论历史的真实性
谈历史剧
卧薪尝胆的故事
冼夫人
关于历史人物评价问题
关于历史剧的一些问题
漫谈资料工作和研究工作
再谈历史剧
献身于祖国地理调查研究工作的徐霞客
明代民族英雄于谦
杰出的学者玄奘
捻与捻军笔记
学习伟大祖国的历史
历史教材和历史研究中的几个问题
怎样看历史剧
有关历史人物评价和历史知识普及的问题
伟大的历史学家司马迁
隋末农民领袖窦建德
如何学习历史
谈《三字经》
爱国学者顾炎武
影印《明经世文编》序
论历史人物评价

2.15 《吴晗文集》(第一卷 历史)

《吴晗文集》(第一卷 历史)，1988 年 3 月由北京出版社出版，一版一印，大 32 开，599 页，420 千字。第一卷主编为李华、杨钊、张习孔。本书收集了吴晗编史学著作 44 篇。

目 录

西王母的传说（西王母与昆仑山之一）
乌斯道传（《明史》札记之一）
陈献章传（《明史》札记之一）
跋《断缘梦》杂剧
跋《经礼补逸》
跋《一笠庵四种曲》
西王母与牛郎织女的故事（西王母与昆仑山之一）
香山碧云寺（梧轩札记之一）
汉代之巫风
读史札记——明史
盟与誓
晚明仕宦阶级的生活
烟草初传入中国的历史
《朝鲜李朝实录》中之李满柱
明成祖生母考
明代靖难之役与国都北迁
明代之农民
十六世纪前之中国与南洋（南洋之开拓）
南人与北人
十四世纪时之纺织工厂
廷杖
明初卫所制度之崩溃
元明两代之“匠户”
后金之兴起
评梁嘉彬著《广东十三行考》
明代之粮长及其他
明代汉族之发展
明初南京之旅馆业
注籍

稿费

路引

当铺

明初社会生产力的发展

关于中国资本主义萌芽的一些问题

元代的民间海外贸易

从曹操问题的讨论谈历史人物的评价问题

论海瑞

关于评价历史人物的一些初步意见

关于历史人物评价问题

漫谈资料工作和研究工作

影印《明经世文编》序

学习历史知识的几个问题

论民族英雄

朱元璋的队伍和政权的性质

明初统治阶级内部的斗争

2.16 《吴晗文集》(第二卷 历史)

《吴晗文集》(第二卷 历史),1988 年 3 月由北京出版社出版,大 32 开,572 页。第二卷的主编为李华、杨钊、张习孔。本书收集了吴晗 1955 年和 1965 年两个版本的《朱元璋传》。

目 录

2.17 《吴晗文集》(第三卷 杂文)

《吴晗文集》(第三卷 杂文),1988 年 3 月由北京出版社出版,大 32 开,492 页,345 千字。第二卷的主编为张守常、常润华。本书书收集了吴晗的杂文93篇。

目 录

说士
论贪污
贪污史上的一章
治人与治法
历史上的君权的限制
历史上的政治的向心力和离心力
宋代两次均产运动（人民历史之一章）
明代的锦衣卫和东西厂
明代的奴隶和奴变
三百年前的历史教训
论晚明“流寇”
史话
旧史新谈
生活与思想
给士兵以“人”的待遇
报纸与舆论
文字与形式
新时代和新妇女
论图籍之厄
论“五四”
吾人并非为制造一批百万富豪而战
惩办汉奸·大赦政治犯
士兵们，放下枪杆来！
正告赫尔利将军
“‘一二·九’划时代的青年史诗”序
抗议非法的武装干涉集会自由

"一二·一"惨案与纪纲
论说谎政治
向政治协商会议控诉！
论扩大政府组织方案
不提旧账和不提联合政府
对玩火者警告·向人民申诉
行动比文字更重要（论战争协商会议的成就）
论防止官僚资本之发展
图穷而匕首见
论历史观点
从妈妈说起
两个赤字时代
救灾必须停战
从昆明惨案到南通惨案
警管区！特务国！
说"帷幄上奏权"
决定今后历史的十五天
论反内战运动
论打手政治
记第八大队（还乡散记之一）
浙道难（还乡散记之二）
真空的乡村（还乡散记之三）
谁在辱国？谁在秧民？
哭公朴
死，不是结束，而是开始！
哭一多
哭一多父子
哭亡友闻一多先生
闻一多先生之死（人生自古谁无死，留取丹心照汗青）

闻一多先生传
论法统
论暗杀政治
论中立
论文化杀戮
怎么办？
我看时局
论民主政治
校庆献辞
论新基础
说儿皇帝
毛鸿上校
种子撒下去了（为纪念“一二·一”作）
记张荫麟（公元1905—1942年）
论经济紧急措施方案
人民怎样渡过这内战的难关？
新五四运动
论纪念“五四”
社会贤达考
闻一多的“手工业”
一多先生周年祭
回纥助唐记
论奴才——石敬瑭父子
论南北朝
论士大夫
同善其身，共善天下
论皇权
论绅权
再论绅权

2.18 《吴晗文集》（第四卷 杂文 戏剧）

《吴晗文集》（第四卷 杂文 戏剧），1988 年 4 月由北京出版社出版，大 32 开，515 页，362 千字。第四卷的主编为苏双碧、陈梧桐。本书收入吴晗 78 篇杂文和 1 篇戏剧。

目 录

论学习
谈读书
从打基础做起
谈写文章
多写一点杂文
谈《三字经》
说争论
争鸣的风度
讨论的出发点
论不同学科的协作
谈学术研究
论修清史
谈北京城
谈演戏
论戏剧改革
新的中国，新的人民
我克服了“超阶级”观点
老护士
北京，巨大变化的十年
他们走到了它的反面
关于朱自清不领美国“救济粮”
拍案而起的闻一多
清华杂忆
忆西谛先生
从商品生产想到中国商人的起源
郑国的商人
劳动
古代的斗将
斗将的武艺

宋元以来老百姓的称呼
古人读书不容易
古人的业余学习
古代的服装及其他
古人的坐、跪、拜
明代的科举情况和绅士特权
谈烧香
汪辉祖论作州县官
葬花诗和《白头吟》
谈火葬
卧薪尝胆的故事
赵括和马谡
伟大的历史学家司马迁
谈曹操
论夷陵之战
论赤壁之战里的鲁肃
论赤壁之战里的周瑜、诸葛亮、张昭
诈降和质子
孙权劝吕蒙学习的故事
宣文君
《敕勒歌》歌唱者家族的命运
冼夫人
隋末农民领袖窦建德
杰出的学者玄奘
谈武则天
文天祥的骨气
况钟和周忱
明代民族英雄于谦
海瑞的故事

清官海瑞
海瑞骂皇帝
献身于祖国的地理调查研究工作的徐霞客
爱国学者顾炎武
史学家万斯同
历史教材和历史研究中的几个问题
论历史知识的普及
海瑞罢官（历史剧）
附一：吴晗小传（苏双碧　王宏志）
附二：吴晗著作目录编年（张守常）

2.19 《吴晗选集》

《吴晗选集》，1988 年 5 月由天津人民出版社出版，一版一印，32 开，468 页，337 千字。本书共收入吴晗著作 27 篇。

目 录

编者前言
序　　苏双碧
《金瓶梅》的著作时代及其社会背景
胡惟庸党案考
晚明“流寇”之社会背景——
　“殷鉴不远，在夏后之世”——
《朝鲜李朝实录》中之李满柱
明代靖难之役与国都南迁
明代之农民
明教与大明帝国
论大明通行宝钞
论贪污
三百前的历史教训

2.20 《吴晗史学论著选集》（第四卷）

《吴晗史学论著选集》（第四卷），1988 年 6 月由人民出版社选编出版，一版一印，32 开，500 页，374 千字。本书收入吴晗史学论著 1 篇和 2 个版本的《朱元璋传》。

目 录

附录：
吴晗传　　　苏双碧　王宏志
吴晗著作目录编年　　张守常

2.21 《吴晗史论集》

《吴晗史论集》，1988 年 8 月由光明日报出版社出版，32 开，468 页，380 千字。该书由吴泽主编，李华、苏双碧选编。本书收集吴晗的史学论著 32 篇。

目 录

前言
西汉经济状况
昆仑奴考
明正德本《李征伯存稿》跋尾
西王母的传说
说《水浒传》(明史劄记之一)
《梅龙镇》本事考（梧轩札记之一）
香山碧云寺（梧轩札记之一）
《今古奇观》(梧轩札记之一)
胡应麟年谱
清华大学所藏档案的分析
胡惟庸党案考
明代的殉葬制度
晚明仕宦阶级的生活
朝鲜《李朝实录》中之李满柱
明代之农民
元明两代之“匠户”
后金之兴起
明代汉族之发展

论晚明"流寇"

钱牧斋之史学（永宁札记之一）

历史上的国民身份证——传·过所·路引

中古时代的水力利用——碾、硙、碓

《明太祖》和《从僧钵到皇权》

关于中国资本主义萌芽的一些问题

谈曹操

谈迁和《国榷》

论海瑞

关于历史人物评价问题

历史教材和历史研究中的几个问题

影印《明经世文编》序

论历史知识的普及

关于历史研究的几个问题

2.22 《超巨人：明の太祖朱元璋》

《超巨人：明の太祖朱元璋》，1989 年 11 月（日本）株式会社讲谈社出版，32 开，444 页。吴晗原著，堺屋太一、志村嗣生·三喜子翻译。

（编者尚未找到该书的目录）

2.23 《朱元璋传》

《朱元璋传》，1993 年 7 月由海南出版社出版，一版一印，32 开，311 页，300 千字。海南出版社曾于 1994 年 6 月第 2 次印刷，2001 年 10 月第 3 次印刷。该书是依据三联书店吴晗的《朱元璋传》1949 年版重新出版的。

（目录同三联书店 1949 年版目录，略）

2.24 《史镜管窥》

《史镜管窥》，1998 年 8 月由浙江人民出版社选编出版，一版一印，32 开，248 页，153 千字。本书收录吴晗的遗著 47 篇（含节录 5 篇）。书前有苏双碧、王宏志撰写的《卷首语》。

目 录

三百年前的历史教训
郑国的商人
宋代两次均产运动
从商品生产想到中国商人的起源
十四世纪时之纺织工厂
古代的服装及其他
古人的坐、跪、拜
南人与北人
宋元以来老百姓的称呼
古代的斗将
斗将的武艺
诈降和质子
劳动
谈火葬
明代的殉葬制度
古人读书不易
古人的业余学习
孙权劝吕蒙学习的故事
《敕勒歌》歌唱者家族的命运
葬花诗和《白头吟》
卧薪尝胆的故事
论夷陵之战

2.25 《论说谎政治》

《论说谎政治》，1999 年 2 月由知识出版社选编出版，一版一印，32 开，340 页，240 千字。采用了原《投枪集》的序言作为该书的代序。本书收录吴晗的杂文 72 篇。

目 录

论历史观点
两个赤字时代
救灾必须停战
警管区！特务国！
决定今后历史的十五天
论反内战运动
论打手政治
记第八大队
浙道难
真空的乡村
哭公朴
哭一多
闻一多先生传
一多先生周年祭
论法统
论暗杀政治
论中立
论文化杀戮
怎么办？
论新基础
毛鸿上校
回纥助唐记
记张荫麟
论经济紧急措施方案
论纪念“五四”
社会贤达考
论奴才——石敬瑭父子
论南北朝
知识分子今天的任务

2.26 《朱元璋传》

《朱元璋传》，2000年8月由百花文艺出版社出版，一版一印，大32开，338页，240千字。本书2001年3月第4次印刷，2001年7月第5次印刷。该书是依据三联书店吴晗的《朱元璋传》1965年版重新出版的。

（目录同三联书店1949年版目录，略）

2.27 《朱元璋传》

《朱元璋传》，2000年12月由河北教育出版社出版，一版一印，32开，515页，375千字。本书2001年5月第2次印刷。该书是依据三联书店吴晗的《朱元璋传》1965年版重印的。书前有苏双碧写的“前言”。

（目录同三联书店1965年版目录，略）

2.28 《明史简述》

《明史简述》，2005 年 7 月由中华书局出版，一版一印，大 32 开，169 页，96 千字。

（目录除增加的以下三项外，其余同 1980 年 9 月版目录）

2.29 《灯下集》

《灯下集》，2006 年 9 月由三联书店第二版，第 8 次印刷，302 页，152 千字。三联书店该书的一版一印是 1960 年 6 月。

（目录同三联书店 1960 年 6 月版目录，略）

2.30 《朱元璋传》

《朱元璋传》，2008年5月由人民出版社出版。本书为人民出版社的“人民文库”丛书之一，一版一印，16开，302页，214千字。该书是依据吴晗的《朱元璋传》1955年修改稿出版的。吴晗的《朱元璋传》1955年修改稿，当时并没有正式交付出版社出版，只是油印了一百余份，分上下两册装订，寄送给有关领导和学术界人士征求意见。

目 录

2.31 《历史的镜子 吴晗讲历史》

《历史的镜子 吴晗讲历史》，2008 年 6 月，由九州出版社选编，一版一印，32 开，354 页，230 千字。本书选辑了吴晗各个历史时期发表的有代表性的历史论著共 40 篇。

目 录

历史上的君权的限制

论皇权

论绅权

再论绅权

明初的恐怖政治

论奴才——石敬瑭父子

关于魏忠贤

谈曹操

海瑞的故事

谈武则天

况钟与周忱

明代民族英雄于谦

杰出的学者玄奘

赵括和马谡

爱国学者顾炎武

2.32 《朱元璋传》

《朱元璋传》，2008 年 9 月由百花文艺出版社出版，二版一印，16 开，281 页，255 千字。本书 2009 年 3 月第 2 次印刷，2011 年 7 月第 3 次印刷。该书是依据三联书店吴晗的《朱元璋传》1965 年版重新出版的。

（目录同三联书店 1965 年版目录，略）

2.33 《朱元璋传》

《朱元璋传》，2008 年 9 月由陕西师范大学出版社出版，一版一印，16 开，256 页，260 千字，为该社编辑出版的 20 世纪四大传记（梁启超的《李鸿章传》、林语堂的《苏东坡传》、朱东润的《张居正大传》、吴晗的《朱元璋传》）之一，章立凡为之作重版序言。该书 2009 年 4 月进行了第 2 次印刷，2009 年 6 月进行了第 3 次是印刷，2009 年 9 月进行了第 4 次印刷。该书是依据三联书店吴晗的《朱元璋传》1949 年版重新出版的。

（目录同三联书店 1949 年版目录，略）

2.34 《朱元璋传》

《朱元璋传》，2009 年 3 月由北方文艺出版社出版，一版一印，16 开，257 页，152 千字。该书是依据三联书店吴晗的《朱元璋传》1949 年版重新出版的。

（目录同三联书店 1949 年版目录，略）

2.35 《吴晗全集》（第 1—10 卷）

《吴晗全集》第 1—10 卷，常君实编，2009 年 3 月由中国人民大学出版社出版。该书共 10 卷，合计 4840 页，500 余万字，其中历史卷 6 卷、杂文卷 3 卷、其他 1 卷。

《吴晗全集》第 1 卷历史卷（1）

目 录

三、风流汉子

四、太学之藏垢纳污

五、凤阳丐者

六、明初之道俗教育

七、燃料

八、山西乐户

九、燕云四种人

十、万历末年之士风

说《水浒传》——《明史》札记之一

乌斯道传——《明史》札记之二

陈献章传——《明史》札记之三

《日本图纂》——《明史》札记之四

钱牧斋之史学——永宁札记之一

跋《广韵》校勘记

西王母与西戎——西王母与昆仑山之一

西王母的传说——西王母与昆仑山之二

西王母与牛郎织女的故事——西王母与昆仑山之三

跋《断缘梦》杂剧

跋《一笠庵四种曲》

汉代之巫风

读史杂记——《明史》

战国诸子的历史哲学

《明史》小评

胡应麟年谱

李继煌译述的高桑氏《中国文化史》

清华大学所藏档案的分析

跋周昭礼《清波二志》

盟与誓

晚明仕宦阶级的生活

《吴晗全集》第2卷历史卷(2)

目 录

《吴晗全集》第 3 卷 历史卷（3）

目 录

《吴晗全集》第4卷 历史卷(4)

目 录

《海瑞的故事》再版题记

《吴晗全集》第 5 卷 历史卷（5）

目 录

《吴晗全集》第 6 卷 历史卷（6）

目 录

一、九夫长
二、小军官
三、大元帅
第三章　从吴国公吴王
一、鄱阳湖决战
二、取东吴
三、南征北战
第四章　开国皇帝
一、国号大明
二、统一南北和对外对内政策
三、建都和北边防御
四、中央集权和加强
第五章　政权的支柱
一、地主、官僚和人民的义务
二、常备军和特务网
第六章　社会生产力向前发展
一、农业生产的恢复和发展
二、棉花的普遍种植和工商业
第七章　统治阶级的内部矛盾
一、胡蓝党案
二、空印案和郭桓案
三、文字狱
第八章　家庭生活
一、多妻多子孙
二、思想和生活
三、辛勤的一生

《吴晗全集》第7卷 杂文卷(1)

目 录

七、刑与礼
八、庶民服饰
九、阮圆海
十、债帅
十一、小民与巨室
十二、□员论
十三、衍圣公和张天师
十四、班禄惩贪
十五、言官与舆论
十六、家天下
十七、主奴之间（一）
十八、主奴之间（二）
附录二：旧史新谈
一、糊涂和卑鄙
二、桓灵和晋武帝
三、拍卖行
四、墨敕斜封
五、官商合一
六、报功文书
七、空谈和实践
八、冗兵冗吏
九、书帕
十、贪污吏例之一
十一、贪污吏例之二
十二、贪污吏例之三
史事与人物
回纥助唐记
论奴才——石敬瑭父子
“社会贤达”考

奴隶翻身的史例

关于魏忠贤

哭一多

闻一多的手工业

陶行知先生在上海的回忆

读《二千年间》

《明太祖》和《从僧钵到皇权》

苏渥洛夫传

读《对马》

记张荫麟（公元1905—1942年）

毛鸿上校

记第八大队——还乡散记之一

浙道难——还乡散记之二

真空的乡村——还乡散记之三

惩办汉奸，大赦政治犯

人身自由何在？

士兵们，放下枪杆来！

正告赫尔利将军

抗议非法的武装干涉集会自由

《"一二·九"划时代的青年史诗》序

"一二·一"惨案与纪纲

论说谎政治

向政治协商会议控诉！

不提旧账和不提联合政府

论扩大政府组织方案

对玩火者警告·向人民申诉

行动比文字更重要——论政治协商会议的成就

论防止官僚资本之发展

图穷而匕首见

论历史观点
从妈妈说起
两个赤字时代
救灾必须停战
警管区！特务国！
决定今后历史的十五天
论反内战运动
论打手政治
哭公仆
哭一多（父子）
闻一多先生传
一多先生周年祭
论法统
论暗杀政治
论中立
论文化杀戮
怎么办？
论新基础
论经济紧急措施方案
论纪念五四
论南北朝
知识分子今天的任务
论戊戌变法
悼朱佩弦先生
航海攻心战术
灯下集
前言——灯下杂谈
从商品生产想到中国商人的起源
郑国的商人

元代的民间海外贸易

古代的农书——《齐民要术》

《农桑辑要》

木棉的广泛种植和传入朝鲜

谈烟草

古代的战争

古代的斗将

斗将的武艺

阵图和宋辽战争

明代的火器

劳动

刺配

度牒

古代的服装及其他

宋元以来老百姓的称呼

古人读书不容易

唐顺之论明代刻书

厚今薄古和古为今用

宋明间统治阶级的内部矛盾

明代的科举情况和绅士特权

关于中国资本主义萌芽的一些问题——在北京大学作的报告

论赤壁之战里的鲁肃

论赤壁之战里的周瑜、诸葛亮、张昭

诈降和质子

孙权劝吕蒙学习的故事

谈曹操

从曹操问题的讨论谈历史人物评价问题——在北京学院对中文系历史教师的讲话

《吴晗全集》第 8 卷

目 录

我爱北京
天安门赞歌
喜看话剧《文成公主》
谈武则天
从历史方面来看戏
谈历史剧
再谈历史剧
论历史剧
卧薪尝胆的故事
夫人城
宣文君
冼夫人
隋末农民领袖窦建德
杰出的学者玄奘
况钟和周忱
明代民族英雄于谦
海瑞
献身于祖国地理调查研究工作的徐霞客
论历史的真实性——读《义和团故事》、
团运动六十周年
神仙会和百家争鸣
再谈神仙会和百家争鸣——并答吴大琨同志
三家村札记（吴晗作品）
古人的业余学习
谈读书
谈《三字经》
赵括和马谡
讨论的出发点
论开会

说道德
说谦虚
再说道德
谈火葬
论修清史
谈北京城
论学风
论戏剧改革
谈学术研究（一）
谈兴趣
谈写村史
再谈编写村史
谈写作
谈演戏
谈学术研究（二）
长短录（吴晗作品）
争鸣的风度
谈写文章
论不同学科的协作
戚继光练兵
反对“花法”
学习集
自序
论学习
大家都要补课
从打基础做起
多写一点杂文
谈框框
说浪

古人的坐、跪、拜
从幞头说起
汪辉祖论做州县官
葬花诗和《白头吟》
伟大的历史学家司马迁
《敕勒歌》歌唱者家族的命运
文天祥的骨气
爱国学者顾炎武
史学家万斯同
论民族英雄
他们走到了它的反面——朱自清颂
忆西谛先生
历史剧是艺术，但是和历史有联系
关于历史剧的一些问题
说争论
并非争论的“争论”
神话剧是不是宣传迷信
略谈《胆剑篇》
写给少年作者——《今天我喂鸡》序
谈历史故事
捻与捻军笔记
影印《明经世文编》序
学习伟大祖国的历史
——对《中国青年报》工作人员的讲话
如何学习历史——对北京师范学院历史系同学的讲话
关于研究历史的几个问题
——1962 年 5 月 4 日对中国人民大学历史系和历史档案系同学的讲话
学习历史知识的几个问题

《吴晗全集》第9卷 杂文集外集

目 录

论战史的编纂
我看时局
论民主政治——十月四日在燕京大学的演讲
是谁绞死了民主?
校庆献词
关于抗议美军暴行的谈话
解决时局的关键
论解决时局的基础方案
说儿皇帝
种子撒下去了——为今年“一二·一”作
《论“一二·一”运动》序
以新的精神纪念“一二·九”
违反政协决议　增加国内纷争
论马歇尔离华声明
对《清华周刊》的意见
谈物价问题
莫斯科会议与中国
新五四运动
《闻一多的道路》序
统治学校的史例
从和谈到美元
论士大夫
同善其身　共善天下——致参观清华的大中学生
从历史上看知识分子
近代中国社会变迁
《闻一多全集》跋
《旧戏新谈》序——关于作者
悼朱佩弦先生
给朋友的一封公开信

青年与文化

——1949 年 5 月 6 日在全国青年代表大会第一次会议上的发言

我的治学与思想是怎样进步的？

北京市的文物保护工作

在北平市各界人士纪念“七七”抗日战争十二周年大会上的讲话

访苏印象

莫斯科的面包工厂

《美国侵华史料》编者的话

我们带回来印度人民的深厚友谊

我们坚决走社会主义道路

中国戏曲歌舞团在法国

首都布下天罗地网　鼠雀蚊蝇无处躲藏

——1958 年 2 月 11 日在第一届全国人民代表大会第五次会议上的讲话

谈谈“厚今薄古”和“古为今用”的问题

——1958 年 12 月 18 日在北京师范学院的讲话

炮

用实事求是的精神办托儿所

谈谈机关女干部的政治理论学习

关于历史知识的普及问题

——对武汉史学工作者和高等院校历史系同学的讲话

读《甲午海战》

关于历史人物评价问题

——在中国社会科学院社会科学部学部委员会第三次扩大会议上的发言

漫谈资料工作和研究工作

《历史剧拟目》序

《中国农民战争史料》的编选原则和编辑体例

《吴晗全集》第10卷

目 录

感事

登独石头

公社好

纸老虎歌

史可法诞生三百六十周年纪念

剧作

《海瑞罢官》序

海瑞罢官本事

海瑞罢官

附录

"史"和"戏" 廖沫沙

重看《海瑞罢官》的杂感廖沫沙

吴晗和《海瑞罢官》苑兴华 陈子伶

姚文元《评新编历史剧〈海瑞罢官〉》苏双碧

海瑞其人宜彬

书信

致杨志冰（一）（1930 年 × 月 × 日）

致杨志冰（二）（1930 年 × 月 23 日）

致杨志冰（三）（1930 年 × 月 3 日）

致杨志冰（四）（1931 年 × 月 8 日）

致杨志冰（五）（1931 年 × 月 27 日）

致杨志冰（六）（1931 年 × 月 9 日）

致杨志冰（七）（1932 年 × 月 27 日）

致杨志冰（八）（1932 年 × 月 25 日）

致胡适（一）（1930 年 3 月 19 日）

致胡适（二）（1930 年 6 月 29 日）

致胡适（三）（1930 年 × 月 28 日）

致胡适（四）（1931 年 5 月 5 日）

致胡适（五）（1931 年 × 月 19 日）

致胡适(六)(1931年9月18日)
致胡适(七)(1931年9月26日)
致胡适(八)(1931年×月15日)
致胡适(九)(1932年1月30日)
致胡适(十)(1932年4月24日)
致胡适(十一)(1932年5月13日)
致郑振铎(1945年)
致梅贻琦、潘光旦(1946年4月1日)
致梅贻琦(1946年4月16日)
致黄裳(一)(1946年11月21日)
致黄裳(二)(1946年11月24日)
致黄裳(三)(1946年12月4日)
致黄裳(四)(1946年12月×日)
致黄裳(五)(1947年1月4日)
致黄裳(六)(1947年1月27日)
致黄裳(七)(1947年2月22日)
致黄裳(八)(1947年2月25日)
致黄裳(九)(1947年×月21日)
致黄裳(十)(1947年×月21日)
致黄裳(十一)(1947年4月26日)
致黄裳(十二)(1947年×月13日)
致黄裳(十三)(1947年5月31日)
致黄裳(十四)(1947年6月20日)
致黄裳(十五)(1947年6月20日)
致黄裳(十六)(1947年6月22日)
致黄裳(十七)(1947年6月30日)
致黄裳(十八)(1947年×月5日)
致黄裳(十九)(1947年9月23日)
致黄裳(二十)(1947年12月21日)

致黄裳（二十一）（1948 年 4 月 5 日）
致黄裳（二十二）（1948 年 8 月 12 日）
致黄裳（二十三）（1948 年 9 月 × 日）
致黄裳（二十四）（1951 年 7 月 9 日）
致黄裳（二十五）（1962 年 3 月 12 日）
致黄裳（二十六）（1962 年 4 月 7 日）
致黄裳（二十七）（1962 年 11 月 7 日）
致黄裳（二十八）（1962 年 1 月 23 日）
致黄裳（二十九）（1962 年 1 月 30 日）
致陈梦家（194× 年 10 月 6 日）
致义乌县政府（一）（1953 年 1 月 3 日）
致义乌县政府（二）（1953 年 2 月 3 日）
致郭沫若（1955 年 10 月 13 日）
致习仲勋（1955 年 11 月 23 日）
关于发掘定陵致郭沫若信（1956 年 4 月 2 日）
致廖沫沙（1956 年 11 月 22 日）
致习仲勋（1958 年 8 月 5 日）
呈毛主席（1959 年 10 月 6 日）
致万里同志并总理、彭真同志（1959 年 5 月 25 日）
致夏鼐（一）（1959 年 9 月 23 日）
致夏鼐（二）（1963 年 9 月 18 日）
致赵万里（1959 年 × 月 18 日）
致刘文秀（1961 年 4 月 19 日）
致李筠（1961 年 7 月 30 日）
致金灿然（1961 年 8 月 19 日）
致竺柏岳（1962 年）
致杨春和（1962 年）
致小林文男先生（1963 年 7 月 8 日）
致胡昭静（19×× 年 8 月 3 日）

致嵇直（19×× 年 11 月 25 日）

工作报告

关于北京市推行人民胜利折实公债的报告 (1950 年 2 月 26 日)

中国民主同盟北京市支部一年来（1949 年 5 月至 1950 年 5 月 21 日）

工作总结报告（1950 年 5 月 21 日）

在作风、纪律检查动员大会上的讲话（1950 年 6 月 12 日）

关于执行 1950 年度文教卫生工作计划的报告（1950 年 8 月 8 日）

关于失业救济和普遍召开区各界人民代表会议两项工作的报告

（1950 年 12 月 29 日）

关于北京市第三届各界人民代表会议代表选举工作的报告

（1951 年 2 月 26 日）

关于中国民主同盟北京市支部的盟务问题

——在全体扩大干部会议上的报告（1951 年 11 月 10 日）

关于筹备北京市第四届各界人民代表会议代表选举工作的报告

(1951 年 12 月 28 日)

关于加强卫生工作领导问题向彭真同志的报告 (1952 年 5 月 22 日)

关于开展爱国卫生运动的报告 (1952 年 8 月 11 日)

关于北京市第四届各界人民代表会议代表选举工作的报告

(1952 年 8 月 13 日)

中国民主同盟北京市支部第三届支部委员会工作总结报告

——在中国民主同盟北京市支部第四届支部委员会

选举大会上的报告

关于首都古文物建筑处理问题座谈会的情况报告

(1953 年 12 月 28 日)

为做好建筑工地卫生工作完成首都 1954 年基本建设任务而奋斗

(1954 年 3 月 30 日)

关于北京市宣传、讨论《中华人民共和国宪法》(草案）工作的

报告 (1954 年 8 月 17 日)

关于进一步提高教育质量工作 (1955 年 9 月 19 日)

关于发掘明长陵的请示报告(1955年10月3日)
关于发掘明长陵上书林枫主任并报周总理的请示报告
(1955年10月14日)
关于北京市街道工作情况(1955年11月18日)
密切联系群众，努力学习理论，充实组织生活，为建设社会主义而奋斗——在中国民主同盟北京市代表大会上关于北京市支部第四届委员会的工作报告(1956年5月12日)
中国人民政治协商会议北京市第一届委员会常务委员会工作报告
(1956年12月25日)
关于北京市教育、卫生、文化工作的报告(1957年7月24日)
北京市教育工作空前发展(1959年7月24日)
一年来北京史学界的学术活动
——在北京市历史学会成立会上的讲话(1960年12月24日)
翻译
地理学家朱思本　(日)内藤虎次郎著　吴晗译
汉唐之尺度及里程考　(日)足立喜六著　吴晗译
附录
附录一：
经党中央批准北京市委决定为“三家村”冤案彻底平反
附录二：
吴晗同志追悼会在京隆重举行
在吴晗、袁震同志追悼会上的悼词　贾庭三
附录三：
一场惊心动魄的反革命夺权事件——论“三家村”
冤案　原《前线》杂志编辑部部分同志
附录四：
一场触目惊心的文字狱
——为《三家村札记》、《燕山夜话》恢复名誉　任文屏
附录五：

2.36 《朱元璋传》

《朱元璋传》，2010年4月由陕西师范大学出版社出版。二版一印，16开，256页，260千字。该书2011年2月进行了第3次印刷，2012年1月进行了第4次印刷，2012年9月进行了第5次印刷。该书是依据三联书店吴晗的《朱元璋传》1949年版重新出版的。

（目录同三联书店1949年版目录，略）

2.37 《朱元璋传》

《朱元璋传》，2010年6月由中华书局（朝鲜）有限公司出版，一版一印，32开，291页。该书是依据三联书店1949年的版本重新出版的。该书之首增加了潘星辉的题为《导读：吴晗的朱元璋像》的文章和章立凡的《〈朱元璋〉传重版序言》，在该书之末还增加了吴晗 1943 年 11 月 22 日写的《〈明太祖〉自序》和 1964 年 4 月 17 日写的《〈朱元璋传〉1965 年版自序》两篇文章。

（目录除增加的四项外，其余同三联书店 1949 年版目录）

2.38 《朱元璋传》

《朱元璋传》，2010 年 9 月由中国三峡出版社出版，一版一印，16 开，218 页，190 千字。

（目录同三联书店 1949 年版目录，略）

2.39 《朱元璋传》

《朱元璋传》，2010 年 10 月由国际文化出版社出版，一版一印，16 开，288 页，190 千字。该书是依据三联书店吴晗的《朱元璋传》1949 年版重新出版的。

（目录同三联书店 1949 年版目录，略）

2.40 《明朝大历史》

《明朝大历史》，2010 年 10 月由陕西师范大学出版社出版，一版一印，16 开，440 页，400 千字。

目 录

2.41 《朱元璋传》

《朱元璋传》，2011 年 4 月由湘潭大学出版社出版，一版一印，16 开，284 页，214 千字。该书是依据三联书店吴晗《朱元璋传》1949 年版重新出版的。

（目录同三联书店 1949 年版目录，略）

2.42 《历史的群像》

《历史的群像》，2011年9月由国际文化出版社选编出版，一版一印，16开，310页，300千字。其中收录了吴晗历史论著共39篇。

目 录

2.43 《明朝三百年》

《明朝三百年》，2011 年 11 月由国际文化出版社选编出版，一版一印，16 开，375 页，470 千字。全书共分 3 个部分，收录吴晗著作 25 篇。

目 录

资本主义萌芽问题

明代的统治与社会

明代的军兵

明代之农民

明代的新仕宦阶级，社会的、政治的、

文化的关系及其生活

明代的锦衣卫和东西厂

明代的奴隶和奴变

明代的科举情况和绅士特权

明代的殉葬制度

明教与大明帝国

记大明通行宝钞

明初的恐怖政治

明初社会生产力的发展

明初卫所制度之崩溃

明代靖难之役与国都北迁

明初的学校

论晚明“流寇”

明代历史与文化

《明史》小评

《明史》中的小说

《金瓶梅》的著作时代及其社会背景

附录

吴晗自传

2.44 《吴晗说明史》

《吴晗说明史》，2012 年 2 月由华东师范大学出版社出版，一版一印，16 开，314 页，350 千字。该书 2019 年 1 月有重版印刷。

目 录

第五章　南洋之拓殖

一、世纪以前之中国与南洋

二、明太祖的祖训——不征的十五夷国

三、郑和的七次航海

四、南洋诸国之臣服与华侨之移殖

附：倭寇的祸乱

第六章　明代的军兵

一、军与兵

二、卫所制度

三、京军

四、卫军的废弛

五、勾军与清军

六、募兵

七、军饷与国家财政

第七章　明代的新仕宦阶级

一、新仕宦阶级的产生

二、法律所规定的特权阶级

三、进入仕宦阶级的梯子一科举和学校

四、贪污的吏治

五、乡绅——举、贡、生员和乡官

六、生活与文化

附：东林党之争

2.45 《史事与人物》

《史事与人物》，2012 年 3 月由岳麓书社出版，一版一印，16 开，112 页。该书是依据上海生活书店 1948 年版重新出版的。

（目录同上海生活书店 1948 年目录，略）

2.46 《朱元璋传》

《朱元璋传》，2012 年 3 月由岳麓书社出版，一版一印，16 开，228 页，350 千字。该书是依据三联书店 1949 年版重版印刷的。该书在三联书店 1949 年版原书后记之后，又增加了一个“后记”。

（目录同三联书店 1949 年版目录，略）

2.47 《朱元璋传》

《朱元璋传》，2012 年 4 月由湖北长江文艺出版社出版，一版一印，16 开，241 页，170 千字。该书是依据三联书店 1949 年版重版印刷的。

（目录同三联书店 1949 年版目录，略）

2.48 《朱元璋传》

《朱元璋传》，2012 年 6 月由三联书店出版，硬精装本，一版一印，32 开，315 页，147 千字。该书是依据三联书店吴晗的《朱元璋传》1965 年版重新出版的。

（目录同三联书店 1965 年版目录，略）

2.49 《历史的镜子》

《历史的镜子》，2012 年 6 月由生活·读书·新知三联书店出版，为硬精装本。一版一印，32 开，197 页，93 千字。

（目录与东方学出版社 1945 年版相同，略）

2.50 《朱元璋传》

《朱元璋传》，2013 年 1 月由武汉出版社出版，一版一印，16 开，274 页 180 千字。该书是依据三联书店吴晗的《朱元璋传》1949 年版本重新出版的。

（目录同三联书店 1949 年版目录，略）

2.51 《吴晗论明史》

《吴晗论明史》，2013 年 1 月由武汉出版社出版，一版一印，16 开，554

页，580千字。该书是武汉出版社近年选编的吴晗的新作品集。

目 录

2.52 《朱元璋传》

《朱元璋传》，2013 年 9 月由湖南人民出版社出版，一版一印，16 开，280 页，253 千字。该书 2015 年 2 月第 3 次印刷。该书是依据三联书店吴晗《朱元璋传》的 1949 年版本重新出版的。

（目录同三联书店 1949 年版目录，略）

2.53 《历史的镜子增补本》

《历史的镜子增补本》，2014 年 1 月由华东师范大学选编出版，一版一印，16 开，274 页，220 千字。

目 录

历史上的君权的限制
治人与法治
历史上的政治的向心力和离心力
论贪污
贪污史的一章
说士
宋代两次均产运动
朱元璋的统治术
明初统治阶级内部的斗争
明代的锦衣卫和东西厂
明代的奴隶和奴变
论晚明“流寇”
三百年前的历史教训

第二章　军事篇

谈甲午海战
历史的镜子阵图和宋辽战争
论夷陵之战
古代的战争
古代的斗将
斗将的武艺
明代的火器

第三章　人物篇

卧薪尝胆的故事
赵括和马谡
伟大的历史学家司马迁
谈曹操
论赤壁之战里的鲁肃
论赤壁之战里的周瑜、诸葛亮、张昭
降和质子

2.54 《明史简述 增补本》

《明史简述增补本》，2015 年 1 月由华东师范大学出版社出版，一版一印，16 开，260 页，260 千字。该书是华东师范大学近年在原吴晗《明史简述》的基础上，增补了两个部分：一是吴晗有关“明代人物与社会生活”的

7篇文章，二是吴晗《朱元璋传》1944年版（即1944年6月由重庆胜利出版社出版的《明太祖》）。

目 录

2.55 《朱元璋传》

《朱元璋传》，2015 年 3 月由北京联合出版公司出版，一版一印，16 开，243 页，163 千字。该书基本是依据三联书店吴晗的《朱元璋传》1949 年版重新出版的。但其原目录之后增加了如下两项。

（目录除新增两项外，其余与三联书店 1949 年版相同）

2.56 《吴晗论明史》

《吴晗论明史》，2015 年 5 月由江苏人民出版社出版，一版一印，16 开，560 页，580 千字。

（目录同武汉出版社 2013 年 1 月版，略）

2.57 《朱元璋传》

《朱元璋传》，2015 年 7 月由江苏人民出版社出版，一版一印，16 开，280 页，180 千字。该书是依据三联书店吴晗《朱元璋传》1949 年版本重新出版的。

（目录与三联书店 1949 年版相同，略）

2.58 《历史的镜子》

《历史的镜子》，2015 年 9 月由天津人民出版社出版，一版一印，软精装本，16 开，286 页，237 千字。该书是天津出版社从吴晗的著作中重新分类选编而成的，但仍沿用了“历史的镜子”这个书名。

（目录同 2014 年 1 月华东师范大学版，略）

2.59 《吴晗论明史》

《吴晗论明史》，2015年11月由天津人民出版社出版，一版一印，16开，599页，580千字。

（目录同武汉出版社2013年1月版，略）

2.60 《胡惟庸党案考》

《胡惟庸党案考》，2015年12月由商务印书馆出版，一版一印，32开，697页。

目 录

2.61 《听吴晗讲古》

《听吴晗讲古》，2016年1月由中华书局（香港）有限公司出版，一版一印，32开，231页。

目 录

炮
明代的火器
阵图和宋辽战争
三、历史名人
卧薪尝胆的故事
谈曹操
论《赤壁之战》里的鲁肃
论《赤壁之战》里的周瑜、诸葛亮、张昭
谈武则天
海瑞骂皇帝
论海瑞
四、百姓日常
劳动
古人的坐、跪、拜
宋元以来老百姓的称呼
从幞头说起
古代的服装及其他
庶民服饰
南人与北人
主奴之间
木棉的广泛种植和传入朝鲜
古代的农书——《齐民要术》
《农桑辑要》
路引
刺配
度牒
当铺
元代的民间海外贸易
古人读书不易

2.62 《朱元璋传》

《朱元璋传》，2016 年 4 月由新世界出版社出版，一版一印，16 开，249 页，180 千字。该书是依据三联书店吴晗的《朱元璋传》1949 年版本重新出版的。

（目录与三联书店 1949 年版相同，略）

2.63 《吴晗论明史》（上、中、下）

《吴晗论明史》（上、中、下），2016 年 6 月由北京理工大学出版社出版，一版一印，32 开，816 页，488 千字。

（目录同武汉出版社 2013 年 1 月版，略）

2.64 《历史的镜子》

《历史的镜子》，2016 年 7 月由北京理工大学出版社出版，一版一印，32 开，336 页，201 千字。该书是北京理工大学出版社近年选编而成的吴晗的作品集，但仍沿用了“历史的镜子”这个书名。

目 录

说士
明初统治阶级内部的斗争
明代的锦衣卫和东西厂
明代的奴隶和奴变
论晚明“流寇”
谈甲午海战
古代的战争
阵图和宋辽战争
论夷陵之战
论赤壁之战里的鲁肃
论赤壁之战里的周瑜、诸葛亮、张昭
诈降和质子
谈曹操
谈武则天
赵括和马谡
卧薪尝胆的故事
文天祥的骨气
伟大的历史学家司马迁
杰出的学者玄奘
爱国学者顾炎武
明代民族英雄于谦
海瑞
关于魏忠贤
《敕勒歌》歌唱者家族的命运
夫人城
生活与思想
文字与形式
古人读书不易
古人的业余学习

附录

2.65 《朱元璋传》

《朱元璋传》，2016年7月由北京理工大学出版社出版，一版一印，32开，392页，225千字。该书基本是依据三联书店吴晗的《朱元璋传》的1965年版本重新出版的。

（目录与三联书店1965年版相同，略）

2.66 《朱元璋传》

《朱元璋传》，2016年8月由天津人民出版社出版，一版一印，16开，247页，190千字。该书是依据三联书店吴晗的《朱元璋传》1949年版本重新出版的。

（目录与三联书店1949年版相同，略）

2.67 《明朝的历史教训》

《明朝的历史教训》，2016年8月由台海出版社出版，一版一印，32开，279页，240千字。该书是台海出版社近年选编而成的一本新的吴晗的作品集。

目 录

2.68 《朱元璋传》

《朱元璋传》，2016 年 11 月由长江文艺出版社出版，一版一印，16 开，224 页，192 千字。该书是依据三联书店吴晗的《朱元璋传》1949 年版重新出版的。

（目录与三联书店 1949 年版相同，略）

2.69 《吴晗讲历史　中国人的生存规矩》

《吴晗讲历史　中国人的生存规矩》，2017 年 3 月由北京联合出版公司出版，一版一印，16 开，256 页，156 千字。该书是由北京联合出版公司近年选编出版的吴晗的作品集。

目 录

2.70 《明史简述》

《明史简述》，2017 年 7 月由文津出版社出版，一版一印，32 开，260 页，157 千字。

2.71 《吴晗晚年历史随笔》

《吴晗晚年历史随笔》，2017 年 11 月由新世界出版社出版，一版一印，32 开，256 页，200 千字。

目 录

《农桑辑要》

明代的科举情况和绅士特权

谈烟草

古人读书不易

孙权劝吕蒙学习的故事

谈武则天

况钟和周忱

卧薪尝胆的故事

冼夫人

献身于祖国地理调查研究工作的徐霞客

杰出的学者玄奘

古人的业余学习

夫人城

史学家万斯同

伟大的历史学家司马迁

隋末农民领袖窦建德

明代民族英雄于谦

捻与捻军笔记

从幞头说起

爱国学者顾炎武

戚继光练兵

反对“花法”

《敕勒歌》歌唱者家族的命运

古人的坐、跪、拜

文天祥的骨气

赵括和马谡

论夷陵之战

2.72 《朱元璋传》

《朱元璋传》，2018 年 1 月由安徽人民出版社出版，一版一印，16 开，221 页，280 千字。该书是依据三联书店吴晗的《朱元璋传》1949 年版本重新出版的。

（目录与三联书店 1949 年版相同，略）

2.73 《朱元璋传》

《朱元璋传》，2018 年 2 月由湖南人民出版社版社出版，一版一印，16 开，280 页，253 千字。该书是依据三联书店吴晗的《朱元璋传》1949 年版本重新出版的，但书前增加了章立凡 2008 年写的《为〈朱元璋传〉重版序言》。

（目录与三联书店 1949 年版相同，略）

2.74 《大家小书 明史简述》

《大家小书 明史简述》，2018 年 3 月由北京出版社出版，32 开，235 页，150 千字。该书是北京出版社新近选编而成的。

目 录

2.75 《明代的锦衣卫和东西厂》

《明代的锦衣卫和东西厂》，2018 年 3 月由台海出版社出版，一版一印，32 开，256 页，145 千字。

目 录

2.76 《历史的镜子》

《历史的镜子》，2018 年 6 月由天津人民出版社出版，一版一印，16 开，280 页，245 千字。

2.77 《吴晗论明史》

《吴晗论明史》，2018 年 6 月由群言出版社出版，一版一印，32 开，816 页，488 千字。

（目录同武汉出版社 2013 年 1 月版，略）

2.78 《历史不曾远去 吴晗读史札记》

《历史不曾远去 吴晗读史札记》，2018 年 6 月由天津人民出版社出版，一版一印，16 开，336 页，214 千字。

目 录

王茂荫与咸丰时代的币制改革
明代的军兵
投下考
记《明实录》
明教与大明帝国
元代之钞法
记大明通行宝钞
明初的学校
“社会贤达”钱牧斋

2.79 《朱元璋传》

《朱元璋传》，2018 年 7 月由群言出版社出版，一版一印，16 开，240 页，149 千字。该书是依据三联书店吴晗的《朱元璋传》1949 年版本重新出版的。

（目录与三联书店 1949 年版相同，略）

2.80 《朱元璋传 从乞丐到皇帝》

《朱元璋传 从乞丐到开国皇帝》，2018 年 7 月由万卷出版公司出版，一版一印，32 开，244 页，250 千字。该书是依据三联书店吴晗的《朱元璋传》的 1949 年版本重新出版的。

（目录除增加一项“明朝纪元表”和将“朱元璋年表”由后提前外，其余同三联 1949 年版目录）

2.81 《吴晗讲历史 中国人的生存规矩》

《吴晗讲历史 中国人的生存规矩》，2017 年 3 月由四川人民出版社出版，一版一印，16 开，250 页，157 千字。这是一本由该社近年选编出版的吴晗的作品集。

目 录

2.82 《大明帝国兴衰史》

《大明帝国兴衰史》，2019 年 5 月由四川人民出版社出版，一版一印，16 开。

目 录

卫所制度崩溃京军 / 从精锐之师到仅存空名

卫军的废弛 / 逃亡情形，直如儿戏

勾军与清军 / 卫所制度崩溃

募兵 / 同卫军一样，逃亡相继

军饷与国家财政 / 卫兵坏而募兵增，财政难以为继

2.83 《新编历史小丛书 明史简述》

《新编历史小丛书 明史简述》，2019 年月由北京人民出版社出版，一版一印，32 开，131 页，25 千字。

（目录同北京师范学院学报版目录）

3. 吴晗逝世前在期刊上发表的文章索引

3.1 《昆仑奴考》

《昆仑奴考》一文，署名：吴春晗，原载在 1930 年 10 月的《现代学生》第一卷第一期上。

3.2 《黛莎与格利》

《黛莎与格利》一文，署名：吴春晗，原载在 1931 年 2 月的《现代学生》第一卷第五期上。这篇文章是迄今为止包括《吴晗全集》都尚未收集的吴晗未曾结集发表的遗著之一。

3.3 《跋〈断缘梦〉杂剧》

《跋〈断缘梦〉杂剧》一文，署名：梧轩，原载在 1931 年 5 月 7 日的《清华周刊》第三十七卷第九、十期（合刊）上。

3.4 《〈清明上河图〉与〈金瓶梅〉的故事及其衍变——〈王世贞年谱〉附录之一》

《〈清明上河图〉与〈金瓶梅〉的故事及其衍变——〈王世贞年谱〉附

录之一》一文，署名：吴晗，原载在 1931 年 12 月 5 日的《清华周刊》第三十六卷第四、五期（合刊）上。

3.5 《西王母与西戎——西王母与昆仑山之一》

《西王母与西戎——西王母与昆仑山之一》一文，署名：辰伯，原载在 1931 年 12 月 12 日的《清华周刊》第三十六卷第六期上。

3.6 《明嘉靖本〈甘泉先生文集〉考证》

《明嘉靖本〈甘泉先生文集〉考证》一文，署名：梧轩，原载在 1931 年 12 月 19 日的《清华周刊》第三十六卷第七期上。

3.7 《〈绿野仙踪〉的作者——梧轩杂记之一》

《〈绿野仙踪〉的作者——梧轩杂记之一》一文，署名：辰伯，原载在 1932 年 1 月 16 日的《清华周刊》第三十六卷第十一期上。

3.8 《西王母的传说——西王母与昆仑山之一》

《西王母的传说——西王母与昆仑山之一》一文，署名：吴晗，原载在 1932 年 2 月 27 日的《清华周刊》第三十七卷第一期上。

3.9 《说水浒传——明史劄记之一》

《说水浒传——明史劄记之一》一文，署名：辰伯，原载在 1932 年 2 月 27 日的《清华周刊》第三十七卷第一期上。

3.10 《乌斯道传——明史劄记之一》

《乌斯道传——明史劄记之一》一文，署名：辰伯，原载在 1932 年 2 月 27 日的《清华周刊》第三十七卷第一期上。

3.11 《陈献章传——明史劄记之一》

《陈献章传——明史劄记之一》一文，署名：辰伯，原载在 1932 年 2 月 27 日的《清华周刊》第三十七卷第一期上。

3.12 《关于图书馆》

《关于图书馆》一文，署名：西生，原载在 1932 年 2 月 27 日的《清华周刊》第三十七卷第一期上。

3.13 《日本图篆——明史劄记之一》

《日本图篆——明史劄记之一》一文，署名：辰伯，原载在 1932 年 3 月 5 日的《清华周刊》第三十七卷第二期上。

3.14 《过去种种》

《过去种种》一文，署名：西生，原载在 1932 年 3 月 5 日的《清华周刊》第三十七卷第二期上。

3.15 《感事》（七律二首）

《感事》（七律二首），署名：辰伯，原载在 1932 年 3 月 26 日的《清华周刊》第三十七卷第五期上。

3.16 《西王母与牛郎织女的故事——西王母与昆仑山之一》

《西王母与牛郎织女的故事——西王母与昆仑山之一》一文，原载在 1932 年 5 月 1 日的《文学月刊》第三卷第一期上。

3.17 《跋〈经礼补逸〉》

《跋〈经礼补逸〉》一文，署名：梧轩，原载在 1932 年 5 月 7 日的《清华周刊》第三十七卷第九、十期（合刊）上。

3.18 《〈“清明上河图”与“金瓶梅”的故事及其衍变〉补记》

《〈“清明上河图”与“金瓶梅”的故事及其衍变〉补记》一文，署名：辰伯，原载在1932年5月7日的《清华周刊》第三十七卷第九、十期（合刊）上。

3.19 《跋〈断缘梦〉杂剧》

《跋〈断缘梦〉杂剧》一文，署名：梧轩，原载在1932年5月7日的《清华周刊》第三十七卷第九、十期（合刊）上。

3.20 《跋〈一笠庵四种曲〉》

《跋〈一笠庵四种曲〉》一文，署名：梧轩，原载在1932年5月7日的《清华周刊》第三十七卷第九、十期（合刊）上。

3.21 《两浙藏书家史略》

《两浙藏书家史略》一文，署名：辰伯，原载在1932年5月7日的《清华周刊》第三十七卷第九、十期（合刊）上。

3.22 《论教授》

《论教授》一文，署名：酉生，原载在1932年5月21日的《清华周刊》第三十七卷第十二期上。

3.23 《梅龙镇本事考——梧轩杂记之一》

《梅龙镇本事考——梧轩杂记之一》一文，署名：辰伯，原载在1932年5月21日的《清华周刊》第三十七卷第十二期上。

3.24 《香山碧云寺——梧轩杂记之一》

《香山碧云寺——梧轩杂记之一》一文，署名：辰伯，原载在1932年5月21日的《清华周刊》第三十七卷第十二期上。

3.25 《今古奇观（五）——梧轩杂记之一》

《今古奇观（五）——梧轩杂记之一》一文，署名：辰伯，原载在 1932 年 5 月 21 日的《清华周刊》第三十七卷第十二期上。

3.26 《还愿》

《还愿》一文，是吴晗撰写的唯一的一篇短篇小说，署名：辰仲，原载在 1933 年 2 月 16 日的《昙华》半月刊第一卷第四期上。这篇文章是迄今为止包括《吴晗全集》都尚未收集的吴晗未曾结集发表的遗著之一。

3.27 《汉代之巫风》

《汉代之巫风》一文，署名：辰伯，原载在 1933 年 3 月 15 日的《清华周刊》第三十九卷第一期上。

3.28 《读史札记 明史》

《读史札记 明史》一文，署名：辰伯，原载在 1933 年 3 月 29 日的《清华周刊》第三十九卷第三期上。

3.29 《地理学家朱思本》

吴晗的译著《地理学家朱思本》一文，署名：吴晗，原载在 1933 年 3 月的《国立北平图书馆馆刊》第七卷第二号（三、四月号）上。

3.30 《〈明史〉小评》

《〈明史〉小评》一文，署名：吴晗，原载在 1933 年 5 月 1 日的《图书评论》第一卷第九期上。

3.31 《战国诸子的历史哲学》

《战国诸子的历史哲学》一文，署名：梧轩，原载在 1933 年 5 月 8 日的《清华周刊》第三十九卷第八期上。

3.32 《〈金瓶梅〉的著作时代及其社会背景》

《〈金瓶梅〉的著作时代及其社会背景》一文，署名：吴晗，原载在 1934 年 1 月 1 日的《文学季刊》创刊号上。

3.33 《胡应麟年谱》

《胡应麟年谱》一文，署名：吴晗，原载在 1934 年 1 月的《清华学报》第九卷第一期上。

3.34 《李继煌译述的高桑氏〈中国文化史〉》

《李继煌译述的高桑氏〈中国文化史〉》一文，署名：吴晗，原载在 1934 年 2 月的《图书评论》第二卷第五期上。

3.35 《江苏藏书家小史》

《江苏藏书家小史》一文，署名：吴春晗，原载在 1934 年 3 月的《图书馆季刊》第八卷第一期上。

3.36 《跋周昭礼〈清波二志〉》

《跋周昭礼〈清波二志〉》一文，署名：吴晗，原载在 1934 年 4 月 1 日的《文学季刊》第一卷第二期上。

3.37 《盟与誓》

《盟与誓》一文，署名：辰伯，原载在 1934 年 4 月 1 日的《文学季刊》第一卷第二期上。

3.38 《梧轩杂记》

《梧轩杂记》一文，署名：辰伯，原载在1934年4月16日的《清华周刊》第四十一卷第三、四期（合刊）文艺专号上。

3.39 《清华大学所藏档案的分析》

《清华大学所藏档案的分析》一文，署名：吴晗，原载在 1934 年 5 月的《中国近代经济史研究集刊》第二卷第二期上。

3.40 《历史中的小说》

《历史中的小说》一文，署名：吴晗，原载在 1934 年 6 月的《文学》第六期中国文学研究专号上。

3.41 《胡惟庸党案考》

《胡惟庸党案考》一文，署名：吴晗，原载在 1934 年 6 月的《燕京学报》第十五期上。

3.42 《江苏藏书家小史（续）》

《江苏藏书家小史（续）》一文，署名：吴春晗，原载在 1934 年 6 月的《图书馆学季刊》第八卷第二期上。

3.43 《汉唐之尺度及里程考》（译著）

《汉唐之尺度及里程考》一文，署名：吴晗，原载在 1934 年 8 月 15 日的《人文月刊》第五卷第六期上。《汉唐之尺度及里程考》，日本学者足立喜六著。该书分为“汉唐尺度”和“汉唐里程”两个章节。

3.44 《中学历史教育》

《中学历史教育》一文，署名：吴晗，原载在 1934 年 8 月 26 日的《独立评论》第一百一十五号上。

3.45 《苦旱的故乡》

《苦旱的故乡》一文，署名：吴辰仲，原载在 1934 年 9 月 9 日的《独立评论》第一百一十七号上。

3.46 《汉唐之尺度及里程考(续完)》(译著)

《汉唐之尺度及里程考(续完)》一文，署名：吴晗，原载在 1934 年 9 月 15 日的《人文月刊》第五卷第七期上。

3.47 《怎样把科学知识输入民间》

《怎样把科学知识输入民间》一文，署名：吴辰仲，原载在 1935 年 3 月 25 日的《独立评论》第一百四十三号上。

3.48 《关于东北史上一位怪杰的新史料》

《关于东北史上一位怪杰的新史料》一文，署名：吴晗，原载在 1935 年 6 月的《燕京学报》第十七期上。吴晗的这篇文章在 1956 年 2 月收入至生活·读书·新知三联书店出版的他的第三本作品集《读史劄记》里的时候，改名为《朝鲜李朝实录中之李满住》。

3.49 《明成祖生母考》

《明成祖生母考》一文，署名：吴晗，原载在 1935 年 7 月的《清华学报》第十卷第三期上。并于当月抽印成单行本。

3.50 《明代靖难之役与国度北迁》

《明代靖难之役与国度北迁》一文，署名：吴晗，原载在 1935 年 10 月的《清华学报》第十卷第四期上。

3.51 《南人与北人》

《南人与北人》一文，署名：吴梧轩，原载在 1936 年 3 月 1 日的《禹贡》第五卷第一期上。

3.52 《元帝国之崩溃与明之建国》

《元帝国之崩溃与明之建国》一文，署名：“吴晗，原载在 1936 年 4 月的《清华学报》第十一卷第二期上。

3.53 《元代之社会》

《元代之社会》一文，署名：吴晗，原载在 1936 年 4 月的《社会科学》第一卷第三期上。

3.54 《致顾颉刚的信》

吴晗这封 1936 年 5 月 17 日就许道龄批评自己撰写的《十六世纪前之中国与南洋》一文中某些问题而写给顾颉刚公开回答许道龄的信函，于 1936 年 6 月 1 日发表在《禹贡》半月刊第五卷第七期的《通讯一束》栏目上。这封信函是迄今为止包括《吴晗全集》都尚未收集的吴晗未曾结集发表的遗著之一。

3.55 《西班牙内乱的前途》

《西班牙内乱的前途》一文，署名：辰仲，原载在 1936 年 11 月 1 日的《清华周刊》第四十五卷第一期上。这篇文章是迄今为止包括《吴晗全集》都尚未收集的吴晗未曾结集发表的遗著之一。

3.56 《上海日商纱厂工潮》

《上海日商纱厂工潮》一文，署名：辰仲，原载在 1936 年 11 月 22 日的《清华周刊》第四十五卷第四期上。这篇文章是迄今为止包括《吴晗全集》都尚未收集的吴晗未曾结集发表的遗著之一。

3.57 《侵略集团阵容的强化》

《侵略集团阵容的强化》一文，署名：辰仲，原载在 1936 年 11 月 30 日的《清华周刊》第四十五卷第五期上。这篇文章是迄今为止包括《吴晗全集》都尚未收集的吴晗未曾结集发表的遗著之一。

3.58 《十四世纪时之纺织工厂》

《十四世纪时之纺织工厂》一文，署名：辰仲，原载在1936年11月30日的《清华周刊》第四十五卷第五期上。这篇文章是迄今为止包括《吴晗全集》都尚未收集的吴晗未曾结集发表的遗著之一。

3.59 《德意日携手与中国》

《德意日携手与中国》一文，署名：辰仲，原载在1936年12月6日的《清华周刊》第四十五卷第六期上。这篇文章是迄今为止包括《吴晗全集》都尚未收集的吴晗未曾结集发表的遗著之一。

3.60 《泛美和平会议》

《泛美和平会议》一文，署名：辰仲，原载在《清华周刊》第四十五卷第八期上。这篇文章是迄今为止包括《吴晗全集》都尚未收集的吴晗未曾结集发表的遗著之一。

3.61 《英义地中海绅士协定》

《英义地中海绅士协定》一文，署名：吴辰仲，原载在1936年12月30日的《清华周刊》第四十五卷第九期上。这篇文章是迄今为止包括《吴晗全集》都尚未收集的吴晗未曾结集发表的遗著之一。

3.62 《梧轩杂记十则》

《梧轩杂记十则》一文，署名：吴晗，原载在1937年1月25日的《清华周刊》第四十五卷第十二期上。

3.63 《后金之兴起 上》

《后金之兴起 上》一文，署名：吴晗，原载在1937年1月的《越风》第二卷第一期上。

3.64 《后金之兴起 下》

《后金之兴起 下》一文，署名：吴晗，原载在 1937 年 2 月的《越风》第二卷第二期上。

3.65 《明代的军兵》

《明代的军兵》一文，署名：吴晗，原载在 1937 年 6 月的《中国社会经济史集刊》第五卷第二期上。

3.66 《晚明士大夫阶级的生活——一个没落时代的象征》

《晚明士大夫阶级的生活——一个没落时代的象征》一文，署名：吴晗，原载在 1939 年 1 月 15 日的《新动向》第二卷第一期上。吴晗的这篇文章，和他 1935 年 4 月 19 日发表在《大公报·史地周刊》第三十一期上的《晚明仕宦阶级的生活》是同一篇文章，只是题目不同而已。

3.67 《元明两代之“匠户”》

《元明两代之“匠户”》一文，署名：吴晗，原载在 1939 年 4 月的《云南大学学报》第一类第一期上。

3.68 《王茂荫与咸丰时代的新币制》

《王茂荫与咸丰时代的新币制》一文，署名：吴晗，原载在 1939 年 6 月的《中国社会经济史集刊》第六卷第一期上。

3.69 《评梁嘉彬著〈广东十三行考〉》

《评梁嘉彬著〈广东十三行考〉》一文，署名：吴晗，原载在 1939 年 6 月的《中国社会经济史集刊》第六卷第一期上。（吴晗的这篇文章是发表这一期的《中国社会经济史集刊》中的“书评”栏目里，因在这个栏目下，全是书评，所以题目仅是一个书名《广东十三行考》，书名前的“评梁嘉彬著”六字是《吴晗全集》的编者后加的）。

3.70 《记明实录》

《记明实录》一文，署名：吴晗，原载在 1940 年 9 月的《中央研究院历史语言研究所集刊》第十八本上。

3.71 《明教与大明帝国》

《明教与大明帝国》一文，署名：吴晗，原载在 1941 年 4 月的《清华学报》第十三卷第一期上。

3.72 《明初南京之旅馆业》

《明初南京之旅馆业》一文，署名：辰伯，原载在 1941 年 12 月 15 日的《文史杂志》第一卷第十二期上。

3.73 《注籍》

《注籍》一文，署名：辰伯，原载在 1941 年 12 月 15 日的《文史杂志》第一卷第十二期上。

3.74 《稿费》

《稿费》一文，署名：辰伯，原载在 1941 年 12 月 15 日的《文史杂志》第一卷第十二期上。

3.75 《明初之杭州织工业》

《明初之杭州织工业》一文，署名：辰伯，原载在 1941 年 12 月 15 日的《文史杂志》第一卷第十二期上。

3.76 《路引》

《路引》一文，署名：辰伯，原载在 1942 年 1 月 15 日的《文史杂志》第二卷第一期上。

3.77 《明成祖仁宗景帝之死及其他》

《明成祖仁宗景帝之死及其他》一文，署名：辰伯，原载在 1942 年 2 月 15 日的《文史杂志》第二卷第二期上。

3.78 《当铺》

《当铺》一文，署名：辰伯，原载在 1942 年 2 月 15 日的《文史杂志》第二卷第二期上。

3.79 《宋官制杂释》

《宋官制杂释》一文，署名：辰伯，原载在 1942 年 5 月 16 日的《文史杂志》第一卷第十一期上。

3.80 《明代之粮长及其他》

《明代之粮长及其他》一文，署名：吴晗，原载在 1942 年 7 月的《云南大学学报》第一类第二期上。

3.81 《记本社社友张荫麟先生》

《记本社社友张荫麟先生》一文，署名：吴晗，原载在 1942 年 12 月的《人文科学学报》第一卷第二期上。

3.82 《记大明通行宝钞》

《记大明通行宝钞》一文，署名：吴晗，原载在 1943 年 6 月的《人文科学学报》第二卷第一期上。

3.83 《记张荫麟先生》

《记张荫麟先生》一文，署名：吴晗，原载在 1943 年 9 月 7 日的《民族文学》第一卷第三期上。

3.84 《治人与治法》

《治人与治法》一文，署名：吴晗，原载在 1944 年 3 月 1 日的昆明《自由论坛》第二卷第三期上。吴晗的这篇文章在收入至《吴晗全集》第七卷时，将题目改为了《治人与法治》，经本书编者考证，不论是吴晗的第一本作品集《历史的镜子》，还是 1988 年 3 月北京出版社出版的《吴晗文集》第三卷，还是 1998 年 8 月浙江人民出版社出版的《史镜管窥》，这篇文章的题目都是《治人与治法》，《吴晗全集》的编者为什么要作这个修改，个中缘由不得而知。

3.85 《论社会风气之转移》

《论社会风气之转移》一文，署名：吴晗，原载在 1944 年 5 月 15 日的昆明《建国导报》第九期上。这篇文章是迄今为止包括《吴晗全集》都尚未收集的吴晗未曾结集发表的遗著之一。

3.86 《生活与思想》

《生活与思想》一文，暂未查到署名，原载在昆明《生活导报》第七十六期上。

3.87 《民族活力的毁灭 论明代的特务组织——锦衣卫和东西厂》

《民族活力的毁灭 论明代的特务组织——锦衣卫和东西厂》一文，署名：吴晗，原载在 1944 年 10 月 1 日的《自由论坛》第三卷第二期上。本文最初以《明代的锦衣卫和东西厂》为题发表于 1934 年 12 月 14 日的天津《大公报·史地周刊》第十三期上。1944 年 5 月，吴晗为纪念甲申三百年在旧稿的基础上重写，改名为《民族活力的毁灭 论明代的特务组织——锦衣卫和东西厂》在昆明《自由论坛》上发表。

3.88 《钱牧斋之史学——永宁札记之一》

《钱牧斋之史学——永宁札记之一》一文，署名：辰伯，原载在 1944 年

10月的《文史杂志》第四卷第七、八期（合刊）上。

3.89 《保卫桂林！准备大反攻！》

《保卫桂林！准备大反攻！》一文，署名：吴晗，原载在1944年11月8日的昆明《评论报》第十三期第一版上。这篇文章是迄今为止包括《吴晗全集》都尚未收集的吴晗未曾结集发表的遗著之一。

3.90 《罗斯福总统与民主世界》

《罗斯福总统与民主世界》一文，署名：吴晗，原载在1944年11月22日的昆明《评论报》第十四期第二版上。这篇文章是迄今为止包括《吴晗全集》都尚未收集的吴晗未曾结集发表的遗著之一。

3.91 《糊涂和卑鄙——“旧史新谈”之一》

《糊涂和卑鄙——“旧史新谈”之一》一文，署名：辰伯，原载在1944年12月6日的昆明《评论报》第十六期第四版上。

3.92 《桓灵和晋武帝——“旧史新谈”之二》

《桓灵和晋武帝——“旧史新谈”之二》一文，署名：辰伯，原载在1944年12月6日的昆明《评论报》第十六期第四版上。

3.93 《拍卖行——“旧史新谈”之三》

《拍卖行——“旧史新谈”之三》一文，署名：辰伯，原载在1944年12月6日的昆明《评论报》第十六期第四版上。

3.94 《墨敕斜封——“旧史新谈”之四》

《墨敕斜封——“旧史新谈”之四》一文，署名：辰伯，原载在1944年12月6日的昆明《评论报》第十六期第四版上。

3.95 《怎样渡过难关》

《怎样渡过难关》一文，原载在 1944 年 12 月 9 日昆明《民主周刊》第一卷第一期（创刊号）上。吴晗的这篇文章是发表在这一期昆明《民主周刊》的首页（封面），没有署名。昆明《民主周刊》出版第一卷第一期的创刊号时，没有专写发刊词，以吴晗的这篇《怎样渡过难关》代发刊词。

3.96 《正视战局与政局》

《正视战局与政局》一文，署名：吴晗，原载在 1944 年 12 月 10 日的昆明《自由论坛》第十一期星期增刊上。这篇文章是迄今为止包括《吴晗全集》都尚未收集的吴晗未曾结集发表的遗著之一。

3.97 《官商合一——“旧史新谈”之五》

《官商合一——“旧史新谈”之五》一文，署名：辰伯，原载在 1944 年 12 月 13 日的昆明《评论报》第十七期第四版上。

3.98 《报功文书——“旧史新谈”之六》

《报功文书——“旧史新谈”之六》一文，署名：辰伯，原载在 1944 年 12 月 13 日的昆明《评论报》第十七期第四版上。

3.99 《空谈和实践——“旧史新谈”之七》

《空谈和实践——“旧史新谈”之七》一文，署名：辰伯，原载在 1944 年 12 月 13 日的昆明《评论报》第十七期第四版上。

3.100 《冗兵冗吏——“旧史新谈”之八》

《冗兵冗吏——“旧史新谈”之八》一文，署名：辰伯，原载在 1944 年 12 月 13 日的昆明《评论报》第十七期第四版上。

3.101 《书帕——“旧史新谈”之九》

《书帕——“旧史新谈”之九》一文，署名：辰伯，原载在 1944 年 12

月 13 日的昆明《评论报》第十七期第四版上。

3.102 《论动员民众与组织民兵》

《论动员民众与组织民兵》一文，署名：吴晗，原载在 1944 年 12 月 20 日的昆明《评论报》第十八期第二版上。这篇文章是迄今为止包括《吴晗全集》都尚未收集的吴晗未曾结集发表的遗著之一。

3.103 《战时教育应有的新措施》

《战时教育应有的新措施》一文，署名：吴晗，原载在 1944 年 12 月 23 日的昆明《民主周刊》第一卷第三期上。这篇文章是迄今为止包括《吴晗全集》都尚未收集的吴晗未曾结集发表的遗著之一。

3.104 《论国定纪念日与云南起义》

《论国定纪念日与云南起义》一文，署名：吴晗，原载在 1944 年 12 月 27 日的昆明《评论报》第十九期第二版上。这篇文章是迄今为止包括《吴晗全集》都尚未收集的吴晗未曾结集发表的遗著之一。

3.105 《贪污史例之一——“旧史新谈”之十》

《贪污史例之一——“旧史新谈”之十》一文，署名：辰伯，原载在 1945 年 1 月 3 日的昆明《评论报》第二十期第四版上。

3.106 《贪污史例之二——“旧史新谈”之十一》

《贪污史例之二——“旧史新谈”之十一》一文，署名：辰伯，原载在 1945 年 1 月 3 日的昆明《评论报》第二十期第四版上。

3.107 《贪污史例之三——“旧史新谈”之十二》

《贪污史例之三——“旧史新谈”之十二》一文，署名：辰伯，原载在 1945 年 1 月 3 日的昆明《评论报》第二十期第四版上。

3.108 《报纸与舆论》

《报纸与舆论》一文，暂没有查到署名，目前比较多的说法认为其原载在 1945 年 1 月 10 日的昆明《自由论坛》上，但编者考证，不但 1945 年 1 月 10 日的昆明《自由论坛》上没有该篇文章，而且所有《自由论坛》上都没有查到该篇文章。故吴晗的这篇文章发表的具体时间、媒体和署名还有待于进一步考证。

3.109 《新法西斯》

《新法西斯》一文，署名：吴晗，原载在 1944 年 1 月 10 日的昆明《评论报》第二十一期第三版上。这篇文章是迄今为止包括《吴晗全集》都尚未收集的吴晗未曾结集发表的遗著之一。

3.110 《改善士兵生活——“旧史新谈”之十三》

《改善士兵生活——“旧史新谈”之十三》一文，署名：辰伯，原载在 1944 年 1 月 10 日的昆明《评论报》第二十一期第四版上。这篇文章是迄今为止包括《吴晗全集》都尚未收集的吴晗未曾结集发表的遗著之一。

3.111 《读〈两年半乡村工作〉》

《读〈两年半乡村工作〉》一文，署名：吴晗，原载在 1945 年 1 月 13 日的昆明《民主周刊》第一卷第五期上。

3.112 《我恍惚照在镜子里》

《我恍惚照在镜子里》一文，署名：吴晗，原载在 1944 年 1 月 17 日的昆明《评论报》第二十二期第三版上。这篇文章是迄今为止包括《吴晗全集》都尚未收集的吴晗未曾结集发表的遗著之一。

3.113 《统治者和小兵——“旧史新谈”之十四》

《统治者和小兵——“旧史新谈”之十四》一文，署名：辰伯，原载在

1944年1月24日的昆明《评论报》第二十三期第四版上。这篇文章是迄今为止包括《吴晗全集》都尚未收集的吴晗未曾结集发表的遗著之一。

3.114 《刘昉卖酒——“旧史新谈”之十五》

《刘昉卖酒——“旧史新谈”之十五》一文，署名：辰伯，原载在1944年1月24日的昆明《评论报》第二十三期第四版上。这篇文章是迄今为止包括《吴晗全集》都尚未收集的吴晗未曾结集发表的遗著之一。

3.115 《白薯白望——“旧史新谈”之十六》

《白薯白望——“旧史新谈”之十六》一文，署名：辰伯，原载在1944年1月24日的昆明《评论报》第二十三期第四版上。这篇文章是迄今为止包括《吴晗全集》都尚未收集的吴晗未曾结集发表的遗著之一。

3.116 《独裁者的末路——明代虽有残酷之统治而终于亡国》

《独裁者的末路——明代虽有残酷之统治而终于亡国》一文，署名：吴晗，原载在1945年2月1日的延安《书报简讯》第五十七期上。吴晗的这篇文章，实际上就是他曾经于1934年12月14日发表在天津《大公报·史地周刊》第十三期上的文章《明代的锦衣卫和东西厂》和1944年10月1日发表在《自由论坛》第三卷第二期上的文章《民族活力的毁灭 论明代的特务组织——锦衣卫和东西厂》，这次延安的《书报简讯》刊载时，为当时政治服务的需要，将题目修改为《独裁者的末路——明代虽有残酷之特务统治而终于亡国》。

3.117 《理学家——“旧史新谈”之十七》

《理学家——“旧史新谈”之十七》一文，署名：辰伯，原载在1944年2月3日的昆明《评论报》第二十四期第四版上。这篇文章是迄今为止包括《吴晗全集》都尚未收集的吴晗未曾结集发表的遗著之一。

3.118 《明季缙绅——“旧史新谈”之十八》

《明季缙绅——“旧史新谈”之十八》一文，署名：辰伯，原载在 1944 年 2 月 3 日的昆明《评论报》第二十四期第四版上。这篇文章是迄今为止包括《吴晗全集》都尚未收集的吴晗未曾结集发表的遗著之一。

3.119 《焦芳——“旧史新谈”之十九》

《焦芳——“旧史新谈”之十九》一文，署名：辰伯，原载在 1944 年 2 月 3 日的昆明《评论报》第二十四期第四版上。这篇文章是迄今为止包括《吴晗全集》都尚未收集的吴晗未曾结集发表的遗著之一。

3.120 《除五蠹——“旧史新谈”之二十》

《除五蠹——“旧史新谈”之二十》一文，署名：辰伯，原载在 1944 年 2 月 3 日的昆明《评论报》第二十四期第四版上。这篇文章是迄今为止包括《吴晗全集》都尚未收集的吴晗未曾结集发表的遗著之一。

3.121 《游民痞棍——“旧史新谈”之二十一》

《游民痞棍——“旧史新谈”之二十一》一文，署名：辰伯，原载在 1944 年 2 月 3 日的昆明《评论报》第二十四期第四版上。这篇文章是迄今为止包括《吴晗全集》都尚未收集的吴晗未曾结集发表的遗著之一。

3.122 《地主靠损小民——“旧史新谈”之二十二》

《地主靠损小民——“旧史新谈”之二十二》一文，署名：辰伯，原载在 1944 年 2 月 3 日的昆明《评论报》第二十四期第四版上。这篇文章是迄今为止包括《吴晗全集》都尚未收集的吴晗未曾结集发表的遗著之一。

3.123 《明代宫廷生活——“旧史新谈”之二十三》

《明代宫廷生活——“旧史新谈”之二十三》一文，署名：辰伯，原载在 1944 年 2 月 3 日的昆明《评论报》第二十四期第四版上。这篇文章是迄今为止包括《吴晗全集》都尚未收集的吴晗未曾结集发表的遗著之一。

3.124 《迎接美军登陆东海岸》

《迎接美军登陆东海岸》一文，署名：吴晗，原载在 1944 年 2 月 10 日的昆明《评论报》第二十五期第一版上。这篇文章是迄今为止包括《吴晗全集》都尚未收集的吴晗未曾结集发表的遗著之一。

3.125 《民变史料拾零——“旧史新谈”之二十四》

《民变史料拾零——“旧史新谈”之二十四》一文，署名：辰伯，原载在 1944 年 2 月 10 日的昆明《评论报》第二十五期第四版上。这篇文章是迄今为止包括《吴晗全集》都尚未收集的吴晗未曾结集发表的遗著之一。

3.126 《宋代的两次均产运动——人民的历史之一章》

《宋代的两次均产运动——人民的历史之一章》一文，署名：吴晗，原载在 1945 年 2 月 24 日的昆明《民主周刊》第一卷第十期上。

3.127 《物价与限价》

《物价与限价》一文，署名：吴晗，原载在 1944 年 3 月 10 日的昆明《评论报》第二十八期第二版上。这篇文章是迄今为止包括《吴晗全集》都尚未收集的吴晗未曾结集发表的遗著之一。

3.128 《给敌人以加倍的打击》

《给敌人以加倍的打击》一文，署名：吴晗，原载在 1944 年 3 月 10 日的昆明《评论报》第二十八期第四版上。这篇文章是迄今为止包括《吴晗全集》都尚未收集的吴晗未曾结集发表的遗著之一。

3.129 《中国的出路（座谈记录）》

《中国的出路（座谈记录）》一文，原载在 1945 年 3 月 20 日的《自由论坛》两周年纪念专号上。这篇文章是迄今为止包括《吴晗全集》都尚未收集的吴晗未曾结集发表的遗著之一。“中国的出路（座谈记录）”，原本是《自由论坛》杂志社拟写发表的一次中心内容为“中国的出路”的座谈会的会议记录的题名，吴晗在这个座谈会上的讲话，也只是其中的一部分。编者发现吴晗的这篇遗著后，仍采用《自由论坛》杂志社拟写的这个题名作为吴晗遗著的题名。

3.130 《明代农民生活（一）——“旧史新谈”之二十五》

《明代农民生活（一）——“旧史新谈”之二十五》一文，署名：辰伯，原载在 1944 年 3 月 24 日的昆明《评论报》第三十期第三版上。这篇文章是迄今为止包括《吴晗全集》都尚未收集的吴晗未曾结集发表的遗著之一。

3.131 《明代农民生活（二）——“旧史新谈”之二十六》

《明代农民生活（二）——“旧史新谈”之二十六》一文，署名：辰伯，原载在 1944 年 3 月 31 日的昆明《评论报》第三十一期第三版上。这篇文章是迄今为止包括《吴晗全集》都尚未收集的吴晗未曾结集发表的遗著之一。

3.132 《明代的奴隶和奴变》

《明代的奴隶和奴变》一文，署名：吴晗，原载在 1945 年 4 月 3 日的昆明《民主周刊》第一卷第十五期上。

3.133 《“死得漂亮，活得光辉”——看〈离离草〉的演出》

《“死得漂亮，活得光辉”——看〈离离草〉的演出》一文，署名：梧轩，原载在 1945 年 4 月 3 日的《民主周刊》第一卷第十五期上。

3.134 《敬悼罗斯福大总统》

《敬悼罗斯福大总统》一文，署名：吴晗，原载在 1944 年 4 月 21 日的昆明《评论报》第三十三期第一版上。这篇文章是迄今为止包括《吴晗全集》都尚未收集的吴晗未曾结集发表的遗著之一。

3.135 《昆明文化教育界致顾颉刚、郭沫若的慰问信》

《昆明文化教育界致顾颉刚、郭沫若的慰问信》，吴晗起草，刊载于1945年5月4日的昆明《人民文艺》上。但在昆明《人民文艺》上刊载时，题目则是《一封热挚而深切的慰问信》。

3.136 《论中立》

《论中立》一文，署名暂未查到，原载在1945年8月7日的《中华论坛》第一卷第十二期上。

3.137 《吾人并非为制造一批百万富豪而战》

《吾人并非为制造一批百万富豪而战》一文，署名：吴晗，原载在1945年8月16日的昆明《民主周刊》第二卷第六期上。

3.138 《惩办汉奸·大赦政治犯》

《惩办汉奸·大赦政治犯》一文，署名：吴晗，原载在1945年8月5日的昆明《民主周刊》第二卷第八期上。

3.139 《论管制日本》

《论管制日本》一文，署名：吴晗，原载在1944年9月29日的昆明《评论报》第五十二期第一版上。这篇文章是迄今为止包括《吴晗全集》都尚未收集的吴晗未曾结集发表的遗著之一。

3.140 《人身自由何在？》

《人身自由何在？》一文，吴晗的这篇文章发表在这一期昆明《民主周刊》的“时评”栏目，没有署名。原载在1945年10月25日的昆明《民主周刊》第二卷第十三期上。

3.141 《正告赫尔利将军》

《正告赫尔利将军》一文，吴晗的这篇文章发表在这一期昆明《民主周刊》的“时评”栏目，没有署名。原载在 1945 年 11 月 26 日的昆明《民主周刊》第二卷第十七期上。

3.142 《抗议非法的武装干涉集会自由》

《抗议非法的武装干涉集会自由》一文，《吴晗全集》称原载在 1945 年 12 月 1 日的昆明《民主周刊》上。但编者迄今尚未查到，故吴晗的这篇文章发表的时间、媒体及署名还待进一步考证。

3.143 《致西谛先生的信》

《致西谛先生的信》，原载在 1945 年 12 月 15 日的上海《民主周刊》第十卷上。

3.144 《论“一二·一”惨案与纪纲》

《论“一二·一”惨案与纪纲》一文，署名：高光，原载在 1945 年 12 月 17 日的昆明《民主周刊》第二卷第二十期上。

3.145 《新时代和新妇女》

《新时代和新妇女》一文，《吴晗全集》称其原载在 1945 年的昆明《真报》第三十五期上。但编者迄今尚未查到，故吴晗的这篇文章发表的具体时间、媒体和署名还有待进一步考证。

3.146 《士兵们，放下枪杆来！》

《士兵们，放下枪杆来！》一文，《吴晗全集》称其本文原载在 1945 年昆明《民主周刊》上。但编者迄今尚未查到，故吴晗的这篇文章发表的具体时间、媒体和署名还有待进一步考证。

3.147 《论说谎政治》

《论说谎政治》一文，《吴晗全集》称其原载在 1946 年 1 月 1 日的昆明《新报》上。但编者迄今尚未查找得到，故吴晗的这篇文章发表的具体时间、媒体和署名还有待进一步考证。

3.148 《写给政治协商诸代表 血染的十二月——政治协商会议之前》

《写给政治协商诸代表 血染的十二月——政治协商会议之前》一文，署名：吴晗，原载在 1946 年 1 月 11 日的昆明《妇女旬刊》第一卷第七期上。吴晗的这篇文章是迄今为止包括《吴晗全集》都尚未收集的吴晗未曾结集发表的遗著之一。

3.149 《向政治协商会议控诉》

《向政治协商会议控诉》一文，原载在 1946 年 1 月 13 日的昆明《民主周刊》第二卷第二十三期上。吴晗的这篇文章是发表在该期昆明《民主周刊》的“时评”栏目里，没有署名。

3.150 《致马歇尔特使书》

《致马歇尔特使书》一文，署名：国立西南联合大学教授潘光旦、闻一多、费孝通、吴晗，原载在 1946 年 1 月 13 日的昆明《民主周刊》第二卷第二十三期上。

3.151 《不提旧账和不提联合政府》

《不提旧账和不提联合政府》一文，原载在 1946 年 1 月 20 日的昆明《民主周刊》第二卷第二十四期上。吴晗的这篇文章是发表在这一期昆明《民主周刊》的“时评”栏目里的，没有署名。

3.152 《论扩大政府组织方案》

《论扩大政府组织方案》一文，署名：吴晗，原载在1946年1月20日的昆明《民主周刊》第二卷第二十四期上。

3.153 《释放政治犯再不能拖延了——兼为羊枣先生暴死集中营控诉！》

《释放政治犯再不能拖延了——兼为羊枣先生暴死集中营控诉！》一文，署名：闻一多、李源、吴晗、胡钊，原载在1946年1月20日的昆明《民主周刊》第二卷第二十四期上。

3.154 《对玩火者警告·向人民申诉》

《对玩火者警告·向人民申诉》一文，原载在1946年1月30日的昆明《民主周刊》第二卷第二十五期上。吴晗的这篇文章是发表在这一期昆明《民主周刊》的“时评”栏目里，没有署名。

3.155 《论军队国家化》

《论军队国家化》一文，署名：吴晗，原载在1946年1月30日的昆明《民主周刊》第二卷第二十五期上。

3.156 《为横遭阴谋破坏敬告各界人士书》

《为横遭阴谋破坏敬告各界人士书》一文，原载在1946年1月30日的昆明《民主周刊》第二卷第二十五期上。吴晗的这篇文章是为昆明《民主周刊》社、《学生报》社、《时代评论》社、《中国周报》社撰写并以四报社的名义联合发表的，没有署个人名。吴晗的这篇文章是迄今为止包括《吴晗全集》都尚未收集的吴晗未曾结集发表的遗著之一。

3.157 《论扩大政府组织方案》

《论扩大政府组织方案》一文，署名：吴晗，转载在 1946 年 1 月 30 日的《民主周刊》（北平版）第二期上。

3.158 《释放政治犯不能在拖延——兼为羊枣先生暴死集中营控诉！》

《释放政治犯不能在拖延——兼为羊枣先生暴死集中营控诉！》一文，署名：闻一多、李源、吴晗、胡钊，转载在 1946 年 1 月 30 日的《民主周刊》（北平版）第二期上。

3.159 《行动比文字更重要——论政治协商会议的成就》

《行动比文字更重要——论政治协商会议的成就》一文，署名：吴晗，原载在 1946 年 2 月 11 日的昆明《妇女旬刊》第一卷第九期上。

3.160 《论军队国家化》

《论军队国家化》一文，署名：吴晗，转载在 1946 年 2 月 11 日的《民主周刊》（北平版）第三期上

3.161 《论防止官僚资本之发展》

《论防止官僚资本之发展》一文，《吴晗全集》称其原载在 1946 年 2 月 8 日的昆明《新报》第十二期上，但编者迄今尚未找到。故吴晗这篇文章发表的具体时间、媒体和署名还有待进一步考证。

3.162 《回光返照的丑剧》

《回光返照的丑剧》一文，署名：吴晗，原载在 1946 年 2 月 25 日的昆明《妇女旬刊》第一卷第十期上。吴晗的这篇文章是迄今为止包括《吴晗全集》都尚未收集的吴晗未曾结集发表的遗著之一。

3.163 《论历史观点》

《论历史观点》一文，署名：何无忌，原载在1946年3月的《昆明周报》第九期上。

3.164 《人民怎样渡过这内战的难关？》

《人民怎样渡过这内战的难关？》一文，署名：张奚若、吴晗、彦祥、楚易、宜堂、木耳、如宁，原载在1946年3月1日的北平《民主》半月刊第四期上。

3.165 《论经济紧急措施方案》

《论经济紧急措施方案》一文，署名：吴晗，原载在1946年3月1日的北平《民主》半月刊第四期上。

3.166 《图穷而匕首见》

《图穷而匕首见》一文，署名：何无忌，原载在1946年4月4日的昆明《妇女旬刊》第一卷第十二期上。

3.167 《两个赤字时代》

《两个赤字时代》一文，署名：吴晗，原载在1946年4月5日的昆明《时代评论》第二十期上。

3.168 《对国民党政府进一言》

《对国民党政府进一言》一文，署名：吴晗，原载在1946年4月16日的昆明《民主周刊》第三卷第六期上。

3.169 《昆明十一民主期刊 坚决反对撕毁政协协议》

《昆明十一民主期刊 坚决反对撕毁政协协议》一文，原载在1946年4月16日的昆明《民主周刊》第三卷第六期上。吴晗的这篇文章是他代表当时昆明的十一家民主期刊起草的文章，本文发表时署的是昆明十一家民主期刊社的名。吴晗的这篇文章是迄今为止包括《吴晗全集》都尚未收集的吴晗未曾结集发表的遗著之一。

3.170 《救灾必须停战》

《救灾必须停战》一文，《吴晗全集》称其原载在1946年5月11日的《新生代》第二期上。但编者迄今尚未找到，故吴晗这篇文章发表的具体时间、媒体和署名还有待进一步考证。

3.171 《从昆明惨案到南通惨案——“五四”在学联会的演讲》

《从昆明惨案到南通惨案——“五四”在学联会的演讲》一文，署名：吴晗，原载在1946年5月12日的昆明《民主周刊》第三卷第九期上。

3.172 《警管区！特务国》

《警管区！特务国》一文，《吴晗全集》标称，本文原载在1946年5月17日的重庆《民主报》上。但编者迄今尚未找到，故吴晗这篇文章发表的具体时间、媒体和署名还有待进一步考证。

3.173 《说“帷幄上奏权”》

《说“帷幄上奏权”》一文，署名：吴晗，原载在1946年6月15日的重庆《唯民周刊》第一卷第十一期上。

3.174 《决定今后历史的十五天》

《决定今后历史的十五天》一文，署名：吴晗，原载在1946年6月15日的上海《民主周刊》第三十五期上。

3.175 《论反内战运动》

《论反内战运动》一文，署名：吴晗，原载在1946年6月22日出版的上海《周报》第四十二期上。

3.176 《论打手政治》

《论打手政治》一文，署名：吴晗，原载在 1946 年 6 月 29 日出版的上海《周报》第四十三期上。

3.177 《吴晗教授之言》

《吴晗教授之言》，原载 1946 年 6 月 1 日出版的沪版《人物杂志》第六期上的“人语”专栏。

3.178 《记第八大队——还乡散记之一》

《记第八大队——还乡散记之一》一文，署名：吴晗，原载在 1946 年 7 月 13 日出版的上海《周报》第四十五期上。

3.179 《死，不是结束，而是开始！》

《死，不是结束，而是开始！》一文，署名：吴晗，原载在 1946 年 7 月 18 日的《文萃》第三十九期上。

3.180 《是谁在辱国？是谁在殃民？》

《是谁在辱国？是谁在殃民？》一文，署名：吴晗，原载在 1946 年 7 月 18 日出版的《文萃》第三十九期上。

3.181 《哭一多父子》

《哭一多父子》一文，署名：吴晗，原载在 1946 年 7 月 18 日出版的上海《周报》第四十六期上。当时，误传闻立鹤和闻一多一起重伤致死，故吴晗当时就写了《哭闻一多父子》一文。几天后，证实闻立鹤是伤重未亡，吴晗随即将该文改为了《哭一多》。

3.182 《哭亡友闻一多先生》

《哭亡友闻一多先生》一文，署名：吴晗，原载在 1946 年 7 月 20 日出版的上海《民主周刊》第四十期上。

3.183 《哭一多》

《哭一多》一文，署名：吴晗，原载在 1946 年 7 月 21 日出版出版的上海《群众》周刊（特大号）第十一卷第十二期上。

3.184 《哭公朴》

《哭公朴》一文，署名：吴晗，原载在 1946 年 7 月 21 日出版的上海《群众》周刊（特大号）第十一卷第十二期上。

3.185 《浙道难——还乡散记之二》

《浙道难——还乡散记之二》一文，署名：吴晗，原载在 1946 年 7 月 27 日出版的上海《周报》第四十七期上。

3.186 《元史·食货志·钞法补》

《元史·食货志·钞法补》一文，署名：吴晗，原载在 1946 年 7 月出版的《中国社会经济史集刊》第七卷第二期上。

3.187 《论战史的编纂》

《论战史的编纂》一文，署名：吴晗，原载在 1946 年 8 月 1 日出版的《中国学术》第一期上。

3.188 《真空的乡村——还乡散记之三》

《真空的乡村——还乡散记之三》一文，署名：吴晗，原载在 1946 年 8 月 3 日出版的上海《周报》第四十八期上。

3.189 《论暗杀政治》

《论暗杀政治》一文，署名：吴晗，原载在 1946 年 8 月 10 日出版的上海《民主周刊》第四十三期上。

3.190 《论法统》

《论法统》一文，署名：吴晗，原载在1946年8月10日出版的《新文化》半月刊第二卷第四期上。

3.191 《论文化杀戮》

《论文化杀戮》一文，署名：吴晗，原载在1946年8月17日出版的上海《民主周刊》第四十四期上。

3.192 《哭一多父子》

《哭一多父子》一文，署名：吴晗，原载在1946年8月20日出版的《国文月刊》第四十六期上。

3.193 《怎么办？》

《怎么办？》一文，署名：吴晗，原载在1946年8月24日出版的上海《周报》第四十九、五十期（合刊）上。

3.194 《读〈两千年间〉》

《读〈两千年间〉》一文，署名：吴晗，原载在1946年8曰7日出版的《文汇报·史地》第十三期上。

3.195 《闻一多先生传》

《闻一多先生传》一文，署名：吴晗，原载在1946年9月12日的出版《民主周刊》（华北版）第十期上。

3.196 《我看时局》

《我看时局》一文，署名：吴晗，原载在1946年9月12日出版的《民主周刊》（华北版）第十期上。

3.197 《论民主政治——十月四日在燕京大学的演讲》

《论民主政治——十月四日在燕京大学的演讲》一文，署名：吴晗，原载在 1946 年 10 月 16 日出版的《民主周刊》（华北版）第十二期上。

3.198 《解决时局的关键》

《解决时局的关键》一文，署名：吴晗，原载在 1946 年 10 月 16 日出版的《民主周刊》（华北版）第十二期上。

3.199 《论解决时局的基础方案》

《论解决时局的基础方案》一文，署名：吴晗，原载在 1946 年 10 月 23 日出版的《民主周刊》（北平版）第十三期上。

3.200 《是谁绞死了民主？》

《是谁绞死了民主？》一文，署名：吴晗，原载在 1946 年 10 月 31 日出版的上海《民主周刊》第二卷第三、四期合刊上。

3.201 《说儿皇帝》

《说儿皇帝》一文，署名：何无忌，原载在1946年11月18日出版的《燕京新闻》第十三卷第一期上。

3.202 《种子撒下去了——为纪念“一二·一”作》

《种子撒下去了——为纪念“一二·一”作》一文，署名：吴晗，原载在 1946 年 12 月 2 日出版的《燕京新闻》第十四卷第三期上。

3.203 《以新的精神纪念“一二·九”》

《以新的精神纪念“一二·九”》一文，署名：吴晗，原载在 1946 年 12 月 9 日出版的《燕京新闻》第十三卷第四期上。

3.204 《违反政协决议 增加国内纷争》

《违反政协决议 增加国内纷争》一文，原载在 1946 年 12 月 9 日出版的《燕京新闻》第十三卷第四期上。吴晗的这篇文章原系一篇通讯报道稿，题目是《燕大教职员会上 吴晗批评国大 违反政协决议增加国内纷争》。

3.205 《论新基础》

《论新基础》一文，署名：刘恢之，原载在1946年12月18日出版的《民主周刊》(华北版)第十五期上。

3.206 《记亡友张荫麟先生》

《记亡友张荫麟先生》，署名：吴晗，原载 1946 年 12 月出版的《人物杂志 民国三十五年 第 11—12 期合刊》上。

3.207 《论马歇尔离华声明》

《论马歇尔离华声明》一文，署名：吴晗，原载在 1947 年 1 月 25 日出版的北平《民主》半月刊第二期上。

3.208 《对〈清华周刊〉的意见》

《对〈清华周刊〉的意见》一文，署名：吴晗，原载在 1947 年 2 月 9 日出版的《清华周刊》复刊号第一期上。

3.209 《人民怎样渡过这内战的难关》

《人民怎样渡过这内战的难关》一文，署名：吴晗，原载在 1947 年 3 月 1 日出版的《民主》半月刊(华北版)第四期上。

3.210 《论经济紧急措施方案》

《论经济紧急措施方案》一文，署名：吴晗，原载在 1947 年 3 月 1 日出版的《民主》半月刊(华北版)第四期上。

3.211 《莫斯科会议与中国》

《莫斯科会议与中国》一文，署名：吴晗，原载在 1947 年 3 月 17 日出版的《燕京新闻》第十三卷第十七期上。

3.212 《介绍〈中国历史参考图谱〉》

《介绍〈中国历史参考图谱〉》一文，署名：吴晗，原载在 1947 年 3 月出版的《文艺复兴》第 3 卷第 2 期（四月号）上。吴晗的这篇文章是迄今为止包括《吴晗全集》都尚未收集的吴晗未曾结集发表的遗著之一。

3.213 《闻一多的一生——序〈闻一多的道路〉》

《闻一多的一生——序〈闻一多的道路〉》一文，署名：吴晗，原载在 1947 年 4 月 18 日出版的《时与文》第一卷第六期上。

3.214 《新五四运动》

《新五四运动》一文，署名：吴晗，原载在 1947 年 4 月 28 日出版的《燕京新闻》第十三卷第二十三期上。

3.215 《论纪念“五四”》

《论纪念“五四”》一文，署名：吴晗，原载在 1947 年 4 月 30 日出版的《清华周刊》上。

3.216 《闻一多的“手工业”》

《闻一多的“手工业”》一文，署名：吴晗，原载在 1947 年 5 月 5 日出版的《文汇报》第八版上。

3.217 《谈物价问题》

《谈物价问题》一文，署名：吴晗，原载在 1947 年 5 月 11 日出版的《清华周刊》复刊号第十二期上。

3.218 《论和平的先决步骤》

《论和平的先决步骤》一文，署名：吴晗，原载在 1947 年 6 月 6 日出版的《时与文》第十三期上。

3.219 《社会贤达考》

《社会贤达考》一文，署名：刘勉，原载在 1947 年 6 月 12 日出版的北平地下刊物《社会贤达考》专号上。

3.220 《论奴才——石敬瑭父子》

《论奴才——石敬瑭父子》一文，署名：公孙器之，原载在 1947 年 6 月 28 日出版的北平地下刊物《论南北朝》上。

3.221 《闻一多先生传》

《闻一多先生传》一文，署名：吴晗，转载在 1947 年 7 月 13 日出版的暹罗《民主新闻》周刊第二版上。

3.222 《一多先生周年祭》

《一多先生周年祭》一文，署名：吴晗，原载在 1947 年 7 月 19 日出版的暹罗《民主新闻》周刊第三版上。

3.223 《一多先生周年祭》

《一多先生周年祭》一文，署名：吴晗，转载在 1947 年 7 月 21 日出版的《学风周刊》第三期上。

3.224 《论南北朝》

《论南北朝》一文，署名：刘勉，原载在 1947 年 7 月出版的北平地下刊物《论南北朝》上。

3.225 《论南北朝》

《论南北朝》一文，署名：刘勉，原载在 1947 年 8 月出版的香港《论南北朝》“自由文丛之三”上。

3.226 《论奴才——石敬塘父子》

《论奴才——石敬塘父子》一文，署名：公孙器之，原载在 1947 年 8 月出版的香港《论南北朝》“自由文丛之三”上。

3.227 《闻一多的二三事》

《闻一多的二三事》一文，署名：吴晗，原载在 1947 年 9 月 17 日北平出版的《泥土》第三辑上。这篇文章是迄今为止包括《吴晗全集》都尚未收集的吴晗未曾结集发表的遗著之一。

3.228 《朱元璋从军——〈朱元璋传〉的一章》

《朱元璋从军——〈朱元璋传〉的一章》一文，署名：吴晗，原载在 1947 年 10 月 1 日北平出版的《知识与生活》第十二期上。

3.229 《朱元璋与陈友谅——〈朱元璋传〉的一章》

《朱元璋与陈友谅——〈朱元璋传〉的一章》一文，署名：吴晗，原载在 1947 年 10 月 16 日出版的《学识》半月刊第一卷第十二期上。吴晗的这篇文章是迄今为止包括《吴晗全集》都尚未收集的吴晗未曾结集发表的遗著之一。

3.230 《跋一多遗集》

《跋一多遗集》一文，署名：吴晗，原载在 1947 年 11 月 15 日出版的《观察》第三卷第十二期上。

3.231 《朱元璋的少年时代》

《朱元璋的少年时代》一文。《吴晗全集》称其原载在《文艺复兴》第十二期上，没有具体的年月。编者依据有关史料推定本文发表的年份应该是1948年，但具体月份还有待考证。

3.232 《历史上的国民身份证——传·过所·路引》

《历史上的国民身份证——传·过所·路引》一文，原载在1948年1月出版的《中建》第五卷第四期上。吴晗这篇文章发表的具体时间、媒体和署名还有待进一步考证。

3.233 《统治学校的史例》

《统治学校的史例》一文，署名：吴晗讲，更生笔记，原载在1948年1月2日出版的《燕京新闻》第十四卷第十五期上。

3.234 《论士大夫》

《论士大夫》一文，署名：吴晗讲，本刊记者记，原载在1948年2月6日出版的《清华旬刊》第二期上。

3.235 《从和谈到美援》

吴晗的这篇文章发表在1948年3月1日出版的《燕京新闻》第十四卷第十七期第二版的“每周专论”栏目下。原题目为《从和谈到美元 和谈，没有实现的可能 美元救不了政府危机》，是张东荪、陆志韦、雷洁琼、邓之诚、吴晗、许德珩六位教授就有关“和谈和美元”两件国内大家注意的事所发布的意见，这篇文章就是吴晗谈的意见。

3.236 《论士大夫》

《论士大夫》一文，署名：吴晗讲，文琪记，转载在1948年3月5日出版的《时与文》第二卷第二十一期上。

3.237 《论皇权》

《论皇权》一文，署名：吴晗，原载在 1948 年 4 月 3 日出版的《观察》第四卷第六期上。

3.238 《同善其身，共善天下——致参观清华的大中学生》

《同善其身，共善天下——致参观清华的大中学生》一文，署名：吴晗，原载在 1948 年 4 月 3 日出版的《清华旬刊》第六期上。

3.239 《论绅权》

《论绅权》一文，署名：吴晗，原载在 1948 年 4 月 16 日出版的《时与文》第三卷第一期上。

3.240 《论智识分子》

《论智识分子》一文，署名：吴晗讲，淙笔记，原载在 1948 年 5 月 3 日出版的《燕京新闻》第十四卷第二十六期上。吴晗的这篇文章是迄今为止包括《吴晗全集》都尚未收集的吴晗未曾结集发表的遗著之一。

3.241 《近代中国社会变迁》

《近代中国社会变迁》一文，署名：吴晗，原载在 1948 年 5 月 10 日出版的《燕京新闻》第十四卷第二十七期上。

3.242 《从历史上看知识分子》

《从历史上看知识分子》一文，署名：吴晗，原载在 1948 年 5 月 16 日出版的《知识与生活》第二十七期上。

3.243 《北方教授看美援》

《北方教授看美援》一文，署名：吴晗，原载在 1948 年 5 月 20 日出版的《时与文》第二卷第二十二期上。本篇与 3 月 1 日发表在《燕京新闻》上的《从和谈到美援》的内容是基本相同的。吴晗的这篇文章是迄今为止包括《吴晗全集》都尚未收集的吴晗未曾结集发表的遗著之一。

3.244 《论所谓“中国式的代议制度”》

《论所谓“中国式的代议制度”》一文，署名：吴晗，原载在1948年5月29日出版的《观察》第四卷第十四期上。

3.245 《再论绅权》

《再论绅权》一文，署名：吴晗，原载在1948年6月11日出版的《时与文》第三卷第九期上。

3.246 《朱元璋的统治术》

《朱元璋的统治术》一文，原载在1948年6月出版的《中建》第六卷第三、四期（合刊）上。吴晗这篇文章发表的具体时间、媒体和署名还有待进一步考证。

3.247 《知识分子今天的任务》

《知识分子今天的任务》一文，署名：吴晗，原载在1948年8月5日出版的《中建》半月刊第三卷第五期（华北航空版第二期）上。

3.248 《明初的恐怖政治》

《明初的恐怖政治》一文，署名：吴晗，原载在1948年8月5日出版的《中建》半月刊第三卷第五期（华北航空版第二期）上。

3.249 《论戊戌变法》

《论戊戌变法》一文，署名：刘勉，原载在1948年8月20日出版的《中建》半月刊第三卷第六期上。

3.250 《论戊戌变法》

《论戊戌变法》一文，署名：刘勉，原载在 1948 年 8 月 20 日出版的《中建》半月刊（北平版）第一卷第三期上。

3.251 《悼朱佩弦先生》

《悼朱佩弦先生》一文，署名：吴晗，原载在 1948 年 8 月 20 日出版的《中建》半月刊（北平版）第一卷第三期上。

3.252 《悼朱佩弦先生》

《悼朱佩弦先生》一文，署名：吴晗，原载在 1948 年 8 月 20 日出版的《中建》半月刊第三卷第六期上。

3.253 《从历史上看知识分子》

《从历史上看知识分子》一文，署名：吴晗，原载在 1948 年 8 月 20 日出版的《清华旬刊》第十三期上。

3.254 《悼朱佩弦先生》

《悼朱佩弦先生》一文，署名：吴晗，原载在 1948 年 8 月 28 日出版的《观察》第五卷第一期上。

3.255 《社会贤达钱牧斋》

《社会贤达钱牧斋》一文，原载在 1948 年 8 月出版的《中建》1948 年第六卷第五期上。

3.256 《官僚政治的故事》

《官僚政治的故事》一文，署名：吴晗，原载在 1948 年 10 月 1 日出版的《中建》第七卷第一期上。

3.257 《官僚政治的故事》

《官僚政治的故事》一文，署名：吴晗，原载在1948年第七卷第一期和《中建》（北平版）十月号上。

258 《明初的学校》

《明初的学校》一文，署名：吴晗，原载在1948年10月出版的《清华学报》第十五卷第一期上。

3.259 《给朋友的一封公开信》

《给朋友的一封公开信》一文，署名：吴晗，原载在1949年1月15日出版的《中国青年》第二期上。

3.260 《我的治学与思想是怎样进步的？》

《我的治学与思想是怎样进步的？》一文，署名：吴晗，原载在1949年5月30日出版的《中国青年》第八期上。

3.261 《新的中国，新的人民》

《新的中国，新的人民》一文，署名：中华全国民主青年联合总会代表吴晗，原载在1949年10月15日出版的《中国青年》第二十二期上。

3.262 《莫斯科的面包工厂》

《莫斯科的面包工厂》一文，署名：吴晗，原载在1949年12月18日出版的《新建设》第一卷第八期上。

3.263 《访苏印象》

《访苏印象》一文，署名：吴晗，原载在1950年1月15日出版的《中苏友好》第一卷第三期上。

3.264 《我克服了“超阶级”观点》

《我克服了“超阶级”观点》一文，署名：吴晗，原载在 1950 年 2 月 11 日出版的《中国青年》第三十二期上。

3.265 《闻一多先生传》

《闻一多先生传》一文，署名：吴晗，原载在 1950 年 7 月 15 日出版的《北京盟讯》第十五期上

3.266 《认真学习苏联经验》

《认真学习苏联经验》一文，是 1952 年 11 月 9 日吴晗在民盟北京市全体盟员庆祝十月社会主义革命三十五周年晚会的讲话，原载在《中央盟讯》1952 年第 5、6 期合刊上。吴晗的这个讲话是迄今为止包括《吴晗全集》都尚未收集的吴晗未曾结集发表的职务文稿之一。

3.267 《英雄的朝鲜人民和英雄的中国人民志愿军》

《英雄的朝鲜人民和英雄的中国人民志愿军》一文，署名：吴晗，原载在《北京盟讯》1954 年第二期上。吴晗的这个讲话是迄今为止包括《吴晗全集》都尚未收集的吴晗未曾结集发表的职务文稿之一。

3.268 《在市支部高等学校基层组织盟务工作彙报会议上的讲话》

《在市支部高等学校基层组织盟务工作彙报会议上的讲话》一文，署名：吴晗，原载在 1954 年 3 月出版的《北京盟讯》1954 年第三期上。吴晗的这个讲话是迄今为止包括《吴晗全集》都尚未收集的吴晗未曾结集发表的职务文稿之一。

3.269 《在市支部机关基层组织工作经验交流会上的讲话》

《在市支部机关基层组织工作经验交流会上的讲话》一文，署名：吴晗，原载在 1954 年 6 月出版的《北京盟讯》第六期上。吴晗的这个讲话是迄今

为止包括《吴晗全集》都尚未收集的吴晗未曾结集发表的职务文稿之一。

3.270 《元末红军起义——〈朱元璋传〉的一节》

《元末红军起义——〈朱元璋传〉的一节》一文，署名：吴晗，原载在1954年11月3日出版的《新建设》第十一期上。吴晗的这个《朱元璋传》中的一节是他1955年版《朱元璋传》中业已改写完毕的第二节。

3.271 《致张立民的信函》

《致张立民的信函》，是吴晗就“元末红军组织者彭莹玉和尚阵亡的时间和地点问题”给张立民学术的复函，原载在1955年3月出版的《新建设》1955年3月号上。吴晗的这篇文章是迄今为止包括《吴晗全集》都尚未收集的吴晗未曾结集发表的遗著之一。

3.272 《明初社会生产力的发展》

《明初社会生产力的发展》一文，发表在1955年6月出版的《历史研究》第三期上。

3.273 《学习唯物主义 批判唯心主义思想》

《学习唯物主义 批判唯心主义思想》一文，是吴晗在民盟北京市第一次代表大会上的讲话，原载在1955年5月出版的《北京盟讯》1955年第五期上。吴晗的这个讲话（摘录）是迄今为止包括《吴晗全集》都尚未收集的吴晗未曾结集发表的职务文稿之一。

3.274 《关于彻底肃清胡风反革命集团和一切暗藏反革命分子》

《关于彻底肃清胡风反革命集团和一切暗藏反革命分子》一文，是吴晗1955年6月19日在北京市民盟支部全体盟员大会上的报告，原载在1955年7月出版的《北京盟讯》第七期上。吴晗的这个报告是迄今为止包括《吴晗全集》都尚未收集的吴晗未曾结集发表的职务文稿之一。

3.275 《明初社会生产力的发展》

《明初社会生产力的发展》一文，署名：吴晗，原载在 1955 年 6 月出版的《历史研究》第三期上。

3.276 《民盟北京市第一次代表大会上开幕词》

《民盟北京市第一次代表大会上开幕词》一文，署名：吴晗，原载在 1955 年 6 月出版的《北京盟讯》第六期上。吴晗的这个开幕词是迄今为止包括《吴晗全集》都尚未收集的吴晗未曾结集发表的职务文稿之一。

3.277 《吴晗同志在大会上的讲话（摘录）》

《吴晗同志在大会上的讲话（摘录）》一文，是吴晗在民盟北京市第一次代表大会上的讲话，原载在 1955 年 6 月出版的《北京盟讯》第六期上。吴晗的这个讲话是迄今为止包括《吴晗全集》都尚未收集的吴晗未曾结集发表的职务文稿之一。

3.278 《提高革命警惕，坚决肃清一切反革命分子》

《提高革命警惕，坚决肃清一切反革命分子》一文，署名：吴晗，原载在 1955 年 7 月出版的《北京盟讯》第七期上。吴晗的这篇文章是迄今为止包括《吴晗全集》都尚未收集的吴晗未曾结集发表的职务文稿之一。

3.279 《在北京市民盟支部全体盟员大会上的报告（摘录）》

《在北京市民盟支部全体盟员大会上的报告（摘录）》一文，是吴晗 1955 年 6 月 19 日在北京市民盟支部全体盟员大会上所作的报告，原载在 1955 年 7 月出版的《北京盟讯》第七期上的一篇题为《市支部召开全体盟员大会声讨胡风反革命集团　吴晗主任委员在会上作了报告》的新闻报道稿中。吴晗的这个报告摘录是迄今为止包括《吴晗全集》都尚未收集的吴晗未曾结集发表的职务文稿之一。

3.280 《声讨胡风反革命集团》

《声讨胡风反革命集团》一文，是吴晗 1955 年 6 月 12 日发表在《北京日报》上的一个书面谈话。吴晗的这个书面谈话是迄今为止包括《吴晗全集》都尚未收集的吴晗未曾结集发表的职务文稿之一。

3.281 《在北京市民盟区主委、直属小组长联席会议上的讲话（摘录）》

《在北京市民盟区主委、直属小组长联席会议上的讲话（摘录）》一文，原载在 1955 年 8 月出版的《北京盟讯》第八期上的一篇题为《市支部召开各区主委、小组长联席会议 吴晗同志在会上作了关于肃反工作的讲话》的新闻报道稿中。吴晗的这个讲话是迄今为止包括《吴晗全集》都尚未收集的吴晗未曾结集发表的职务文稿之一。

3.282 《关于进一步提高中、小学教育质量的工作——在市人民代表大会第三次会议上的发言（摘录）》

《关于进一步提高中、小学教育质量的工作——在市人民代表大会第三次会议上的发言（摘录）》一文，署名：北京市副市长 吴晗，原载在 1955 年 10 月出版的《北京盟讯》第十期上。吴晗的这个讲话是迄今为止包括《吴晗全集》都尚未收集的吴晗未曾结集发表的职务文稿之一。

3.283 《自觉地、顽强地坚持广播函授学习》

《自觉地、顽强地坚持广播函授学习》一文，署名：北京市副市长 吴晗，原载在 1955 年 11 月 1 日出版的《广播爱好者》第十一号（第五期）上。

3.284 《北京市的文物保护工作》

《北京市的文物保护工作》一文，署名：吴晗，原载在 1957 年 9 月 27 日出版的《文物参考资料》第九期（总第八十五期）上。

3.285 《谈谈“厚古薄今”和“古为今用”的问题——1958 年 12 月 18 日在北京师范学院的讲话》

《谈谈“厚古薄今”和“古为今用”的问题——1958 年 12 月 18 日在北京师范学院的讲话》一文，署名：吴晗，原载在 1959 年 2 月 5 日出版的《文史教学》第一期（试刊）上。

3.286 《用实事求是的精神办托儿所》

《用实事求是的精神办托儿所》一文，署名：勉之，原载在 1959 年 2 月出版的《中国妇女》第二期上。

3.287 《宋明间统治阶级的内部矛盾》

《宋明间统治阶级的内部矛盾》一文，署名：吴晗，原载在 1958 年 3 月 7 日出版的《新建设》第三期上。

3.288 《春天的诗》

《春天的诗》一文，署名：全国人民代表大会代表 吴晗，原载在 1959 年 4 月 16 日出版的《新观察》第八期上。

3.289 《谈谈机关女干部的政治理论学习》

《谈谈机关女干部的政治理论学习》一文，署名：勉之，原载在 1959 年 5 月出版的《中国妇女》第五期上。

3.290 《厚今薄古和古为今用》

《厚今薄古和古为今用》一文，署名：吴晗，原载在 1959 年 6 月 25 日出版的中共北京市委机关刊物《前线》第十二期上。

3.291 《海瑞的故事》

《海瑞的故事》一文，署名：吴晗，原载在 1959 年 7 月 1 日出版的《新观察》第十三期上。

3.292 《从曹操问题的讨论谈历史人物评价问题》

《从曹操问题的讨论谈历史人物评价问题》一文，署名：吴晗，原载在1959年7月1日出版的《历史教学》第七期上。

3.293 《爱国的历史家谈迁》

《爱国的历史家谈迁》一文，署名：吴晗，原载在1959年8月1日出版的《新观察》第十五期上。

3.294 《关于历史知识的普及问题——对武汉史学工作者和高等院校历史系同学的讲话》

《关于历史知识的普及问题——对武汉史学工作者和高等院校历史系同学的讲话》一文，署名：吴晗，原载在1959年8月1日出版的《新观察》第十五期上。

3.295 《我爱北京》

《我爱北京》一文，署名：吴晗，原载在1959年9月16日出版的《新观察》第十八期上。

3.296 《天安门赞歌》

《天安门赞歌》一文，署名：吴晗，原载在1959年9月16日出版的《新观察》第十八期上。

3.297 《北京，巨大变化的十年》

《北京，巨大变化的十年》一文，署名：吴晗，原载在1959年10月1日出版的《人民画报》第十期上。

3.298 《历史的真实与艺术的真实》

《历史的真实与艺术的真实》一文，署名：吴晗，原载在1959年10月30日出版的《戏剧报》第二十期上。

3.299 《关于评价历史人物的一些初步意见》

《关于评价历史人物的一些初步意见》一文，署名：吴晗，原载在 1959 年 12 月 1 日出版的《历史教学》第十二期上。

3.300 《为〈档案工作〉杂志题诗》

《为〈档案工作〉杂志题诗》，署名：吴晗，原载在 1960 年 6 月出版的《档案工作》第六期上。吴晗的这首诗歌是迄今为止包括《吴晗全集》都尚未收集的吴晗未曾结集发表的诗稿之一。

3.301 《老护士》

《老护士》一文，署名：吴晗，原载在 1960 年年 5 月 16 日出版的《新观察》第十期上。

3.302 《谈武则天》

《谈武则天》一文，署名：吴晗，原载在 1960 年 7 月出版的《人民文学》7 月号上。

3.303 《况钟和周忱》

《况钟和周忱》一文，署名：吴晗，原载在 1960 年 9 月 8 日出版的《人民文学》9 月号上。

3.304 《论老当益壮》

《论老当益壮》一文，署名：吴晗，原载在 1960 年 10 月 29 日出版的《中国工人》第二十期上。

3.305 《从历史方面来看戏》

《从历史方面来看戏》一文，署名：吴晗，原载在 1960 年 10 月出版的《戏剧报》第十九、二十期（合刊）上。

3.306 《读〈甲午海战〉》

《读〈甲午海战〉》一文，署名：吴晗，原载在1960年出版的《剧本》月刊第十一期上。

3.307 《海瑞》

《海瑞》一文，署名：吴晗，原载在1960年11月7日出版的《新建设》第十、十一期（合刊）上。

3.308 《论历史的真实性——读〈义和团故事〉、纪念义和团运动六十周年》

《论历史的真实性——读〈义和团故事〉、纪念义和团运动六十周年》一文，署名：吴晗，原载在1960年11月23日出版的《民间文学》第十一期上。

3.309 《关于历史人物评价问题》

《关于历史人物评价问题》一文，署名：吴晗，原载在1961年1月7日出版的《新建设》第一期上。

3.310 《海瑞罢官》（新编历史剧）

《海瑞罢官》（新编历史剧），署名：吴晗，原载在1961年1月9日出版的《北京文艺》1月号上。

3.311 《漫谈资料工作和研究工作》

《漫谈资料工作和研究工作》一文，署名：吴晗，转载在1961年3月出版的《新闻业务》第三期上。

3.312 《关于历史知识的普及问题——对武汉史学工作者和高等院校历史系同学的讲话》

《关于历史知识的普及问题——对武汉史学工作者和高等院校历史系同

学的讲话》一文，署名：吴晗，转载在1961年4月出版的《江汉学报》第四期上。

3.313 《明代民族英雄于谦》

《明代民族英雄于谦》一文，署名：吴晗，原载在1961年6月7日出版的《新建设》第六期上。

3.314 《杰出的学者玄奘》

《杰出的学者玄奘》一文，署名：吴晗，原载在1961年6月出版的《人民文学》6月号上。

3.315 《论历史剧》

《论历史剧》一文，署名：吴晗，原载在1961年6月14日出版的《文学评论》第三期上。

3.316 《神话剧是不是宣传迷信》

《神话剧是不是宣传迷信》一文，署名：吴晗，原载在1961年8月1日出版的《中国青年》第十五期上。

3.317 《捻与捻军笔记》

《捻与捻军笔记》一文，署名：吴晗，原载在1961年8月4日出版的《民间文学》第八期上。

3.318 《略谈〈胆剑篇〉》

《略谈〈胆剑篇〉》一文，署名：吴晗，原载在1961年8月16日出版的《中国青年》第十六期上。

3.319 《忆西谛先生》

《忆西谛先生》一文，署名：吴晗，原载在1961年9月30日出版的《图书馆》第二期上。

3.320 《历史教材和历史研究中的几个问题》

《历史教材和历史研究中的几个问题》一文，署名：吴晗，原载在1961年9月出版的《人民教育》第九期上。

3.321 《古人的业余学习》

《古人的业余学习》一文，署名：吴南星，原载在1961年10月10日出版的中共北京市委机关刊物《前线》第十九期上。

3.322 《大家都要补课》

《大家都要补课》一文，署名：吴晗，原载在1961年11月25日出版的中共北京市委机关刊物《前线》第二十二期上。

3.323 《谈读书》

《谈读书》一文，署名：吴南星，原载在1961年12月10日出版的中共北京市委机关刊物《前线》第二十三期上。

3.324 《谈〈三字经〉》

《谈〈三字经〉》一文，署名：吴南星，原载在1962年1月10日出版的中共北京市委机关刊物《前线》第一期上。

3.325 《赵括和马谡》

《赵括和马谡》一文，署名：吴南星，原载在1962年1月25日出版的中共北京市委机关刊物《前线》第二期上。

3.326 《讨论的出发点》

《讨论的出发点》一文，署名：吴南星，原载在1962年2月10日出版的中共北京市委机关刊物《前线》第三期上。

3.327 《伟大的历史学家司马迁》

《伟大的历史学家司马迁》一文，署名：吴晗，原载在 1962 年 2 月出版的《人民文学》第二期上。

3.328 《论开会》

《论开会》一文，署名：吴南星，原载在 1963 年 4 月 10 日出版的中共北京市委机关刊物《前线》第七期上。

3.329 《论学习》

《论学习》一文，署名：吴晗，原载在 1962 年 4 月出版的《中国妇女》第四期上。

3.330 《说道德》

《说道德》一文，署名：吴南星，原载在 1962 年 5 月出版的中共北京市委理论刊物《前线》第十期上。

3.331 《关于研究历史的几个问题》

《关于研究历史的几个问题》一文，署名：吴晗，原载在 1962 年 6 月 4 日出版的《教学与研究》第三期上。

3.332 《历史剧是艺术，也是历史》

《历史剧是艺术，也是历史》一文，署名：吴晗，原载在 1962 年 6 月 18 日出版的《戏剧报》第六期上。

3.333 《说谦虚》

《说谦虚》一文，署名：吴南星，原载在 1962 年 7 月出版的中共北京市委机关刊物《前线》第十三期上。

3.334 《学习历史知识的几个问题——在中华全国新闻工作者协会举办的报告会上的讲话》

《学习历史知识的几个问题——在中华全国新闻工作者协会举办的报告会上的讲话》一文，原载在 1962 年 7 月出版的《新闻业务》第七期上。

3.335 《再说道德》

《再说道德》一文，署名：吴南星，原载在 1962 年 8 月出版的中共北京市委理论刊物《前线》第十六期上。

3.336 《〈敕勒歌〉歌唱者家族的命运》

《〈敕勒歌〉歌唱者家族的命运》一文，署名：吴晗，原载在 1962 年 9 月出版的《人民文学》第九期上。

3.337 《谈火葬》

《谈火葬》一文，署名：吴南星，原载在 1962 年 9 月出版的中共北京市委机关刊物《前线》第十九期上。

3.338 《怎么学古文——吴晗同志答本刊记者问》

《怎么学古文——吴晗同志答本刊记者问》一文，原载在 1962 年 10 月 3 日出版的《新闻业务》第十期上。

3.339 《论修清史》

《论修清史》一文，署名：吴南星，原载在 1963 年 2 月 10 日出版的中共北京市委机关刊物《前线》第三期上。

3.340 《谈北京城》

《谈北京城》一文，署名：吴南星，原载在 1963 年 3 月 25 日出版的中共北京市委机关刊物《前线》第六期上。

3.341 《论学风》

《论学风》一文，署名：吴南星，原载在1963年5月出版的中共北京市委机关刊物《前线》杂志1963年第九期上。

3.342 《论戏剧改革》

《论戏剧改革》一文，署名：吴南星，原载在1963年6月25日出版的中共北京市委机关刊物《前线》第十二期上。

3.343 《谈学术研究（一）》

《谈学术研究（一）》一文，署名：吴南星，原载在1963年8月10出版的中共北京市委机关刊物《前线》第十五期上。

3.344 《谈兴趣》

《谈兴趣》一文，署名：吴南星，原载在1963年9月25日出版的中共北京市委机关刊物《前线》第十八期上。

3.345 《谈写村史》

《谈写村史》一文，署名：吴南星，原载在1963年11月25日出版的中共北京市委机关刊物《前线》第二十二期上。

3.346 《再谈编写村史》

《再谈编写村史》一文，署名：吴南星，原载在1964年1月25日出版的中共北京市委机关刊物《前线》第二期上。

3.347 《谈写作》

《谈写作》一文，署名：吴南星，原载在1964年3月10日出版的中共北京市委机关刊物《前线》第五期上。

3.348 《谈演戏》

《谈演戏》一文，署名：吴南星，原载在 1964 年 4 月 25 日出版的中共北京市委机关刊物《前线》第八期上。

3.349 《谈学术研究（二）》

《谈学术研究（二）》，署名：吴南星，原载在 1964 年 6 月 10 日出版的中共北京市委机关刊物《前线》第十一期上。

3.350 《赠谌介国同志》（诗）

《赠谌介国同志》（诗），是 1965 年 3 月 10 日吴晗随代表团在马里共和国锡加索市参观茶园时，给当时受中央对外经委和农业部派遣去马里共和国执行中马科技合作协议，从事茶树的试种和茶叶生产的指导工作的谌介国同志赠送的一首诗。该诗原载在《茶叶通讯》1993 年第一期上。吴晗的这首诗歌是迄今为止包括《吴晗全集》都尚未收集的吴晗未曾结集发表的诗稿之一。

3.351 《致萧庐生的信函》

《致萧庐生的信函》，是 1965 年 12 月 13 日吴晗在收到萧庐生同志意欲参加有关《海瑞罢官》的大讨论而写给吴晗的一封信后的回信。本文原载在《吉安文史资料》2004 年 8 月（第一辑）上。吴晗的这篇文章是迄今为止包括《吴晗全集》都尚未收集的吴晗未曾结集发表的遗著之一。

3.352 《是革命，还是继承？——关于道德讨论的自我批评》

《是革命，还是继承？——关于道德讨论的自我批评》一文，署名：吴晗，原载在 1966 年 1 月 10 日出版的中共北京市委机关刊物《前线》第一期上。

4. 吴晗逝世前在报纸上发表的文章索引

4.1 《跋明嘉靖本〈甘泉先生文集〉》

《跋明嘉靖本〈甘泉先生文集〉》一文，署名：春晗，原载在 1931 年 1 月 15 日的《燕京大学图书馆报》第一期上。

4.2 《明正德本〈李征伯存稿〉跋尾》

《明正德本〈李征伯存稿〉跋尾》一文，署名：吴春晗，原载在 1931 年 3 月 15 日的《燕京大学图书馆报》第五期上。

4.3 《跋〈广韵〉校勘记》

《跋〈广韵〉校勘记》一文，署名：吴春晗，原载在 1931 年 6 月 25 日的北平《华北日报·图学周刊》第十二期上。

4.4 《跋馆藏明弘治本〈经礼补逸〉》

《跋馆藏明弘治本〈经礼补逸〉》一文，署名：辰伯，原载在 1931 年 6 月 30 日的《燕京大学图书馆报》第十一期上。

4.5 《〈山海经〉中的古代故事及其系统》

《〈山海经〉中的古代故事及其系统》一文，署名：吴晗，原载在 1931 年 8 月的《史学年报》第三期上。

4.6 《晚明“流寇”之社会背景（一至五节）》

《晚明“流寇”之社会背景（一至五节）》一文，署名：吴晗，原载在 1934 年 10 月 19 日的《大公报·史地周刊》第五期上。

4.7 《晚明“流寇”之社会背景（六至八节）》

《晚明“流寇”之社会背景（六至八节）》一文，署名：吴晗，原载在

1934 年 10 月 26 日的《大公报·史地周刊》第六期上。

4.8 《明末的仕宦阶级》

《明末的仕宦阶级》一文，署名：吴晗，原载在1934年11月23日的《大公报·史地周刊》第十期上。

4.9 《明代的锦衣卫和东西厂》

《明代的锦衣卫和东西厂》一文，署名：吴晗，原载在 1934 年 12 月 14 日的《大公报·史地周刊》第十三期上。

4.10 《明代的殉葬制度——“美德组成的黄金世界”之一斑》

《明代的殉葬制度——“美德组成的黄金世界”之一斑》一文，署名：吴晗，原载在 1935 年 1 月 11 日的《大公报·史地周刊》第十七期上。

4.11 《晚明仕宦阶级的生活》

《晚明仕宦阶级的生活》一文，署名：吴晗，原载在 1935 年 4 月 19 日的《大公报·史地周刊》第三十一期上。

4.12 《天津〈益世报·史学〉发刊词》

《天津〈益世报·史学〉发刊词》一文，未署名，原载在 1935 年 4 月 30 日的天津《益世报》的《史学》副刊创刊号上。

4.13 《〈高丽女〉考》

《〈高丽女〉考》一文，署名：吴晗，原载在1935年4月30日的天津《益世报·史学》创刊号上。

4.14 《烟草初传入中国的历史》

《烟草初传入中国的历史》一文，署名：吴晗，原载在 1935 年 5 月 28 日的天津《益世报·史学》第三期上。

4.15 《明代之农民》（上）

《明代之农民》（上）一文，署名：吴晗，原载在 1935 年 10 月 1 日的天津《益世报·史学》第十二期上。

4.16 《明代之农民》（下）

《明代之农民》（下）一文，署名：吴晗，原载在 1935 年 10 月 15 日的天津《益世报·史学》第十三期上。

4.17 《廷杖》

《廷杖》一文，署名：酉生，原载在 1936 年 3 月 17 日的《天津益世报·史学》第二十四期上。

4.18 《明初卫所制度之崩溃》

《明初卫所制度之崩溃》一文，署名：吴晗，原载在 1936 年 3 月 19 日的南京《中央日报·史学》第三期上。

4.19 《天津〈益世报·史学〉周年致辞》

《天津〈益世报·史学〉周年致辞》一文，署名：编者"，原载在 1936 年 4 月 14 日的天津《益世报》副刊《史学》第二十六期上。

4.20 《元明两代之匠户》

《元明两代之匠户》一文，署名：吴晗，原载在 1936 年 12 月 20 日的天津《益世报·史学》第四十四期上。

4.21 《于谦》

《于谦》一文，署名：袁震，原载在 1937 年 1 月 24 日的天津《益世报·史学》第四十六期上。《于谦》这篇文章经编者考证后，认定这是一篇吴晗用自己当时的女朋友袁震的名字发表的文章。吴晗的这篇文章是迄今为止包括《吴晗全集》都尚未收集的吴晗未曾结集发表的遗著之一。

4.22 《宗泽与孟珙》

《宗泽与孟珙》一文，署名：袁震，原载在 1937 年 3 月 21 日的天津《益世报·史学》第五十期上。《宗泽与孟珙》这篇文章经编者考证后，认定这是一篇吴晗用自己当时的女朋友袁震的名字发表的文章。吴晗的这篇文章是迄今为止包括《吴晗全集》都尚未收集的吴晗未曾结集发表的遗著之一。

4.23 《文天祥》

《文天祥》一文，署名：袁震，原载在 1937 年 4 月 26 日的天津《益世报·史学》第五十二期上。《文天祥》这篇文章经编者考证后，认定这是一篇吴晗用自己当时的女朋友袁震的名字发表的文章。吴晗的这篇文章是迄今为止包括《吴晗全集》都尚未收集的吴晗未曾结集发表的遗著之一。

4.24 《戚继光》

《戚继光》一文，署名：袁震，原载在 1937 年 5 月 30 日的天津《益世报·史学》第五十四期上。《戚继光》这篇文章经编者考证后，认定这是一篇吴晗用自己当时的女朋友袁震的名字发表的文章。吴晗的这篇文章是迄今为止包括《吴晗全集》都尚未收集的吴晗未曾结集发表的遗著之一。

4.25 《明代汉族之发展》

《明代汉族之发展》一文，署名：燕肃，原载在 1939 年 5 月 30 日的《中央日报·史学》第二十三期上。

4.26 《读史劄记》

《读史劄记》一文，署名：燕肃，原载在 1939 年 10 月 24 日的《中央日报·史学》第五十四期上。吴晗的这篇文章是迄今为止包括《吴晗全集》都尚未收集的吴晗未曾结集发表的遗著之一。

4.27 《论贪污》

《论贪污》一文，署名：吴晗，原载在 1943 年 11 月 14 日的《云南日报》第二版上。

4.28 《给士兵以“人”的待遇》

《给士兵以“人”的待遇》一文，署名：吴晗，原载在 1944 年 9 月 6 日昆明《正义报》的第四版上。

4.29 《三百年前的历史教训》

《三百年前的历史教训》一文，署名：吴子直，原载在 1944 年 9 月的昆明《正义报·〈新论衡周刊〉》第九期上。

4.30 《论晚明“流寇”》

《论晚明“流寇”》一文，署名：吴晗，原载在 1945 年 2 月 12 日重庆的《新华日报》第二版上。

4.31 《昆明文化教育界慰问郭沫若先生的信》

《昆明文化教育界慰问郭沫若先生的信》，吴晗起草，刊载于 1945 年 4 月 14 日的重庆《新华日报》上。

4.32 《哭一多》

《哭一多》一文，署名：吴晗，转载在 1946 年 7 月 28 日的《新华日报》“李公朴闻一多先生追悼大会特刊”上。

4.33 《闻一多先生之死——人生自古谁无死，留取丹心照汗青》

《闻一多先生之死——人生自古谁无死，留取丹心照汗青》一文，署名：吴晗，原载在 1946 年 7 月 31 日的《文汇报·哀悼闻一多先生特辑》上。

4.34 《〈明太祖〉和〈从僧钵到皇权〉》

《〈明太祖〉和〈从僧钵到皇权〉》一文，署名：吴晗，原载在1946年8月1日的《文汇报》第8版。上。

4.35 《哭一多父子》

《哭一多父子》一文，署名：吴晗，转载在1946年8月10日的延安《解放日报》第四版上。

4.36 《种子撒下去了——为纪念"一二·一"作》

《种子撒下去了——为纪念"一二·一"作》一文，署名：吴晗，原载在1946年12月2日的《文汇报》第五版上。

4.37 《一 回纥助唐记》(上)

《一 回纥助唐记》(上)一文，署名：吴晗，原载在1946年12月23日的上海《文汇报》第五版上。本文是吴晗应时任《文汇报》副刊编辑的黄裳的约稿而撰写的十篇系列史学小品《旧史新谈》之一。

4.38 《一 回纥助唐记》(下)

《一 回纥助唐记》(下)一文，署名：吴晗，原载在1946年12月24日的上海《文汇报》第五版上。本文是吴晗应时任《文汇报》副刊编辑的黄裳的约稿而撰写的十篇系列史学小品《旧史新谈》之一。

4.39 《二 胡汉互名》

《二 胡汉互名》一文，署名：吴晗，原载在1946年12月26日的上海《文汇报》第五版上。本文是吴晗应时任《文汇报》副刊编辑的黄裳的约稿而撰写的十篇系列史学小品《旧史新谈》之二。吴晗的这篇文章是迄今为止包括《吴晗全集》都尚未收集的吴晗未曾结集发表的遗著之一。

4.40 《三 蕃商治罪法》

《三 蕃商治罪法》一文，署名：吴晗，原载在1946年12月27日的上海《文汇报》第五版上。本文是吴晗应时任《文汇报》副刊编辑的黄裳的约稿而撰写的十篇系列史学小品《旧史新谈》之三。吴晗的这篇文章是迄今为止包括《吴晗全集》都尚未收集的吴晗未曾结集发表的遗著之一。

4.41 《四 羊羔息》

《四 羊羔息》一文，署名：吴晗，原载在1946年12月29日的上海《文汇报》第五版上。本文是吴晗应时任《文汇报》副刊编辑的黄裳的约稿而撰写的十篇系列史学小品《旧史新谈》之四。吴晗的这篇文章是迄今为止包括《吴晗全集》都尚未收集的吴晗未曾结集发表的遗著之一。

4.42 《五 赕》

《五 赕》一文，署名：吴晗，原载在1946年12月30日的上海《文汇报》第五版上。本文是吴晗应时任《文汇报》副刊编辑的黄裳的约稿而撰写的十篇系列史学小品《旧史新谈》之五。吴晗的这篇文章是迄今为止包括《吴晗全集》都尚未收集的吴晗未曾结集发表的遗著之一。

4.43 《六 生祠》

《六 生祠》一文，署名：吴晗，原载在1946年12月30日的上海《文汇报》第五版上。本文是吴晗应时任《文汇报》副刊编辑的黄裳的约稿而撰写的十篇系列史学小品《旧史新谈》之六。吴晗的这篇文章是迄今为止包括《吴晗全集》都尚未收集的吴晗未曾结集发表的遗著之一。

4.44 《记张荫麟（公元1905年—1942年）》

《记张荫麟（公元1905年—1942年）》一文，署名：吴晗，原载在1946年12月31日的天津《大公报》第八版上。

4.45 《七 四画》

《七 四画》一文，署名：吴晗，原载在 1946 年 12 月 31 日的上海《文汇报》第五版上。本文是吴晗应时任《文汇报》副刊编辑的黄裳的约稿而撰写的十篇系列史学小品《旧史新谈》之七。吴晗的这篇文章是迄今为止包括《吴晗全集》都尚未收集的吴晗未曾结集发表的遗著之一。

4.46 《八 蒙古根脚》

《八 蒙古根脚》一文，署名：吴晗，原载在 1946 年 12 月 31 日的上海《文汇报》第五版上。本文是吴晗应时任《文汇报》副刊编辑的黄裳的约稿而撰写的十篇系列史学小品《旧史新谈》之八。吴晗的这篇文章是迄今为止包括《吴晗全集》都尚未收集的吴晗未曾结集发表的遗著之一。

4.47 《九 黑名单》

《九 黑名单》一文，署名：吴晗，原载在 1946 年 12 月 31 日的上海《文汇报》第五版上。本文是吴晗应时任《文汇报》副刊编辑的黄裳的约稿而撰写的十篇系列史学小品《旧史新谈》之九。吴晗的这篇文章是迄今为止包括《吴晗全集》都尚未收集的吴晗未曾结集发表的遗著之一。

4.48 《十 义子干孙》

《十 义子干孙》一文，署名：吴晗，原载在 1946 年 12 月 31 日的上海《文汇报》第五版上。本文是吴晗应时任《文汇报》副刊编辑的黄裳的约稿而撰写的十篇系列史学小品《旧史新谈》之十。吴晗的这篇文章是迄今为止包括《吴晗全集》都尚未收集的吴晗未曾结集发表的遗著之一。

4.49 《关于抗议美军暴行的谈话》

《关于抗议美军暴行的谈话》一文，署名：吴晗，原载在 1947 年 2 月 1 日的北平《抗暴快报》上。

4.50 《读〈对马〉》(上)

《读〈对马〉》(上)一文，署名：吴晗，原载在 1947 年 4 月 14 日的《文汇报》第八版上。

4.51 《读〈对马〉》(中)

《读〈对马〉》(中)一文，署名：吴晗，原载在 1947 年 4 月 22 日的《文汇报》第八版上。

4.52 《读〈对马〉》(下)

《读〈对马〉》(下)一文，署名：吴晗，原载在 1947 年 4 月 28 日的《文汇报》第八版上。

4.53 《在华北人民政府和中共华北中央局举行的盛大欢迎会上的演讲(摘录)》

《在华北人民政府和中共华北中央局举行的盛大欢迎会上的演讲(摘录)》一文，原载在 1949 年 1 月 27 日的《人民日报》第一版的一篇题为《新近抵华北解放区的各民主人士在欢迎会上演说痛斥国民党反动派假和平阴谋坚决拥护中共毛泽东主席声明中共华北局书记薄一波同志代表华北人民表示欢迎》的新闻报道稿中。吴晗的这个演讲(摘录)是迄今为止包括《吴晗全集》都尚未收集的吴晗未曾结集发表的职务文稿之一。

4.54 《在华北各界在石家庄召开的庆祝胜利大会上的讲话(摘录)》

《在华北各界在石家庄召开的庆祝胜利大会上的讲话(摘录)》一文，原载在 1949 年 2 月 8 日出版的《人民日报》第一版的一篇题为《华北各界六万人盛大集会 庆祝解放平津伟大胜利 一致拥护毛主席八项和平条件》的新闻报道稿中。吴晗的这个讲话(摘录)是迄今为止包括《吴晗全集》都尚未收集的吴晗未曾结集发表的职务文稿之一。

4.55 《抗议美联社记者造谣的谈话（摘录）》

《抗议美联社记者造谣的谈话（摘录）》一文，原载在 1949 年 2 月 14 日出版的《人民日报》第一版的一篇题为《撕破美帝记者鬼脸把他们逐出解放区 北平人民继续抗议美记者诽谤》的新闻报道稿中。吴晗的这个谈话（摘录）是迄今为止包括《吴晗全集》都尚未收集的吴晗未曾结集发表的职务文稿之一。

4.56 《青年与文化（摘录）》

《青年与文化（摘录）》一文，原载在 1949 年 5 月 7 日出版的《人民日报》第一版的一篇题为《全国青代大会第三日严济慈吴晗相继报告必须专精一门，为人民服务》的新闻报道稿中。吴晗的这个报告（摘录）是迄今为止包括《吴晗全集》都尚未收集的吴晗未曾结集发表的职务文稿之一。

4.57 《在北平市各界人士纪念“七七”抗日战争十二周年大会上的讲话》

《在北平市各界人士纪念“七七”抗日战争十二周年大会上的讲话》一文，署名：吴晗，原载在 1949 年 7 月 9 日的《北平解放报》上。

4.58 《在北平市各界人士纪念“七七”抗日战争十二周年大会上的讲话》

《在北平市各界人士纪念“七七”抗日战争十二周年大会上的讲话》一文，署名：吴晗，同时、刊载在 1949 年 7 月 9 日的《人民日报》第二版上。

4.59 《在民盟清华支部闻一多先生殉难三周年的纪念晚会上的讲话（摘录）》

《在民盟清华支部闻一多先生殉难三周年的纪念晚会上的讲话（摘录）》一文，原载在 1949 年 7 月 17 日《光明日报》第四版的一篇题为《自我批评 努力学习 循着闻一多的道路前进——记清华闻一多先生殉难三周年纪念晚会》的新闻报道稿中。吴晗的这个讲话（摘录）是迄今为止包括《吴晗全集》都尚未收集的吴晗未曾结集发表的职务文稿之一。

4.60 《在亚洲妇女代表会议开幕式上的致词》

《在亚洲妇女代表会议开幕式上的致词》一文，全文刊载在 1949 年 12 月 11 日出版的《人民日报》第四版上一篇题为《祝贺亚洲妇代会开幕》的新闻报道稿中。吴晗的这个致词是迄今为止包括《吴晗全集》都尚未收集的吴晗未曾结集发表的职务文稿之一。

4.61 《全市人民动员起来，热烈推销胜利公债（广播稿 摘录）》

《全市人民动员起来，热烈推销胜利公债（广播稿 摘录）》一文，原载在 1950 年 1 月 14 日出版的《人民日报》第四版上的一篇题为《吴晗广播全市人民动员起来，热烈推销胜利公债》的新闻报道稿中。吴晗的这个广播稿（摘录）是迄今为止包括《吴晗全集》都尚未收集的吴晗未曾结集发表的职务文稿之一。

4.62 《在北京市城区房地产交易所开幕典礼上的讲话（摘录）》

《在北京市城区房地产交易所开幕典礼上的讲话（摘录）》一文，原载在 1950 年 2 月 11 日《人民日报》第四版上的一篇题为《防止额外剥削 取缔匿价逃税京房地产交易所开幕》的新闻报道稿中。吴晗的这个讲话（摘录）是迄今为止包括《吴晗全集》都尚未收集的吴晗未曾结集发表的职务文稿之一。

4.63 《在北京市第二届各界人民代表会议协商委员会第四次全体会议上的报告（摘录）》

《在北京市第二届各界人民代表会议协商委员会第四次全体会议上的报告（摘录）》一文，原载在 1950 年 2 月 16 日出版的《人民日报》第四版上的一篇题为《京各界代表会议协商委会昨开会 彭真报告中苏缔约伟大意义 吴晗报告公债推销情况，会议定廿二日召开第二次各界代表会议》的新闻报道稿中。吴晗的这个报告（摘录）是迄今为止包括《吴晗全集》都尚未收集的吴晗未曾结集发表的职务文稿之一。

4.64 《就中苏友好同盟互助条约和中长路及旅大协定、苏联贷款协定的签订发表的谈话(摘录)》

《就中苏友好同盟互助条约和中长路及旅大协定、苏联贷款协定的签订发表的谈话(摘录)》一文,原载在1950年2月16日的《人民日报》第三版上的一篇题为《首都各界纷纷发言感谢斯大林和苏联友人欢庆中苏签订友好条约》的新闻报道稿中。吴晗的这个谈话(摘录)是迄今为止包括《吴晗全集》都尚未收集的吴晗未曾结集发表的职务文稿之一。

4.65 《我克服了"超阶级"观点》

《我克服了"超阶级"观点》一文,署名:吴晗,转载在1950年2月23日的《光明日报》第四版上。

4.66 《北京市推行人民胜利折实公债报告》

《北京市推行人民胜利折实公债报告》一文,全文刊载在1950年2月26日出版的《光明日报》第四版上的一篇题为《吴副市长在各界代表会报告首都各界热情认购公债 接近完成全部任务》的新闻报道稿中。吴晗的这个报告是迄今为止包括《吴晗全集》都尚未收集的吴晗未曾结集发表的职务文稿之一。

4.67 《北京市推行人民胜利折实公债报告(摘录)》

《北京市推行人民胜利折实公债报告(摘录)》一文,全文刊载在1950年2月26日出版的《人民日报》第四版上的一篇题为《吴副市长在各界代表会议上报告公债推销情况认购工作完成十分之九》的新闻报道稿中。吴晗的这个报告是迄今为止包括《吴晗全集》都尚未收集的吴晗未曾结集发表的职务文稿之一。

4.68 《在北京市学生第二届代表大会的讲话（摘录）》

《在北京市学生第二届代表大会的讲话（摘录）》一文，原载在 1950 年 3 月 19 日出版的《人民日报》第四版上的一篇题为《京学生二届代表大会开幕，吴晗副市长等报告业务学习课余生产等问题》的新闻报道稿中。吴晗的这个讲话（摘录）是迄今为止包括《吴晗全集》都尚未收集的吴晗未曾结集发表的职务文稿之一。

4.69 《在全市地方人士推销人民胜利折实公债第二次大会上的讲话（摘录）》

《在全市地方人士推销人民胜利折实公债第二次大会上的讲话（摘录）》一文，原载在 1950 年 3 月 25 日第四版上的一篇题为《京市推销公债总会督促地方人士购债》的新闻报道稿中。吴晗的这个讲话（摘录）是迄今为止包括《吴晗全集》都尚未收集的吴晗未曾结集发表的职务文稿之一。

4.70 《北京市推销公债总结联欢大会上的讲话（摘录）》

《北京市推销公债总结联欢大会上的讲话（摘录）》一文，原载在 1950 年 4 月 24 日的《人民日报》第四版上的一篇题为《总结推销经验表扬购债模范 京举行公债推销总结联欢会》的新闻报道稿中。吴晗的这个讲话（摘录）是迄今为止包括《吴晗全集》都尚未收集的吴晗未曾结集发表的职务文稿之一。

4.71 《保卫儿童权利，做好儿童工作》

《保卫儿童权利，做好儿童工作》一文，署名：吴晗，原载在 1950 年 6 月 1 日的《人民日报》第一版上。吴晗的这篇文章是迄今为止包括《吴晗全集》都尚未收集的吴晗未曾结集发表的职务文稿之一。

4.72 《在北京市第六区各界人民代表会议上的致词（摘录）》

《在北京市第六区各界人民代表会议上的致词（摘录）》一文，原载在

1950 年 6 月 2 日《人民日报》第一版上的一篇题为《大家的事大家商量办 京市六区举行各界代表会议 高云超区长作一年来的工作报告会议正讨论开展公共卫生整修土路等提案》的新闻报道稿中。吴晗的这个致词（摘录）是迄今为止包括《吴晗全集》都尚未收集的吴晗未曾结集发表的职务文稿之一。

4.73 《在市政府全体干部作风纪律检查动员大会的报告（摘录）》

《在市政府全体干部作风纪律检查动员大会的报告（摘录）》一文，原载在 1950 年 6 月 17 日《人民日报》第三版上一篇题为《市人民政府为改进工作教育干部 成立作风纪律检查委员会 将以零售公司、合作社和行政处为重点开始检查》的新闻报道稿中。吴晗的这个报告（摘录）是迄今为止包括《吴晗全集》都尚未收集的吴晗未曾结集发表的职务文稿之一。

4.74 《在北京市一九五〇年人民体育大会开幕式上的致辞（摘录）》

《在北京市一九五〇年人民体育大会开幕式上的致辞（摘录）》一文，原载在 1950 年 10 月 15 日出版的《人民日报》第一版的一篇题为《发扬体育的群众性与集体主义精神 京市人民体育大会昨日开幕》的新闻报道稿中。吴晗的这个致词（摘录）是迄今为止包括《吴晗全集》都尚未收集的吴晗未曾结集发表的职务文稿之一。

4.75 《在中国人民保卫世界和平反对美国侵略委员会北京市分会成立大会上的发言（摘录）》

《在中国人民保卫世界和平反对美国侵略委员会北京市分会成立大会上的发言（摘录）》一文，原载在 1950 年 11 月 9 日出版的《人民日报》第四版上的一篇题为《保卫世界和平反对美国侵略委员会 北京市分会昨日正式成立 代表二百万人民的意志坚决抗美援朝 通过决议拥护各民主党派联合宣言》的新闻报道稿中。吴晗的这个发言（摘录）是迄今为止包括《吴晗全集》都尚未收集的吴晗未曾结集发表的职务文稿之一。

4.76 《关于反对收听“美国之音”的书面发言》

《关于反对收听“美国之音”的书面发言》一文，原载在1950年11月21日出版的《人民日报》第二版上的一篇题为《清华大学工会会员　掀起反对收听“美国之音”运动　签名发表宣言，号召自觉不听“美国之音”，要求政府严格取缔收听》的新闻报道稿中。吴晗的这个书面发言是迄今为止包括《吴晗全集》都尚未收集的吴晗未曾结集发表的职务文稿之一。

4.77 《给“一二·一”四烈士》

《给“一二·一”四烈士》一文，署名：吴晗，原载在1950年12月1日的《光明日报》第一版上。吴晗的这篇文章是迄今为止包括《吴晗全集》都尚未收集的吴晗未曾结集发表的遗著之一。

4.78 《在北京市各民主党派联合举行的招待来京参加各民主党派中央会议的代表的文艺晚会上的欢迎词（摘录）》

《在北京市各民主党派联合举行的招待来京参加各民主党派中央会议的代表的文艺晚会上的欢迎词（摘录）》一文，原载在1950年12月10日出版的《人民日报》第三版上的一篇题为《京市各民主党派　招待各地来京代表》的新闻报道稿中。吴晗的这个欢迎词（摘录）是迄今为止包括《吴晗全集》都尚未收集的吴晗未曾结集发表的职务文稿之一。

4.79 《关于失业救济和普遍召开区各界人民代表会议的两项工作的报告》

《关于失业救济和普遍召开区各界人民代表会议的两项工作的报告》，署名：吴晗，原载在1950年12月30日出版的《人民日报》第三版上。吴晗的这个报告是迄今为止包括《吴晗全集》都尚未收集的吴晗未曾结集发表的职务文稿之一。

4.80 《关于〈北京市第三届各界人民代表会议代表产生办法草案〉的说明（摘录）》

《关于〈北京市第三届各界人民代表会议代表产生办法草案〉的说明（摘录）》一文，原载在1950年12月30日出版的《人民日报》第一版上的一篇题为《京二届四次各界代表会议开幕 昨听取聂市长吴副市长罗兼局长的报告》的新闻报道稿中。吴晗的这个说明（摘录）是迄今为止包括《吴晗全集》都尚未收集的吴晗未曾结集发表的职务文稿之一。

4.81 《清华大学历史学系教学工作总结》

《清华大学历史学系教学工作总结》一文，署名：吴晗，原载在1951年2月8日出版的《光明日报》第三版上。吴晗的这篇工作总结是迄今为止包括《吴晗全集》都尚未收集的吴晗未曾结集发表的职务文稿之一。

4.82 《关于北京市第三届各界人民代表会议代表选举工作的报告》

《关于北京市第三届各界人民代表会议代表选举工作的报告》一文，署名：吴晗，原载在1951年3月1日出版的《人民日报》第二版上。

4.83 《向志愿军伤病员学习》

《向志愿军伤病员学习》一文，署名：北京各界赴朝慰问团团长 吴晗，原载在1951年3月10日出版的《人民日报》第一版上。

4.84 《拥护〈中华人民共和国惩治反革命条例〉的书面谈话（摘录）》

《拥护〈中华人民共和国惩治反革命条例〉的书面谈话（摘录）》一文，署名：吴晗，原载在1951年3月14日出版的《人民日报》第一版上。吴晗的这个谈话（摘录）是迄今为止包括《吴晗全集》都尚未收集的吴晗未曾结集发表的职务文稿之一。

4.85 《在民盟北京市支部盟员反特控诉大会上的讲话（摘录）》

《在民盟北京市支部盟员反特控诉大会上的讲话（摘录）》一文，原载在1951年3月19日出版的《光明日报》第一版上的一篇题为《北京市支部 举行民盟反特控诉大会 烈士家属及盟员愤怒控诉特务罪行 一致拥护政府坚决镇压反革命措施》的新闻报道稿中。吴晗的这个讲话（摘录）是迄今为止包括《吴晗全集》都尚未收集的吴晗未曾结集发表的职务文稿之一。

4.86 《中共北京市委举行的首届市府机关内各民主党派人士茶会上的讲话（摘录）》

《中共北京市委举行的首届市府机关内各民主党派人士茶会上的讲话（摘录）》一文，原载在1951年4月10日出版的《人民日报》第一版上的一篇题为《中共京市府党委会举行茶会 邀请京市府机关内各民主党派人士 谈各民主党派发展与巩固组织问题》的新闻报道稿中。吴晗的这个讲话（摘录）是迄今为止包括《吴晗全集》都尚未收集的吴晗未曾结集发表的职务文稿之一。

4.87 《在北京市天主教徒举行的拥护五大国缔结和平公约反对美国重新武装日本的集会上的讲话（摘录）》

《在北京市天主教徒举行的拥护五大国缔结和平公约反对美国重新武装日本的集会上的讲话（摘录）》一文，原载在1951年4月23日出版的《人民日报》第一版上的一篇题为《北京万余天主教徒举行爱国示威大游行一致签名拥护缔结和平公约，投票反对武装日本》的新闻报道稿中。吴晗的这个讲话（摘录）是迄今为止包括《吴晗全集》都尚未收集的吴晗未曾结集发表的职务文稿之一。

4.88 《关于哭一多父子》

《关于哭一多父子》一文，署名：吴晗，原载在1951年5月4日出版的《人民日报》上。吴晗的这篇文章是迄今为止包括《吴晗全集》都尚未收集的吴晗未曾结集发表的遗著之一。

4.89 《关于哭一多父子》

《关于哭一多父子》一文，署名：吴晗，原载在 1951 年 5 月 5 日出版的《光明日报》上。吴晗的这篇文章是迄今为止包括《吴晗全集》都尚未收集的吴晗未曾结集发表的遗著之一。

4.90 《在北京市民盟支部首次干部会议上的报告（摘录）》

《在北京市民盟支部首次干部会议上的报告（摘录）》一文，原载在 1951 年 6 月 3 日出版的《光明日报》第二版的一篇题为《民盟京支部召开首次干部会议 全体干部明确了结合实际工作发展组织的思想 各区分部小组一致热烈响应爱国主义捐献活动》的新闻报道稿中。吴晗的这个报告（摘录）是迄今为止包括《吴晗全集》都尚未收集的吴晗未曾结集发表的职务文稿之一。

4.91 《爱护文物 保护文物》

《爱护文物 保护文物》一文，署名：吴晗，原载在 1952 年 1 月 4 日出版的《人民日报》第三版。吴晗的这篇文章是迄今为止包括《吴晗全集》都尚未收集的吴晗未曾结集发表的职务文稿之一。

4.92 《关于开展爱国卫生运动的报告》

《关于开展爱国卫生运动的报告》一文，署名：吴晗，转载 1952 年 8 月 28 日出版的《光明日报》第四版上。

4.93 《关于开展爱国卫生运动的报告（摘要）》

《关于开展爱国卫生运动的报告（摘要）》一文，转载在 1952 年 8 月 30 日的《人民日报》第三版上。

4.94 《和平的长城》

《和平的长城》一文，署名：吴晗，原载在 1952 年 10 月 8 日出版的《光明日报》第六版上。吴晗的这篇文章是迄今为止包括《吴晗全集》都尚未收集的吴晗未曾结集发表的遗著之一。

4.95 《在北京市庆祝联十月社会主义革命三十五周年大会的致辞（摘录）》

《在北京市庆祝联十月社会主义革命三十五周年大会的致辞（摘录）》一文，原载在 1952 年 11 月 8 日的《人民日报》第一版上的一篇题为《北京市举行庆祝十月革命节大会吉洪诺夫、亚历山大罗夫致词受到热烈欢迎》的新闻报道稿上。吴晗的这个致词（摘录）是迄今为止包括《吴晗全集》都尚未收集的吴晗未曾结集发表的职务文稿之一。

4.96 《在苏军红旗歌舞团表演会上的致词（摘录）》

《在苏军红旗歌舞团表演会上的致词（摘录）》一文，原载在 1952 年 11 月 12 日出版的《人民日报》第一版上的一篇题为《苏军红旗歌舞团表演音乐舞蹈》的新闻报道稿中。吴晗的这个致词（摘录）是迄今为止包括《吴晗全集》都尚未收集的吴晗未曾结集发表的职务文稿之一。

4.97 《在欢送即将离京的以吉洪诺夫为首的苏联文化工作者代表团的宴会上的致辞（摘录）》

《在欢送即将离京的以吉洪诺夫为首的苏联文化工作者代表团的宴会上的致辞（摘录）》一文，原载在 1952 年 12 月 4 日出版的《人民日报》第一版上的一篇题为《彭真市长盛宴欢送吉洪诺夫等吴晗副市长代表彭真市长主持宴会并致词》的新闻报道稿中。吴晗的这个致词（摘录）是迄今为止包括《吴晗全集》都尚未收集的吴晗未曾结集发表的职务文稿之一。

4.98 《在欢送行将离京的由楚拉基为首的苏联艺术工作团部分团员和以费道罗夫为首的苏联电影艺术工作者代表团的宴会的讲话（摘录）》

《在欢送行将离京的由楚拉基为首的苏联艺术工作团部分团员和以费道罗夫为首的苏联电影艺术工作者代表团的宴会的讲话（摘录）》一文，原载在 1952 年 12 月 19 日出版的《人民日报》第一版上的一篇题为《彭真市长昨晚举行盛大宴会欢送苏联艺术工作团部分团员和苏联电影艺术工作者代表团全体团员》新闻报道稿中。吴晗的这个讲话（摘录）是迄今为止包括《吴晗全集》都尚未收集的吴晗未曾结集发表的职务文稿之一。

4.99 《在欢送行将离京的苏军红旗歌舞团的酒会上的致辞（摘录）》

《在欢送行将离京的苏军红旗歌舞团的酒会上的致辞（摘录）》一文，原载在 1952 年 12 月 27 日出版的《人民日报》第一版的一篇题为《北京市人民政府彭真市长举行酒会欢送苏军红旗歌舞团亚历山大罗夫等和我部队文艺工作者座谈》的新闻报道稿中。吴晗的这个致词（摘录）是迄今为止包括《吴晗全集》都尚未收集的吴晗未曾结集发表的职务文稿之一。

4.100 《为广泛地开展市府机关文化娱乐、体育活动而努力（摘录）》

《为广泛地开展市府机关文化娱乐、体育活动而努力（摘录）》一文，是 1953 年 1 月 11 日吴晗在北京市人民政府机关总俱乐部成立大会上所做的报告，原载在 1953 年 1 月 18 日出版的《北京日报》第二版上的一篇题为《市人民政府成立机关总俱乐部 吴晗副市长号召大家认真开展文化体育活动》的新闻报道稿中。吴晗的这个报告（摘录）是迄今为止包括《吴晗全集》都尚未收集的吴晗未曾结集发表的职务文稿之一。

4.101 《民盟的盟务如何与高等学校的业务相结合》

《民盟的盟务如何与高等学校的业务相结合》一文，署名：吴晗，原载在 1953 年 4 月 20 日出版的《光明日报》第三版上。吴晗的这篇文章是迄今为止包括《吴晗全集》都尚未收集的吴晗未曾结集发表的职务文稿之一。

4.102 《加强中德两国的经济合作》

《加强中德两国的经济合作》一文，署名：“北京市人民政府副市长 吴晗，原载在 1953 年 4 月 28 日出版的《人民日报》第三版上。吴晗的这篇文章是迄今为止包括《吴晗全集》都尚未收集的吴晗未曾结集发表的职务文稿之一。

4.103 《在首都儿童庆祝“六一”国际儿童节大会上的讲话（摘录）》

《在首都儿童庆祝“六一”国际儿童节大会上的讲话（摘录）》一文，原载在1953年6月1日出版的《人民日报》第一版上的一篇题为《庆祝“六一”国际儿童节 首都儿童举行庆祝大会》的新闻报道稿中。吴晗的这个讲话（摘录）是迄今为止包括《吴晗全集》都尚未收集的吴晗未曾结集发表的职务文稿之一。

4.104 《在中华全国青年第二次代表大会开幕式上作的开幕词（摘录）》

《在中华全国青年第二次代表大会开幕式上作的开幕词（摘录）》一文，原载在1953年6月11日出版的《人民日报》第一版上的一篇题为《全国青年代表大会开幕》的新闻报道稿中。吴晗的这个开幕词（摘录）是迄今为止包括《吴晗全集》都尚未收集的吴晗未曾结集发表的职务文稿之一。

4.105 《为做好厂矿、工地工人的卫生和安全工作，更好地完成和超额完成国家的生产建设任务而斗争——在北京市厂矿、工地卫生安全运动周报告动员大会上的讲话》

《为做好厂矿、工地工人的卫生和安全工作，更好地完成和超额完成国家的生产建设任务而斗争——在北京市厂矿、工地卫生安全运动周报告动员大会上的讲话》一文，署名：吴晗，原载在1953年7月22日出版的《北京日报》第一版上。吴晗的这个讲话是迄今为止包括《吴晗全集》都尚未收集的吴晗未曾结集发表的职务文稿之一。

4.106 《在中国人民志愿军领导机关举行的慰问大会上的讲话（摘录）》

《在中国人民志愿军领导机关举行的慰问大会上的讲话（摘录）》一文，

原载在 1953 年 10 月 30 日出版的《人民日报》第一版上。吴晗的这个讲话（摘录）是迄今为止包括《吴晗全集》都尚未收集的吴晗未曾结集发表的职务文稿之一。

4.107 《在中国人民志愿军领导机关举行的慰问大会上的讲话（摘录）》

《在中国人民志愿军领导机关举行的慰问大会上的讲话（摘录）》一文，原载在 1953 年 10 月 30 日出版的《北京日报》第一版上。吴晗的这个讲话（摘录）是迄今为止包括《吴晗全集》都尚未收集的吴晗未曾结集发表的职务文稿之一。

4.108 《在欢迎朝鲜人民访华代表团的宴会上的讲话（摘录）》

《在欢迎朝鲜人民访华代表团的宴会上的讲话（摘录）》一文，原载在 1954 年 3 月 23 日出版的《人民日报》第一版上的一篇题为《华北抗美援朝总分会举行盛大欢迎会 欢迎朝鲜人民访华代表团 并设宴招待代表团及艺术团的全体人员》的新闻报道稿中。吴晗的这个讲话（摘录）是迄今为止包括《吴晗全集》都尚未收集的吴晗未曾结集发表的职务文稿之一。

4.109 《为做好建筑工地卫生工作完成首都 1954 年基本建设任务而奋斗》

《为做好建筑工地卫生工作完成首都 1954 年基本建设任务而奋斗》一文，署名：吴晗，原载在 1954 年 3 月 29 日出版的《北京日报》第一版上。吴晗的这篇文章是迄今为止包括《吴晗全集》都尚未收集的吴晗未曾结集发表的职务文稿之一。

4.110 《为做好建筑工地卫生工作完成首都 1954 年基本建设任务而奋斗》

《为做好建筑工地卫生工作完成首都 1954 年基本建设任务而奋斗》一文，署名：吴晗，原载在 1954 年 4 月 2 日出版的《光明日报》第二版上。

吴晗的这篇文章是迄今为止包括《吴晗全集》都尚未收集的吴晗未曾结集发表的职务文稿之一。

4.111 《在首都儿童庆祝“六一”国际儿童节大会上的讲话（摘录）》

《在首都儿童庆祝“六一”国际儿童节大会上的讲话（摘录）》一文，原载在1954年6月2日出版的《人民日报》第二版上的一篇题为《首都儿童集会庆祝“六一”儿童节》的新闻报道稿中。吴晗的这个讲话（摘录）是迄今为止包括《吴晗全集》都尚未收集的吴晗未曾结集发表的职务文稿之一。

4.112 《拥护中华人民共和国宪法草案（摘录）》

《拥护中华人民共和国宪法草案（摘录）》一文，原载在1954年6月16日出版的《人民日报》第一版的一篇题为《本市各民主党派、人民团体负责人发表谈话　拥护中华人民共和国宪法草案》的新闻报道稿中。吴晗的这篇草案（摘录）是迄今为止包括《吴晗全集》都尚未收集的吴晗未曾结集发表的职务文稿之一。

4.113 《全国人民政治生活中的大事情》

《全国人民政治生活中的大事情》一文，署名：吴晗，原载在1954年6月17日出版的《北京日报》第二版上。吴晗的这篇文章是迄今为止包括《吴晗全集》都尚未收集的吴晗未曾结集发表的职务文稿之一。

4.114 《在市爱国卫生运动委员会举行的动员大会的报告（摘录）》

《在市爱国卫生运动委员会举行的动员大会的报告（摘录）》一文，是吴晗在市爱国卫生运动委员会举行的动员大会的报告，原载在1954年7月17日出版的《北京日报》第一版上的一篇题为《市爱国卫生运动委员会举行大会　动员全市人民加强卫生工作》的新闻报道稿中。吴晗的这个报告（摘录）是迄今为止包括《吴晗全集》都尚未收集的吴晗未曾结集发表的职务文稿之一。

4.115 《在首都各界人民庆祝印度支那停战和恢复和平问题达成协议集会上的讲话（摘录）》

《在首都各界人民庆祝印度支那停战和恢复和平问题达成协议集会上的讲话（摘录）》一文，原载在1954年7月24日出版的《人民日报》第一版上地一篇题为《庆祝印度支那停战和恢复和平问题达成协议 首都各界举行盛大庆祝会》的新闻报道稿中。吴晗的这个讲话（摘录）是迄今为止包括《吴晗全集》都尚未收集的吴晗未曾结集发表的职务文稿之一。

4.116 《在全国政协常委会第五十八次扩大会议会上的发言（摘录）》

《在全国政协常委会第五十八次扩大会议会上的发言（摘录）》一文，原载在1954年8月23日出版的《人民日报》第一版的一篇题为《在政协常委会第五十八次扩大会议上 各界人士关于解放台湾的发言（摘要）》新闻报道稿中。吴晗的这个发言（摘录）是迄今为止包括《吴晗全集》都尚未收集的吴晗未曾结集发表的职务文稿之一。

4.117 《热烈拥护〈中华人民共和国各民主党派各人民团体为解放台湾联合宣言〉》

《热烈拥护〈中华人民共和国各民主党派各人民团体为解放台湾联合宣言〉》，是吴晗代表北京民盟发表的书面发言，原载在1954年8月25日出版的《北京日报》第一版上。吴晗的这个书面发言（摘录）是迄今为止包括《吴晗全集》都尚未收集的吴晗未曾结集发表的职务文稿之一。

4.118 《移风易俗的爱国卫生运动在北京》

《移风易俗的爱国卫生运动在北京》一文，署名：全国人民代表大会代表北京市人民政府副市长 吴晗，原载在1954年10月7日出版的《人民日报》第三版上。吴晗的这篇文章是迄今为止包括《吴晗全集》都尚未收集的吴晗未曾结集发表的职务文稿之一。

4.119 《在政协第二届全国委员会第一次会议上的发言》

《在政协第二届全国委员会第一次会议上的发言》一文，署名：吴晗，原载在1954年12月26日出版的《北京日报》第四版上。吴晗的这个发言是迄今为止包括《吴晗全集》都尚未收集的吴晗未曾结集发表的职务文稿之一。

4.120 《在政协第二届全国委员会第一次会议上的发言》

《在政协第二届全国委员会第一次会议上的发言》一文，署名：吴晗，原载在1954年12月27日出版的《人民日报》第二版上。吴晗的这个发言是迄今为止包括《吴晗全集》都尚未收集的吴晗未曾结集发表的职务文稿之一。

4.121 《在中苏友好协会第二次全国代表大会上的发言》

《在中苏友好协会第二次全国代表大会上的发言》一文，署名：吴晗，原载在1954年12月30日出版的《人民日报》第二版上。吴晗的这个发言是迄今为止包括《吴晗全集》都尚未收集的吴晗未曾结集发表的职务文稿之一。

4.122 《声讨胡风反革命集团》

《声讨胡风反革命集团》一文，是吴晗代表北京民盟发表的书面谈话，原载在1955年6月12日出版的《北京日报》第三版上。吴晗的这篇文章是迄今为止包括《吴晗全集》都尚未收集的吴晗未曾结集发表的职务文稿之一。

4.123 《一定要彻底粉碎胡风反革命集团》

《一定要彻底粉碎胡风反革命集团》一文，署名：吴晗，原载在1955年6月14日出版的《光明日报》第三版上。吴晗的这篇文章是迄今为止包括《吴晗全集》都尚未收集的吴晗未曾结集发表的职务文稿之一。

4.124 《一定要彻底粉碎胡风反革命集团》

《一定要彻底粉碎胡风反革命集团》一文，署名：吴晗，原载在1955年6月14日出版的《人民日报》第三版上。吴晗的这篇文章是迄今为止包括《吴晗全集》都尚未收集的吴晗未曾结集发表的职务文稿之一。

4.125 《在首都各界人民支援印度人民收复果阿大会上的讲话（摘录）》

《在首都各界人民支援印度人民收复果阿大会上的讲话（摘录）》一文，原载在1955年8月24日出版的《人民日报》第一版上的一篇题为《北京各界五千多人举行大会支援印度人民收复果阿》的新闻报道稿中。吴晗的这个讲话（摘录）是迄今为止包括《吴晗全集》都尚未收集的吴晗未曾结集发表的职务文稿之一。

4.126 《自觉地、顽强地坚持广播函授学习》

《自觉地、顽强地坚持广播函授学习》一文，署名：北京市副市长 吴晗，原载在1955年10月12日出版的《北京日报》第二版上。

4.127 《关于中国资本主义萌芽的一些问题——在北京大学历史系所作的报告》

《关于中国资本主义萌芽的一些问题——在北京大学历史系所作的报告》一文，署名：吴晗，原载在1955年12月22日出版的《光明日报》上。

4.128 《在欢迎伊斯兰教青年国际大会代表团和埃及新闻工作者代表团宴会上的讲话（摘录）》

《在欢迎伊斯兰教青年国际大会代表团和埃及新闻工作者代表团宴会上的讲话（摘录）》一文，原载在1955年12月25日出版的《人民日报》第一版的一篇题为《欢迎伊斯兰教青年国际大会代表团和埃及新闻代表团 全国青联等四团体联合举行招待会 伊斯兰教协会设宴招待埃及新闻代表团》的新闻报道稿中。吴晗的这个讲话（摘录）是迄今为止包括《吴晗全集》都尚未收集的吴晗未曾结集发表的职务文稿之一。

4.129 《在北京市公债推销委员会1956年第一次会议上的讲话（摘录）》

《在北京市公债推销委员会1956年第一次会议上的讲话（摘录）》一文，原载在1956年1月5日出版的《北京日报》第二版上的一篇题为《本市开始推销1956年公债》的新闻报道稿中。吴晗的这个讲话（摘录）是迄今为止包括《吴晗全集》都尚未收集的吴晗未曾结集发表的职务文稿之一。

4.130 《我们带回来印度人民的深厚友谊》

《我们带回来印度人民的深厚友谊》一文，署名：吴晗，原载在1956年4月8日出版的《人民日报》第三版上。

4.131 《在北京市教育局举办的回国留学生和留学生家属座谈会的讲话》

《在北京市教育局举办的回国留学生和留学生家属座谈会的讲话》一文，原载在11956年6月16日出版的《人民日报》上的一篇题为《希望留学生早日回国参加建设事业　北京市教育局邀回国留学生和留学生家属座谈》的新闻报道稿中。吴晗的这个讲话是迄今为止包括《吴晗全集》都尚未收集的吴晗未曾结集发表的职务文稿之一。

4.132 《吴晗谈中央和地方关系的问题，批评中央文教卫生部门垂直布置并管得过细过死等缺点》

《吴晗谈中央和地方关系的问题，批评中央文教卫生部门垂直布置并管得过细过死等缺点》一文，原载在1956年6月28日出版的《北京日报》第一版上的一篇题为《在全国人民代表大会昨天的会议上　二十位人民代表和国家机关负责人发言》的新闻报道稿中，本文是这篇新闻报道稿中的一个小标题。吴晗的这个讲话是迄今为止包括《吴晗全集》都尚未收集的吴晗未曾结集发表的职务文稿之一。

4.133 《关于北京市工作中的两个问题——在第一届全国人民代表大会第三次会议上的发言》

《关于北京市工作中的两个问题——在第一届全国人民代表大会第三次会议上的发言》一文，署名：吴晗，原载在 1956 年 6 月 29 日出版的《人民日报》第八版上。吴晗的这个发言是迄今为止包括《吴晗全集》都尚未收集的吴晗未曾结集发表的职务文稿之一。

4.134 《关于北京市无业失业的人就业问题与中央和地方的关系问题》

《关于北京市无业失业的人就业问题与中央和地方的关系问题》一文，署名：吴晗，原载在 1956 年 6 月 29 日出版的《北京日报》第六版上。吴晗的这个讲话是迄今为止包括《吴晗全集》都尚未收集的吴晗未曾结集发表的职务文稿之一。

4.135 《关于北京市就业问题和中央与地方的关系问题的一些意见》

《关于北京市就业问题和中央与地方的关系问题的一些意见》一文，是吴晗 1956 年 6 月 27 日下午在第一届全国人民代表大会第三次会议上的发言，原载在 1956 年 6 月 30 日出版的《光明日报》第六版。吴晗的这个发言是迄今为止包括《吴晗全集》都尚未收集的吴晗未曾结集发表的职务文稿之一。

4.136 《致杨祖霖等的信函》

《致杨祖霖等的信函》一文，是吴晗 1956 年 8 月 29 日给时任义乌县吴店中心小学教员的杨祖霖等三人的回信，原载在 1966 年 5 月 21 日出版的《北京日报》第六版上一篇题为《揭露吴晗的反革命真面目——吴晗家乡义乌县吴店公社调查材料》的文章中。吴晗的这封信函是迄今为止包括《吴晗全集》都尚未收集的吴晗未曾结集发表的遗著之一。

4.137 《在中共北京市委邀请各民主党派北京市组织负责人的座谈会上的发言（摘录）》

《在中共北京市委邀请各民主党派北京市组织负责人的座谈会上的发言（摘录）》一文，原载在1957年5月22日出版的《北京日报》第二版上地　了一篇题为《各民主党派市级负责人应邀在市委座谈　要求加强统战工作以适应新的形势》的新闻报道稿中。吴晗的这个发言（摘录）是迄今为止包括《吴晗全集》都尚未收集的吴晗未曾结集发表的职务文稿之一。

4.138 《在民盟中国人民大学支部举行的座谈会上的讲话（摘录）》

《在民盟中国人民大学支部举行的座谈会上的讲话（摘录）》一文，原载在1957年6月10日出版的《人民日报》第二版上的一篇题为《在民盟中国人民大学支部座谈会上　吴晗表示应该批判在北京等人的意见》的新闻报道稿中。吴晗的这个讲话（摘录）是迄今为止包括《吴晗全集》都尚未收集的吴晗未曾结集发表的职务文稿之一。

4.139 《吴晗谈话批驳章伯钧罗隆基》

《吴晗谈话批驳章伯均罗隆基》一文，原载在1957年6月11日的《人民日报》第二版上。吴晗的这篇文章是迄今为止包括《吴晗全集》都尚未收集的吴晗未曾结集发表的职务文稿之一。

4.140 《在民盟〈光明日报〉支部全体大会上的发言（摘录）》

《在民盟〈光明日报〉支部全体大会上的发言（摘录）》一文，原载在1957年6月11日的《光明日报》第一版的一篇题为《吴晗严正批判储安平的发言　指出他的中心思想是反党反社会主义》的新闻报道稿中。吴晗的这个发言（摘录）是迄今为止包括《吴晗全集》都尚未收集的吴晗未曾结集发表的职务文稿之一。

4.141 《在民盟北京市委常委扩大会议上的讲话（摘录）》

《在民盟北京市委常委扩大会议上的讲话（摘录）》一文，原载在1957年6月16日出版的的《北京日报》第一版上的一篇题为《民盟北京市常委会议揭发章伯钧罗隆基储安平等人反动面目 坚决表示永远跟着共产党走 要求民盟中央表明态度立场》的新闻报道稿中。吴晗的这个讲话（摘录）是迄今为止包括《吴晗全集》都尚未收集的吴晗未曾结集发表的职务文稿之一。

4.142 《在民盟北京市委常委扩大会议上的讲话（摘录）》

《在民盟北京市委常委扩大会议上的讲话（摘录）》一文，同时刊载在1957年6月16日出版的《人民日报》第二版上的一篇题为《民盟北京上海等地方组织要求民盟中央表明态度 跟共产党走 还是跟章伯钧罗隆基走？》的新闻报道稿中。吴晗的这个讲话（摘录）是迄今为止包括《吴晗全集》都尚未收集的吴晗未曾结集发表的职务文稿之一。

4.143 《在民盟中央常务委员会扩大会议上的发言》

《在民盟中央常务委员会扩大会议上的发言》一文，原载在1957年6月19日出版的《人民日报》第五版上的 一篇题目为《民盟中央作出重大决定号召全盟揭露右派的言行 立即开始在盟内进行整风》的新闻报道稿中。吴晗的这个发言是迄今为止包括《吴晗全集》都尚未收集的吴晗未曾结集发表的职务文稿之一。

4.144 《我们坚决走社会主义道路》

《我们坚决走社会主义道路》一文，署名：民盟中央常务委员 民盟北京市主任委员 吴晗，原载在1957年6月19日出版的《北京日报》第三版上。

4.145 《我们坚决走社会主义道路》

《我们坚决走社会主义道路》一文，署名：民盟中央常务委员 民盟北京市主任委员 吴晗，原载在1957年6月19日出版的《人民日报》第六版上。

4.146 《在民盟中央小组扩大座谈会上的讲话（摘录）》

《在民盟中央小组扩大座谈会上的讲话（摘录）》一文，原载在1957年6月26日出版的《人民日报》第二版上的一篇题为《民盟中央小组扩大座谈会集中揭露罗隆基的右派真面目 罗隆基说要检查自己，但对揭发的重要事实坚决抵赖》的新闻报道稿中。吴晗的这个讲话（摘录）是迄今为止包括《吴晗全集》都尚未收集的吴晗未曾结集发表的职务文稿之一。

4.147 《在民盟北京市委召开的学校盟员大会上的报告（摘录）》

《在民盟北京市委召开的学校盟员大会上的报告（摘录）》一文，原载在1957年6月28日出版的《光明日报》第二版上的一篇题为《动员盟员开展反右派斗争和进行整风 民盟北京市委召开大学校盟员大会》新闻报道稿中。吴晗的这个报告（摘录）是迄今为止包括《吴晗全集》都尚未收集的吴晗未曾结集发表的职务文稿之一。

4.148 《愤怒控诉章罗联盟反党反社会主义的罪恶活动——在全国人民代表大会第四次会议上的发言》

《愤怒控诉章罗联盟反党反社会主义的罪恶活动——在全国人民代表大会第四次会议上的发言》一文，署名：全国人民代表大会代表 吴晗，原载在1957年7月7日出版的《北京日报》第四版上。

4.149 《控诉章伯钧、罗隆基的罪恶活动——吴晗代表在全国人民代表大会上的发言》

《控诉章伯钧、罗隆基的罪恶活动——吴晗代表在全国人民代表大会上的发言》一文，署名：全国人民代表大会代表 吴晗，原载在1957年7月7日出版的《光明日报》第三版上。

4.150 《我愤恨，我控诉！》

《我愤恨，我控诉！》一文，署名：全国人民代表大会代表 吴晗，原载在 1957 年 7 月 7 日出版的《人民日报》第四版上。

4.151 《关于教育、卫生、文化工作的报告》

《关于教育、卫生、文化工作的报告》一文，是吴晗在北京市第二届人民代表大会第二次会议上所作的报告，原载在 1957 年 7 月 25 日出版的《北京日报》第二版上。

4.152 《谴责以章罗为首的一批民盟右派分子的罪恶活动（摘录）》

《谴责以章罗为首的一批民盟右派分子的罪恶活动（摘录）》一文，是吴晗在北京市第二届人民代表大会第二次会议上的发言，署名：民盟北京市委主任委员 吴晗，原载在 1957 年 7 月 28 日出版的《北京日报》第三版上。吴晗的这个发言（摘录）是迄今为止包括《吴晗全集》都尚未收集的吴晗未曾结集发表的职务文稿之一。

4.153 《北京市第二届人民代表大会第二次会议上的报告（摘要）》

《北京市第二届人民代表大会第二次会议上的报告（摘要）》一文，原载在 1957 年 7 月 28 日出版的《光明日报》第二版上的一篇题为《拒绝章罗联盟的领导坚持走社会主义道路 民盟北京市组织坚决接受党的领导——吴晗在北京市人民代表大会上的发言摘要》的新闻报道稿中。吴晗的这个报告（摘录）是迄今为止包括《吴晗全集》都尚未收集的吴晗未曾结集发表的职务文稿之一。

4.154 《在民盟中央第六次整风扩大座谈会的发言（摘录）》

《在民盟中央第六次整风扩大座谈会的发言（摘录）》一文，原载在 1957 年 8 月 11 日出版的《人民日报》第二版上的一篇题为《吴晗指出罗隆基所谓拥护中共是一派胡言》新闻报道稿中。吴晗的这个发言（摘录）是迄今为止包括《吴晗全集》都尚未收集的吴晗未曾结集发表的职务文稿之一。

4.155 《在北京出版界反右派斗争座谈会上的发言(摘录)》

《在北京出版界反右派斗争座谈会上的发言(摘录)》一文，原载在1957年9月2日的《人民日报》第三版上的一篇题为《勾结右派集团，妄图篡夺党对文教界的领导权冯亦代的阴谋被揭穿》的新闻报道稿中。吴晗的这个发言(摘录)是迄今为止包括《吴晗全集》都尚未收集的吴晗未曾结集发表的职务文稿之一。

4.156 《实现前人不敢梦想的事业——在第一届全国人民代表大会第五次会议上的发言》

《实现前人不敢梦想的事业——在第一届全国人民代表大会第五次会议上的发言》一文，署名：北京市副市长 吴晗，原载在1958年2月12日出版的《北京日报》第五版上。吴晗的这个发言是迄今为止包括《吴晗全集》都尚未收集的吴晗未曾结集发表的职务文稿之一。

4.157 《首都布下天罗地网 鼠雀蚊蝇无处躲藏》

《首都布下天罗地网 鼠雀蚊蝇无处躲藏》一文，是吴晗在第一届全国人民代表大会第五次会议上的讲话，原载在1958年2月12日出版的《人民日报》第九版上。吴晗的这个讲话是迄今为止包括《吴晗全集》都尚未收集的吴晗未曾结集发表的职务文稿之一。

4.158 《鼓起革命干劲，加速自我改造(摘录)》

《鼓起革命干劲，加速自我改造(摘录)》一文，是吴晗在民盟北京市委召开的盟员誓师大会上的报告，原载在1958年3月10日的《光明日报》第一版的一篇题目为《民盟北京市委开盟员誓师大会 促进一般整风 加速自我改造》的新闻报道稿中。吴晗的这个报告(摘录)是迄今为止包括《吴晗全集》都尚未收集的吴晗未曾结集发表的职务文稿之一。

4.159 《在北京市各民主党派、无党派民主人士向党交心大会上的致词（摘录）》

《在北京市各民主党派、无党派民主人士向党交心大会上的致词（摘录）》一文，原载在 1958 年 4 月 11 日的《人民日报》第一版上的 一篇题为《化三心二意为一心一意北京市民主党派、民主人士向党交心》的新闻报道稿中。吴晗的这个致辞（摘录）是迄今为止包括《吴晗全集》都尚未收集的吴晗未曾结集发表的职务文稿之一。

4.160 《中国戏曲歌舞团在法国》

《中国戏曲歌舞团在法国》一文，署名：吴晗，原载在 1958 年 9 月 3 日出版的《光明日报》第四版上。

4.161 《从商品生产想到中国商人的起源》

《从商品生产想到中国商人的起源》一文，署名：刘勉之，原载在 1959 年 1 月 8 日出版的《人民日报》第八版上。

4.162 《郑国的商人》

《郑国的商人》一文，署名：刘勉之，原载在 1959 年 1 月 9 日出版的《人民日报》第八版上。

4.163 《劳动》

《劳动》一文，署名：刘勉之，原载在 1959 年 1 月 13 日出版的《人民日报》第八版上。

4.164 《论赤壁之战里的鲁肃》

《论赤壁之战里的鲁肃》一文，署名：刘勉之，原载在 1959 年 1 月 16 日出版的《人民日报》第八版上。

4.165 《论赤壁之战里的鲁肃》

《论赤壁之战里的鲁肃（续完）》一文，署名：刘勉之，原载在 1959 年 1 月 17 日出版的《人民日报》第八版上。

4.166 《论赤壁之战里的周瑜、诸葛亮、张昭》

《论赤壁之战里的周瑜、诸葛亮、张昭》一文，署名：刘勉之，原载在 1959 年 1 月 20 日出版的《人民日报》第八版上。

4.167 《元代的民间海外贸易》

《元代的民间海外贸易》一文，署名：刘勉之，原载在 1959 年 2 月 1 日出版的《人民日报》第八版上。

4.168 《古代的战争》

《古代的战争》一文，署名：刘勉之，原载在 1959 年 2 月 18 日出版的《人民日报》第八版上。

4.169 《古代的斗将》

《古代的斗将》一文，署名：刘勉之，原载在 1959 年 2 月 21 日出版的《人民日报》第八版上。

4.170 《斗将的武艺》

《斗将的武艺》一文，署名：刘勉之，原载在 1959 年 2 月 24 日出版的《人民日报》第八版上。

4.171 《宋元以来老百姓的称呼》

《宋元以来老百姓的称呼》一文，署名：刘勉之，原载在 1959 年 2 月 27 日出版的《人民日报》第八版上。

4.172 《唐顺之论明代刻书》

《唐顺之论明代刻书》一文，署名：刘勉之，原载在 1959 年 3 月 12 日出版的《人民日报》第八版上。

4.173 《炮》

《炮》一文，署名：刘勉之，原载在1959年3月17日出版的《人民日报》第八版上。

4.174 《谈曹操》

《谈曹操》一文，署名：吴晗，原载在 1959 年 3 月 19 日出版的《光明日报》第三版上。

4.175 《明代的火器》

《明代的火器》一文，署名：刘勉之，原载在 1959 年 3 月 24 日出版的《人民日报》第八版上。

4.176 《阵图和宋辽战争》

《阵图和宋辽战争》一文，署名：刘勉之，原载在 1959 年 4 月 7 日出版的《人民日报》第八版上。

4.177 《古代的农书——齐民要术》

《古代的农书——齐民要术》一文，署名：刘勉之，原载在 1959 年 4 月 9 日出版的《人民日报》第八版上。

4.178 《北京市教育工作空前发展》

《北京市教育工作空前发展》一文，是 1959 年 4 月 27 日吴晗在第二届全国人民代表大会的大会讨论中作的发言，原载在 1959 年 4 月 30 日出版的《人民日报》第十三版上。

4.179 《首都教育工作空前发展》

《首都教育工作空前发展》一文，是1959年4月27日吴晗在第二届全国人民代表大会的大会讨论中作的发言，原载在1959年5月3日出版的《北京日报》第五版上。

4.180 《刺配》

《刺配》一文，署名：刘勉之，原载在1959年5月14日出版的《人民日报》第八版上。

4.181 《人和鬼》

《人和鬼》一文，署名：吴晗，原载在1959年5月18日出版的《人民日报》第八版上。

4.182 《度牒》

《度牒》一文，署名：刘勉之，原载在1959年5月27日出版的《人民日报》第八版上。

4.183 《古代的服装及其他》

《古代的服装及其他》一文，署名：刘勉之，原载在1959年6月5日出版的《人民日报》第八版上。

4.184 《木棉的广泛种植和传入朝鲜》

《木棉的广泛种植和传入朝鲜》一文，署名：刘勉之，原载在1959年6月10日出版的《人民日报》第八版上。

4.185 《反对繁文》

《反对繁文》一文，署名：刘勉之，原载在1959年6月15日出版的《人民日报》第八版上。

4.186 《海瑞骂皇帝》

《海瑞骂皇帝》一文，署名：刘勉之，原载在 1959 年 6 月 16 日出版的《人民日报》第八版上。

4.187 《孙权劝吕蒙学习的故事》

《孙权劝吕蒙学习的故事》一文，署名：赵彦，原载在 1959 年 6 月 24 日出版的《北京日报》第三版上。

4.188 《农桑辑要》

《农桑辑要》一文，署名：刘勉之，原载在 1959 年 7 月 6 日出版的《人民日报》第八版上。

4.189 《北京大学古典文献专业招生志喜》

《北京大学古典文献专业招生志喜》一文，署名：吴晗，原载在 1959 年 7 月 21 日出版的《中国青年报》第三版上。

4.190 《清官海瑞》

《清官海瑞》一文，署名：赵彦，原载在 1959 年 7 月 22 日出版的《北京日报》第三版上。

4.191 《谈迁和〈国榷〉》

《谈迁和〈国榷〉》一文，署名：吴晗，原载在 1959 年 7 月 23 日出版的《光明日报》第三版上。

4.192 《明代的科举情况和绅士特权》

《明代的科举情况和绅士特权》一文，署名：吴晗，原载在 1959 年 8 月 26 日出版的《光明日报》第三版上。

4.193 《一个倡议》

《一个倡议》一文，署名：吴晗，原载在1959年9月11日出版的《人民日报》第八版上。

4.194 《有关中印边界问题（摘录）》

《有关中印边界问题（摘录）》一文，是1959年9月12日吴晗在第二届全国人民代表大会常务委员会第七次扩大会议上所作的书面发言，原载在1959年9月13日出版的《人民日报》第一版的　一篇题为是《谴责印度军队侵犯我国领土》的新闻报道稿中。吴晗的这个书面发言是迄今为止包括《吴晗全集》都尚未收集的吴晗未曾结集发表的职务文稿之一。

4.195 《论海瑞》

《论海瑞》一文，署名：吴晗，原载在1959年9月21日出版的《人民日报》第十一版上。

4.196 《两个朋友》

《两个朋友》一文，署名：吴晗，原载在1959年9月26日出版的《人民日报》第十二版上。

4.197 《在北京市第二次国际聋人节庆祝会上的讲话（摘录）》

《在北京市第二次国际聋人节庆祝会上的讲话（摘录）》一文，原载在1959年9月28日出版的《人民日报》第六版上的一篇题为《北京聋人协会集会　庆祝第二次国际聋人节》的新闻报道稿中。吴晗的这个讲话（摘录）是迄今为止包括《吴晗全集》都尚未收集的吴晗未曾结集发表的职务文稿之一。

4.198 《谈烟草》

《谈烟草》一文，署名：吴晗，原载在1959年10月28日出版的《光明日报》第六版上。

4.199 《历史的真实与艺术的真实（摘录）》

《历史的真实与艺术的真实（摘录）》一文，是吴晗在《则天皇帝》座谈会上的发言摘要，原载在 1959 年 11 月 10 日出版的《人民日报》第七版上。

4.200 《北京市的教育工作跃进再跃进》

《北京市的教育工作跃进再跃进》一文，是吴晗在全国人大会议上的发言，原载在 1960 年 4 月 8 日出版的《人民日报》第九版上。吴晗的这个发言是迄今为止包括《吴晗全集》都尚未收集的吴晗未曾结集发表的职务文稿之一。

4.201 《喜看话剧〈文成公主〉》

《喜看话剧〈文成公主〉》一文，署名：吴晗，原载在 1960 年 4 月 14 日出版的《文汇报》上。

4.202 《谈文成公主》

《谈文成公主》一文，署名：吴晗，原载在 1960 年 4 月 15 日出版的《北京晚报》第三版上。

4.203 《公社好》（词十六首）

《公社好》（词十六首），署名：吴晗，原载在1960年5月8日出版的《人民日报》第八版上。

4.204 《所谓日美建交一百周年》

《所谓日美建交一百周年》一文，署名：吴晗，原载在 1960 年 5 月 31 日出版的《人民日报》第三版上。

4.205 《在北京市各民主党派联合举行的热烈拥护和支持中国人民解放军福建前线部队炮击金门的反美集会上的讲话(摘录)》

《在北京市各民主党派联合举行的热烈拥护和支持中国人民解放军福建前线部队炮击金门的反美集会上的讲话(摘录)》一文，原载在1960年6月19日出版的《人民日报》第四版上的一篇题为《北京上海各民主党派各人民团体集会拥护反美武装大示威 不把侵略者赶出台湾誓不罢休》新闻报道稿中。吴晗的这个讲话(摘录)是迄今为止包括《吴晗全集》都尚未收集的吴晗未曾结集发表的职务文稿之一。

4.206 《纸老虎歌》(诗歌)

《纸老虎歌》(诗歌)一诗，署名：吴晗，原载在1960年7月4日出版的《人民日报》第八版上。

4.207 《在北京市大兴县红星人民公社命名为红星中朝友好人民公社大会上的讲话(摘录)》

《在北京市大兴县红星人民公社命名为红星中朝友好人民公社大会上的讲话(摘录)》一文，原载在1960年8月12日出版的《人民日报》第一版上的一篇题为《中朝两国人民互相学习互相鼓励 红星中朝友好公社昨命名 朝鲜贵宾参加庆祝集会受到社员热烈欢迎》的新闻报道稿中。吴晗的这个讲话(摘录)是迄今为止包括《吴晗全集》都尚未收集的吴晗未曾结集发表的职务文稿之一。

4.208 《北京好 人民大会堂》(词)

《北京好 人民大会堂》(词)，署名：吴晗，原载在1960年10月9日出版的《北京晚报》第三版上。吴晗的这首词是迄今为止包括《吴晗全集》都尚未收集的吴晗未曾结集发表的诗稿之一。

4.209 《北京好·邻里服务所》(词)

《北京好·邻里服务所》(词)，署名：吴晗，原载在1960年11月13日出版的《北京晚报》第三版上。吴晗的这首词是迄今为止包括《吴晗全集》都尚未收集的吴晗未曾结集发表的诗稿之一。

4.210 《北京好·街道工业》(词)

《北京好·街道工业》(词)，署名：吴晗，原载在1960年11月13日出版的《北京晚报》第三版上。吴晗的这首词是迄今为止包括《吴晗全集》都尚未收集的吴晗未曾结集发表的诗稿之一。

4.211 《北京好·长安街大道》(词)

《北京好·长安街大道》(词)，署名：吴晗，原载在1960年11月20日出版的《北京晚报》第三版上。吴晗的这首词是迄今为止包括《吴晗全集》都尚未收集的吴晗未曾结集发表的诗稿之一。

4.212 《北京好·人民英雄纪念碑》(词)

《北京好·人民英雄纪念碑》(词)，署名：吴晗，原载在1960年11月20日出版的《北京晚报》第三版上。吴晗的这首词是迄今为止包括《吴晗全集》都尚未收集的吴晗未曾结集发表的诗稿之一。

4.213 《关于朱自清不领美国“救济粮”》

《关于朱自清不领美国“救济粮”》一文，署名：吴晗，原载在1960年11月20日出版的《人民日报》第八版上。

4.214 《拍案而起的闻一多》

《拍案而起的闻一多》一文，署名：吴晗，原载在1960年12月1日出版的《人民日报》第八版上。

4.215 《论历史的真实性——读“义和团故事”纪念义和团运动六十周年》

《论历史的真实性——读“义和团故事”纪念义和团运动六十周年》一文，署名：吴晗，原载在 1960 年 12 月 3 日出版的《光明日报》第三版上。

4.216 《谈历史剧》

《谈历史剧》一文，署名：吴晗，原载在 1960 年 12 月 25 日出版的《文汇报》第三版上。

4.217 《一年来北京史学界的学术活动——1960 年 12 月 24 日在北京市历史学会成立会上的讲话》

《一年来北京史学界的学术活动——1960 年 12 月 24 日在北京市历史学会成立会上的讲话》一文，署名：吴晗，原载在 1960 年 12 月 31 日出版的《光明日报》第三版上。

4.218 《卧薪尝胆的故事》

《卧薪尝胆的故事》一文，署名：吴晗，原载在 1961 年 1 月 11 日出版的《光明日报》第三版上。

4.219 《冼夫人》

《冼夫人》一文，署名：吴晗，原载在 1961 年 1 月 14 日出版的《光明日报》第三版上。

4.220 《再谈人和鬼》

《再谈人和鬼》一文，署名：吴晗，原载在 1961 年 1 月 30 日出版的《人民日报》第四版上。

4.221 《坚决支持卢蒙巴—基赞加合法政府，声援刚果人民反对以美国为首的帝国主义的侵略、维护祖国独立自由的正义斗争的广播讲话（摘录）》

《坚决支持卢蒙巴—基赞加合法政府，声援刚果人民反对以美国为首的帝国主义的侵略、维护祖国独立自由的正义斗争的广播讲话（摘录）》一文，原载在 1961 年 2 月 13 日出版的《人民日报》第二版上地一篇题为《坚决支持卢蒙巴—基赞加合法政府　声援刚果人民反帝爱国的正义斗争》的新闻报道稿中。吴晗的这个讲话（摘录）是迄今为止包括《吴晗全集》都尚未收集的吴晗未曾结集发表的职务文稿之一。

4.222 《关于历史剧的一些问题》

《关于历史剧的一些问题》一文，是吴晗就廖沫沙用笔名“繁星”于 2 月 16 日在《北京晚报》上发表了一篇题为《“史”和“戏”——贺吴晗的〈海瑞罢官〉演出》的文章后，于2月 18 日在《北京晚报》第三版给繁星的公开信。其中谈到写历史和写历史戏的异同。

4.223 《夫人城》

《夫人城》一文，署名：吴晗，原载在 1961 年 2 月 21 日出版的《光明日报》第四版上。

4.224 《神仙会和百家争鸣》

《神仙会和百家争鸣》一文，署名：吴晗，原载在 1961 年 2 月 25 日出版的《光明日报》第四版上。

4.225 《谈骨气》

《谈骨气》一文，署名：吴晗，原载在 1961 年 3 月 4 日出版的《中国青年报》第四版上。

4.226 《宣文君》

《宣文君》一文，署名：吴晗，原载在 1961 年 3 月 12 日出版的《人民日报》第六版上。

4.227 《在首都学术界人士举行纪念巴黎公社建立九十周年集会上的讲话（摘录）》

《在首都学术界人士举行纪念巴黎公社建立九十周年集会上的讲话（摘录）》一文，原载在 1961 年 3 月 18 日出版的《人民日报》第四版上的一篇题为《永远发扬巴黎公社的革命精神首都学术界人士集会纪念巴黎公社九十周年》的新闻报道稿中。吴晗的这个讲话（摘录）是迄今为止包括《吴晗全集》都尚未收集的吴晗未曾结集发表的职务文稿之一。

4.228 《再谈神仙会和百家争鸣——并答吴大琨同志》

《再谈神仙会和百家争鸣——并答吴大琨同志》一文，署名：吴晗，原载在 1961 年 3 月 21 日出版的《光明日报》第四版上。

4.229 《漫谈资料工作和研究工作》

《漫谈资料工作和研究工作》一文，署名：吴晗，原载在 1961 年 3 月 27 日出版的《光明日报》第二版上。

4.230 《清华杂忆——在黑暗的岁月里（一至四节）》

《清华杂忆——在黑暗的岁月里（一至四节）》一文，署名：吴晗，原载在 1961 年 4 月 23 日出版的《光明日报》第二版上。

4.231 《清华杂忆——在黑暗的岁月里（五至七节）》

《清华杂忆——在黑暗的岁月里（五至七节）》一文，署名：吴晗，原载在 1961 年 4 月 24 日出版的《光明日报》第二版上。

4.232 《再谈历史剧》

《再谈历史剧》一文，署名：吴晗，原载在 1961 年 5 月 3 日出版的《文汇报》第三版上。

4.233 《献身于祖国地理调查研究工作的徐霞客》

《献身于祖国地理调查研究工作的徐霞客》一文，署名：吴晗，原载在 1961 年 5 月 5 日出版的《北京日报》第二版上。

4.234 《谈烧香》

江西医学院第一附属医院党总支就烧香进行空气消毒问题中的有关香的起源、香的历史文献以及用香作烟雾疗法的记载三个问题向吴晗写过一封信求教。《谈烧香》一文，是吴晗 1961 年 4 月 19 日给江西医学院第一附属医院党总支写的回信。原载在 1961 年 5 月 6 日出版的《光明日报》第四版上。

4.235 《在庆祝“六一”儿童节招待会上的讲话（摘录）》

《在庆祝“六一”儿童节招待会上的讲话（摘录）》一文，原载在 1961 年 6 月 1 日出版的《人民日报》第四版上的一篇题为《首都庆祝“六一”国际儿童节筹委会举行招待会祝贺儿童工作者所取得的成就》新闻报道稿中。

4.236 《学习伟大祖国的历史——对〈中国青年报〉工作人员的讲话》

《学习伟大祖国的历史——对〈中国青年报〉工作人员的讲话》一文，署名：吴晗，原载在 1961 年 8 月 6 日出版的《中国青年报》第四版上。

4.237 《〈海瑞罢官〉序》

《〈海瑞罢官〉序》一文，署名：吴晗，原载在 1961 年 8 月 17 日出版的《光明日报》第四版上。

4.238 《在欢迎日本地方自治友好代表团的招待会上的讲话（摘录）》

《在欢迎日本地方自治友好代表团的招待会上的讲话（摘录）》一文，原载在1961年9月6日出版的《人民日报》第四版上的一篇题为《北京市人委举行招待会 欢迎日本地方自治友好代表团》的新闻报道稿中。吴晗的这篇文章是迄今为止包括《吴晗全集》都尚未收集的吴晗未曾结集发表的遗著之一。

4.239 《怎样看历史剧》

《怎样看历史剧》一文，署名：吴晗，原载在1961年9月6日出版的《中国青年报》第四版上。

4.240 《欢迎马亨德拉国王》

《欢迎马亨德拉国王》一文，署名：吴晗，原载在1961年9月29日出版的《人民日报》第五版上。

4.241 《致刘文秀的信函》

《致刘文秀的信函》，是吴晗给时为山西太原二中语文老师刘文秀，就怎样理解《鸿门宴》一课的教学目的和思想性以及刘、项两个人物的评价问题写的一封回信。原载在1961年10月7日出版的《山西日报》第三版上。

4.242 《写给少年作者——〈今天我喂鸡〉序》

《写给少年作者——〈今天我喂鸡〉序》一文，署名：吴晗，原载在1961年11月15日出版的《人民日报》第六版上。

4.243 《史学家万斯同》

《史学家万斯同》一文，署名：吴晗，原载在1961年11月22日出版的《北京晚报》第三版上。

4.244 《有关历史人物评价和历史知识普及的问题》

《有关历史人物评价和历史知识普及的问题》一文，署名：吴晗，原载在 1961 年 12 月 5 日出版的《光明日报》第二版上。

4.245 《如何评价历史人物》

《如何评价历史人物》一文，署名：吴晗，原载在 1961 年 12 月 7 日出版的《北京日报》第四版上。

4.246 《在北京市历史学会 1961 年年会上所作的工作报告（摘录）》

《在北京市历史学会 1961 年年会上所作的工作报告（摘录）》一文，原载在 1961 年 12 月 24 日出版的《光明日报》第一版上的一篇题为《进一步推动史学界学术研究工作 北京市历史学会举行年会 会议将总结工作交流经验并进行专题讨论》的新闻报道稿中。吴晗的这个报告（摘录）是迄今为止包括《吴晗全集》都尚未收集的吴晗未曾结集发表的职务文稿之一。

4.247 《从打基础做起》

《从打基础做起》一文，署名：吴晗，原载在 1961 年出版的《北京晚报》第三版上。

4.248 《说浪》

《说浪》一文，署名：吴晗，原载在 1962 年 1 月 1 日出版的《光明日报》第四版上。

4.249 《如何学习历史——对北京师范学院历史系同学的讲话》

《如何学习历史——对北京师范学院历史系同学的讲话》一文，署名：吴晗，原载在 1962 年 1 月 4 日出版的《光明日报》第二版上。

4.250 《在北京市各界人民拥护中共中央声明，谴责美国肯尼迪政府反共暴行集会上的讲话》

《在北京市各界人民拥护中共中央声明，谴责美国肯尼迪政府反共暴行集会上的讲话》一文，原载在1962年1月18日出版的《人民日报》第一版上的 一篇题为《北京市、河北省和天津市各界人民集会同声谴责肯尼迪政府反共暴行》的新闻报道稿中。吴晗的这个讲话是迄今为止包括《吴晗全集》都尚未收集的吴晗未曾结集发表的遗著之一。

4.251 《从幞头说起》

《从幞头说起》一文，署名：吴晗，原载在1962年1月21日出版的《人民日报》第五版上。

4.252 《谈框框》

《谈框框》一文，署名：吴晗，原载在1962年2月3日出版的《光明日报》第四版上。

4.253 《爱国学者顾炎武》

《爱国学者顾炎武》一文，署名：吴晗，原载在1962年2月7日出版的《人民日报》第三版上。

4.254 《论历史人物评价》

《论历史人物评价》一文，署名：吴晗，原载在1962年3月23日出版的《人民日报》第五版上。

4.255 《说争论》

《说争论》一文，署名：吴晗，原载在1962年3月27日出版的《光明日报》第四版上。

4.256 《论历史知识的普及》

《论历史知识的普及》一文，署名：吴晗，原载在 1962 年 3 月 27 日出版的《文汇报》第三版上。

4.257 《葬花诗和〈白头吟〉》

《葬花诗和〈白头吟〉》一文，署名：燕明"，原载在 1962 年 4 月 1 日出版的《人民日报》第五版上。

4.258 《影印〈明经世文编〉序》

《影印〈明经世文编〉序》一文，署名：吴晗，原载在 1962 年 4 月 5 日出版的《光明日报》第四版上。

4.259 《并非争论的"争论"》

《并非争论的"争论"》一文，署名：吴晗，原载在 1962 年 4 月 28 日出版的《光明日报》第四版上。

4.260 《争鸣的风度》

《争鸣的风度》一文，署名：章白"，原载在 1962 年 5 月 9 日出版的《人民日报》第六版上。

4.261 《致竺柏岳的信函》

《致竺柏岳的信函》一文，是吴晗给浙江嵊县师范学校的竺柏岳写的回信，原载在 1962 年 5 月 9 日出版的《文汇报》的第三版上。

4.262 《致杨春和的信函》

《致杨春和的信函》，是吴晗给江苏太仓师范学校的杨春和写的回信，原载在 1962 年 5 月 9 日出版的《文汇报》第三版上。

4.263 《谈写文章》

《谈写文章》一文，署名：章白”，原载在1962年5月15日出版的《人民日报》第六版上。

4.264 《论不同学科的协作》

《论不同学科的协作》一文，署名：章白，原载在1962年5月22日出版的《人民日报》第六版上。

4.265 《谈历史故事》

《谈历史故事》一文，署名：吴晗，原载在1962年5月29日出版的《光明日报》第二版上。

4.266 《戚继光练兵》

《戚继光练兵》一文，署名：章白，原载在1962年5月29日出版的《人民日报》第六版上。

4.267 《谈历史故事（续完）》

《谈历史故事（续完）》一文，署名：吴晗，原载在1962年5月30日出版的《光明日报》第二版上。

4.268 《反对“花法”》

《反对“花法”》一文，署名：章白，原载在1962年6月26日出版的《人民日报》第六版上。

4.269 《汪辉祖论做州县官——读书札记》

《汪辉祖论做州县官——读书札记》一文，署名：韩武，原载在1962年7月6日出版的《文汇报》第四版上。

4.270 《史可法诞辰三百六十周年纪念》(诗)

《史可法诞辰三百六十周年纪念》(诗)一诗，署名：吴晗，原载在1962年7月19日出版的《光明日报》第四版上。

4.271 《古人的坐、跪、拜》

《古人的坐、跪、拜》一文，署名：吴晗，原载在1962年8月5日出版的《人民日报》第六版上。

4.272 《工人应当学点中国近代革命史》

《工人应当学点中国近代革命史》一文，署名：吴晗，原载在1962年8月10日出版的《工人日报》第二版上。

4.273 《他们走到了它的反面——朱自清颂》

《他们走到了它的反面——朱自清颂》一文，署名：吴晗，原载在1962年8月12日出版的《光明日报》第二版上。

4.274 《文天祥的骨气》

《文天祥的骨气》一文，署名：吴晗，原载在1962年9月4日出版的《中国青年报》第四版上。

4.275 《在北京广播函授学校开学典礼上的讲话(摘录)》

《在北京广播函授学校开学典礼上的讲话(摘录)》一文，原载在1962年9月18日出版的《北京日报》第二版上的一篇题为《广播函授学校昨天开学 校委会主任委员吴晗勉励学生努力学习》的新闻报道稿中。吴晗的这个讲话(摘录)是迄今为止包括《吴晗全集》都尚未收集的吴晗未曾结集发表的职务文稿之一。

4.276 《论民族英雄》

《论民族英雄》一文，署名：吴晗，原载在 1962 年 9 月 30 日的出版的《解放军报》第四版上。

4.277 《在中国尼泊尔友好协会举行的庆祝我国和尼泊尔王国边界条约签订一周年酒会上的讲话（摘录）》

《在中国尼泊尔友好协会举行的庆祝我国和尼泊尔王国边界条约签订一周年酒会上的讲话》一文，原载在 1962 年 10 月 5 日出版的《人民日报》第一版上的一篇题为《庆祝中国尼泊尔边界条约签订一周年中尼友好协会举行酒会陈毅副总理和首都各方面人士同在京的尼泊尔朋友欢聚一堂，同祝两国人民传统友谊日益发展》新闻报道稿中。吴晗的这个讲话（摘录）是迄今为止包括《吴晗全集》都尚未收集的吴晗未曾结集发表的职务文稿之一。

4.278 《〈我和小淘气〉序》

《〈我和小淘气〉序》一文，署名：吴晗，原载在 1962 年 11 月 29 日出版的《北京晚报》第三版上。

4.279 《在中国尼泊尔友好协会庆祝尼泊尔王国民主日招待会上的讲话（摘录）》

《在中国尼泊尔友好协会庆祝尼泊尔王国民主日招待会上的讲话（摘录）》一文，原载在 1963 年 2 月 8 日出版的《人民日报》第一版上的一篇题为《中国尼泊尔友好协会举行招待会 热烈庆祝尼泊尔民主日十二周年》的新闻报道稿中。吴晗的这个讲话（摘录）是迄今为止包括《吴晗全集》都尚未收集的吴晗未曾结集发表的职务文稿之一。

4.280 《普及历史知识的一套好书——〈历史故事〉序》

《普及历史知识的一套好书——〈历史故事〉序》一文，署名：吴晗，原载在 1963 年 3 月 30 日出版的《文汇报》第三版上。

4.281 《论夷陵之战》

《论夷陵之战》一文，署名：吴晗，原载在 1963 年 6 月 27 日出版的《北京日报》第三版上。

4.282 《谈甲午海战》

《谈甲午海战》一文，署名：吴晗，原载在 1963 年 7 月 19 日出版的《北京晚报》第三版上。

4.283 《阶级观点、历史主义及论史结合的问题——1963 年 7 月 5 日在北京市历史学会座谈会上的发言（摘录）》

《阶级观点、历史主义及论史结合的问题——1963 年 7 月 5 日在北京市历史学会座谈会上的发言（摘录）》一文，署名：吴晗，原载在 1963 年 7 月 31 日出版的《光明日报》第四版上。

4.284 《三说道德——敬答许启贤同志》

《三说道德——敬答许启贤同志》一文，署名：吴晗，原载在 1963 年 8 月 19 日出版的《光明日报》第二版上。

4.285 《在北京市三里河二小命名三里河中古友谊小学会议上的讲话（摘录）》

《在北京市三里河二小命名三里河中古友谊小学会议上的讲话（摘录）》一文，原载在 1964 年 1 月 5 日出版的《光明日报》第三版上的一篇题为《北京市三里河第二小学命名为北京市三里河中古友谊小学》的通讯报道稿中。吴晗的这个讲话（摘录）是迄今为止包括《吴晗全集》都尚未收集的吴晗未曾结集发表的职务文稿之一。

4.286 《朱元璋的队伍和政权的性质》

《朱元璋的队伍和政权的性质》一文，署名：吴晗，原载在 1964 年 4 月

26日出版的《人民日报》第五版上。

4.287 《在首都“六一”国际儿童节联欢会上的讲话（摘录）》

《在首都“六一”国际儿童节联欢会上的讲话（摘录）》一文，原载在1964年6月2日出版的《光明日报》第一版上的一篇题为《各地少年儿童欢度“六一”国际儿童节》的新闻报道稿中。吴晗的这个讲话（摘录）是迄今为止包括《吴晗全集》都尚未收集的吴晗未曾结集发表的职务文稿之一。

4.288 《〈试论封建社会的“清官”“好官”〉读后》

《〈试论封建社会的“清官”“好官”〉读后》一文，署名：吴晗，原载在1964年6月17日出版的《光明日报》第四版上。

4.289 《在北京市各界人民欢迎马晴山、陈觉光荣起义返回祖国大陆集会上的讲话（摘录）》

《在北京市各界人民欢迎马晴山、陈觉光荣起义返回祖国大陆集会上的讲话（摘录）》一文，原载在1964年11月18日出版的《人民日报》第二版上的一篇题为《北京市各界人民集会 欢迎马晴山陈觉光荣起义返回祖国大陆 陪同他们前来的日本朋友和东京华侨总会代表参加了集会》的新闻报道稿中。吴晗的这个讲话（摘录）是迄今为止包括《吴晗全集》都尚未收集的吴晗未曾结集发表的职务文稿之一。

4.290 《在首都少年儿童庆祝“六一”国际儿童节联欢会上的讲话（摘录）》

《在首都少年儿童庆祝“六一”国际儿童节联欢会上的讲话（摘录）》一文，原载在1965年6月2日出版的《人民日报》第一版上的一篇题为《听毛主席的话 做毛主席的好孩子 全国少年儿童欢庆“六一”节 朱委员长、阿鲁季议长、威廉斯主席、利佩书记等同首都一万五千名少年儿童一起联欢》的新闻报道稿中。吴晗的这个讲话（摘录）是迄今为止包括《吴晗全集》都尚未收集的吴晗未曾结集发表的职务文稿之一。

4.291 《在北京市人民委员会举办的拥军优属联欢会上的讲话（摘录）》

《在北京市人民委员会举办的拥军优属联欢会上的讲话（摘录）》一文，原载在 1965 年 7 月 31 日出版的《人民日报》第一版上的一篇题为《庆祝中国人民解放军建军三十八周年 首都举行拥军优属联欢会》的新闻报道稿中。吴晗的这个讲话（摘录）是迄今为止包括《吴晗全集》都尚未收集的吴晗未曾结集发表的职务文稿之一。

4.292 《关于〈海瑞罢官〉的自我批评》

《关于〈海瑞罢官〉的自我批评》一文，署名：吴晗，原载在 1965 年 12 月 27 日出版的《北京日报》第二、三版上。

4.293 《关于〈海瑞罢官〉的自我批评》

《关于〈海瑞罢官〉的自我批评》一文，署名：吴晗，转载在 1965 年 12 月 30 日出版的《人民日报》第五版上。

4.294 《是革命，还是继承？——关于道德讨论的自我批评》

《是革命，还是继承？——关于道德讨论的自我批评》一文，署名：吴晗，转载在 1966 年 1 月 12 日出版的《北京日报》第三版上。

5. 吴晗逝世前其他专著中的吴晗的文章索引

5.1 《“‘一二·九’划时代的青年史诗”序》

《“‘一二·九’划时代的青年史诗”序》一文，署名：吴晗，被收入在昆明《民主周刊》“一二·九”十周年纪念增刊上。该刊 1945 年 12 月 9 日出版，林籔编著，闻一多题签书名，吴晗为之作序。

5.2 《〈论“一二·一”运动〉序》

《〈论“一二·一”运动〉序》一文，署名：吴晗，被收入1946年1月25日出版的昆明《民主周刊》副册上。

5.3 《闻一多先生传》

《闻一多先生传》一文，署名：吴晗，原载在1946年9月在上海出版的《人民英烈 李公朴、闻一多先生遇刺纪实》上。

5.4 《哭公朴》

《哭公朴》一文，署名：吴晗，原载在1946年9月在上海出版的《人民英烈 李公朴、闻一多先生遇刺纪实》上。

5.5 《死不是结束，而是开始》

《死不是结束，而是开始》一文，署名：吴晗，原载在1946年9月在上海出版的《人民英烈 李公朴、闻一多先生遇刺纪实》上。

5.6 《哭一多》

《哭一多》一文，署名：吴晗，原载在1946年9月在上海出版的《人民英烈 李公朴、闻一多先生遇刺纪实》上。

5.7 《哭亡友闻一多》

《哭亡友闻一多》一文，署名：吴晗，原载在1946年9月在上海出版的《人民英烈 李公朴、闻一多先生遇刺纪实》上。

5.8 《哭一多父子》

《哭一多父子》一文，署名：吴晗，被收入在1946年9月在上海出版的《人民英烈 李公朴、闻一多先生遇刺纪实》上。

5.9 《闻一多先生之死》

《闻一多先生之死》一文，署名：吴晗，被收入在 1946 年 9 月在上海出版的《人民英烈 李公朴、闻一多先生遇刺纪实》上。

5.10 《校庆献辞》

《校庆献辞》一文，署名：吴晗，原载在 1946 年 11 月 1 日的出版的《西南联合大学九周年校庆纪念特刊》上。

5.11 《论法统》

《论法统》一文，署名：吴晗 1947 年 4 月被收入在华北新华书店出版的《蒋记〈宪法〉的真面目》一书。

5.12 《致范泉的信函》

《致范泉的信函》一文，是吴晗 1947 年 6 月 28 日就呈送一篇闻一多的遗作交范泉发表一事写给范泉的信。原载黑龙江出版社出版的范泉著的《文海硝烟》一书的第 85 页中。

5.13 《闻一多的“手工业”》

《闻一多的“手工业”》一文，署名：吴晗，转载在 1947 年 7 月 20 日出版的《清华周刊》社编辑出版的《闻一多先生死难周年纪念特刊》上

5.14 《一多先生周年祭》

《一多先生周年祭》一文，署名：吴晗，转载在 1947 年 7 月 20 日出版的《清华周刊》社编辑出版的《闻一多先生死难周年纪念特刊》上

5.15 《闻一多的一生——序〈闻一多的道路〉》

《闻一多的道路》，史靖著，1947 年 7 月上海生活出版社出版。吴晗为之作的序。史靖，闻一多的学生王蒙的笔名。

5.16 《大学教授下乡》

《大学教授下乡》一文，署名：吴晗，1947 年 7 月被实学书局收入至梅学文选编出版的《当代名文精选》一书中。

5.17 《文字与形式》

《文字与形式》一文，署名：吴晗，1947 年 7 月被实学书局收入至梅学文选编出版的《当代名文精选》一书中。

5.18 《读〈对马〉》

《读〈对马〉》一文，署名：吴晗，1947 年 9 月被上海文汇报馆收入至“文汇丛刊”的《人民至上主义的文艺》一书中。

5.19 《〈旧戏新谈〉序》

《旧戏新谈》，黄裳著，1948 年 8 月由上海开明书店出版。吴晗和著名报人、《文汇报》社长兼主编徐铸成，著名作家、《文学季刊》编委靳以三人分别为之作序。

5.20 《跋一多遗集》

《闻一多全集》，1948 年 8 月由开明书店出版。郭沫若、朱自清分别作序，吴晗作跋，朱自清作编后记。

5.21 《论皇权》

《论皇权》一文，1948 年 12 月被收入至上海观察社出版的《皇权与绅权》一书中，全书署名：吴晗、费孝通等著。

5.22 《论绅权》

《论绅权》一文，1948 年 12 月被收入至上海观察社出版的《皇权与绅权》一书中，全书署名：吴晗、费孝通等著。

5.23 《再论绅权》

《再论绅权》一文，1948 年 12 月被收入至上海观察社出版的《皇权与绅权》一书中，全书署名：吴晗、费孝通等著。

5.24 《论士大夫》

《论士大夫》一文，1948 年 12 月被收入至上海观察社出版的《皇权与绅权》一书中，全书署名：吴晗、费孝通等著。

5.25 《致叶企荪的信函》

吴晗的这封致叶企荪的信函，是吴晗 1949 年 12 月 15 日就他因已经担任北京市副市长一职向清华大学校长叶企荪请辞清华大学文学院院长一职的。原载在清华大学校史研究室编《清华大学史料选编》第五卷（上）第 81 页上。

5.26 《论皇权》

《论皇权》一文，1949 年被收入至上海观察社出版的《〈乡土重建〉〈乡土中国〉〈皇权与绅权〉三书合印本中，其中《乡土重建》《乡土中国》是费孝通所著，《皇权与绅权》是吴晗、费孝通等合著。

5.27 《论绅权》

《论绅权》一文，1949 年被收入至上海观察社出版的《〈乡土重建〉〈乡土中国〉〈皇权与绅权》三书合印本中，其中《乡土重建》《乡土中国》是费孝通所著，《皇权与绅权》是吴晗、费孝通等合著。

5.28 《再论绅权》

《再论绅权》一文，1949 年被收入至上海观察社出版的《〈乡土重建〉〈乡土中国〉〈皇权与绅权》三书合印本中，其中《乡土重建》《乡土中国》是费孝通所著，《皇权与绅权》是吴晗、费孝通等合著。

5.29 《论士大夫》

《论士大夫》一文，1949年被收入至上海观察社出版的《〈乡土重建〉〈乡土中国〉〈皇权与绅权〉三书合印本中，其中《乡土重建》《乡土中国》是费孝通所著，《皇权与绅权》是吴晗、费孝通等合著。

5.30 《北京市人民政府关于一九五〇年度文教卫生工作的报告》

《北京市人民政府关于一九五〇年度文教卫生工作的报告》一文，是吴晗1950年2月26日所作的报告，原载在《北京市人民代表大会文献资料》第130—132页上。

5.31 《我克服了"超阶级"观点》

《我克服了"超阶级"观点》一文，1950年9月收入五十年代出版社出版的《我的思想是怎样转变过来的》一书中。

5.32 《解放以前北京市的文艺工作》

《解放以前北京市的文艺工作》一文，是1950年5月28日吴晗在北京市第一次文学艺术工作者代表大会上所作的报告。原载在陈世崇主编，2005年5月内部出版物出版的《北京市文学艺术工作者联合会50年》第55—56页上。吴晗的这篇文章是迄今为止包括《吴晗全集》都尚未收集的吴晗未曾结集发表的遗著之一。

5.33 《我克服了"超阶级"观点》

《我克服了"超阶级"观点》一文，1950年5月被收入至中国青年社编，青年出版社出版的《论革命人士观》一书中。

5.34 《我克服了"超阶级"的观点》

《我克服了"超阶级"的观点》一文，1950年8月被收入至青年出版社西南营业处出版的《确立为人民服务的人生观》一书中。

5.35 《访苏印象》

《访苏印象》一文，1950 年 10 月被收入至中苏友好协会总会编辑，人民出版社出版，新华书店发行的“中苏友好丛书”之三《访苏印象》一书中。该书署名：吴晗、丁玲等。

5.36 《莫斯科的面包工厂》

《莫斯科的面包工厂》一文，1950 年 10 月被收入至中苏友好协会总会编辑，人民出版社出版，新华书店发行的“中苏友好丛书”之三《访苏印象》一书中。该书署名：吴晗、丁玲等。

5.37 《在文物保护工作座谈会的讲话》

《在文物保护工作座谈会的讲话》一文，是吴晗 1951 年 7 月 20 日在北京市人民政府主持召开的文物保护座谈会上的讲话。原载在《北京档案史料》2007 年第三期上。

5.38 《关于中国民主同盟北京市支部的盟务问题》

《关于中国民主同盟北京市支部的盟务问题》一文，是 1951 年 11 月 10 日吴晗在民盟北京市支部全体扩大干部会议上作的报告，吴晗的这篇文章 2009 年 3 月被收入至中国人民大学出版社出版的《吴晗全集》第十卷里。

5.39 《北京市人民政府关于一九五二年文教卫生工作的报告》

《北京市人民政府关于一九五二年文教卫生工作的报告》一文，是 1953 年 8 月 24 日吴晗在北京市第四届第二次各界人民代表大会上提交的书面报告，原载在北京市人大常委办公厅编撰的《北京市人民代表大会文献资料汇编》第 227—230 页。

5.40 《北京市人民政府关于一九五四年度文教卫生工作计划和上半年执行情况的报告》

《北京市人民政府关于一九五四年度文教卫生工作计划和上半年执行情况的报告》一文，是吴晗 1954 年 8 月 17 日在北京市第一届人民代表大会第一次会议上提交的书面报告。该报告原载在北京市人大常委办公厅编撰的《北京市人民代表大会文献资料汇编》第 278—283 页。

5.41 《北京市人民政府关于一九五三年度文教卫生工作的报告》

《北京市人民政府关于一九五三年度文教卫生工作的报告》一文，是吴晗 1954 年 8 月 17 日在北京市第一届人民代表大会第一次会议上提交的书面报告。该报告原载在北京市人大常委办公厅编撰的《北京市人民代表大会文献资料汇编》第 278—283 页。

5.42 《致援庵的信函》

《致援庵的信函》一文，是吴晗、范文澜联名就将标点本《资治通鉴》的《标点说明》呈送给陈垣，请求提出修正意见一事给陈垣的信，原载在陈智超编著的《陈垣来往书信集》第 817 页上。

5.43 《1946 年、1948 年我的两次沪上之行》

《1946 年、1948 年我的两次沪上之行》一文，原载在民盟上海市委员会编的《民盟总部在沪活动纪实》第 78—79 页。该文的写作时间大约在 1956 年前后。

5.44 《致函金灿然的信函》

吴晗的这封信函是他 1959 年 11 月 3 日向时任中华书局总经理兼总编辑的金灿然商量有关校点《明实录》和有关历史普及工作等事情。这封信函刊载在《北京市文学艺术联合会 50 年》第 14 页上。

5.45 《谈曹操》

《谈曹操》一文，1959 年 3 月 19 日发布在《光明日报》后不久，就被收入至《曹操论集》一书中。《曹操论集》是 1960 年 1 月由生活·读书·新知三联书店出版的。该书汇集了郭沫若、翦伯赞、吴晗等对曹操这一历史人物的评价的论文三十多篇。

5.46 《爱国的历史家谈迁》

《爱国的历史家谈迁》一文，1960 年 4 月被中华书局出版的《北游录》一书收入作为代序。

5.47 《天安门赞歌》

《天安门赞歌》一文，署名：吴晗，1960 年 4 月被收入至北京出版社出版的《北京赞》一书。

5.48 《我爱北京》

《我爱北京》一文，署名：吴晗，1960 年 4 月被收入至北京出版社出版的《北京赞》一书。

5.49 《怎么学古文》

《怎么学古文》一文，署名：吴晗，1962 年 3 月、1964 年 8 月被收入至福建人民教育出版社出版的《古汉语的学习和教学》一书中。

5.50 《论海瑞》(《海瑞集》代序)

1962 年 12 月，中华书局出版的《海瑞集》采用了吴晗发表在《人民日报》上的《论海瑞》一文代做序言。

5.51 《〈我和小淘气〉序》

1962年12月，吴晗为之作序的《我和小淘气》一书由北京出版社出版。《我和小淘气》一书，是北京市少年儿童习作集第二辑。

5.52 《天安门赞歌》

《天安门赞歌》一文，1963年5月被收入至人民教育出版社编的初级中学语文课本第五册里。

5.53 《历史故事总序》（第一集）

《历史故事》（第一集），1963年6月由北京出版社出版。该书由吴晗撰写总序。

5.54 《历史故事总序》（第二集）

《历史故事》（第二集），1963年6月由北京出版社出版。该书由吴晗撰写总序。

5.55 《历史故事总序》（第三集）

《历史故事总序》（第三集），1963年6月由北京出版社出版。该书由吴晗撰写总序。

5.56 《历史故事总序》（第四集）

《历史故事总序》（第四集），1963年7月由北京出版社出版。该书由吴晗撰写总序。

5.57 《历史故事总序》（第五集）

《历史故事总序》（第五集），1963年12月由北京出版社出版。该书由吴晗撰写总序。

5.58 《评蒲剧〈白沟河〉〈港口〉》

《评蒲剧〈白沟河〉〈港口〉》，是吴晗1963年夏为晋南蒲剧团晋京汇报演出新编古代戏《港口驿》和《白沟河》所赠的诗，原载在中国戏曲志编辑委员会编:《中国戏曲志·山西卷》第170页。

5.59 《论历史人物评价》

《论历史人物评价》一文，署名：吴晗，1964年5月被收入到北京出版社出版的《北京历史学会第一第二届年会论文选集(1961年 1962年)》一书中。

5.60 《历史故事总序》(第六集)

《历史故事总序》(第六集)，1964年6月由北京出版社出版。该书由吴晗撰写总序。

5.61 《刘大年来往书信选》上

《致刘大年的信函》上，王玉璞、朱薇编著，2006年9月由中央文献出版社出版。该书一版一印，16开，548千字。在该书的第252页上有吴晗致刘大年的信函。

5.62 《生活·读书·新知三联书店图书总书目 增订版 1931—2003》

《生活·读书·新知三联书店图书总书目 增订版 1931—2003》，曹鹤龙、李雪映编，生活·读书·新知三联书店2008年11月出版。在该书的第118页有吴晗为闻一多的学生王蒙(笔名史靖)撰写的《闻一多的道路》一书题写的序言。

5.63 《美国侵华史》

《美国侵华史》，中国人民保卫世界和平反对美国侵略委员会北京分会编，1951年4月由人民出版社出版。32开，313页。该书中有吴晗和廖沫沙合写的“编者的话”。

5.64 《大毒草剧集吴晗 田汉 郭志冰》

《大毒草剧集吴晗 田汉 郭志冰》，1977 年 9 月由（香港）中国文化中心出版。该书 32 开。该书汇集了吴晗的《海瑞罢官》、田汉的《谢瑶环》和郭志冰的《霸道》三部当代最具代表性的中国戏剧。

5.65 《〈闻一多的道路〉序》

《〈闻一多的道路〉序》，王康著，湖北人民出版社 1979 年 5 月出版，32 开，457 页，353 千字。该书的附录为吴晗的《〈闻一多的道路〉序》。

5.66 《郑和研究百年论文选》

《郑和研究百年论文选》，王天有，万明编，北京大学出版社 2004 年 5 月出版，16 开，273 页，270 千字。该书的第 39—59 页有吴晗的《十六世纪前之中国与南洋》一文的节选。

5.67 《郑和下西洋研究文选一九〇五至二〇〇五》

《郑和下西洋研究文选一九〇五至二〇〇五》，郑和下西洋六〇〇周年纪念活动筹备领导小组编，海洋出版社 2005 年 7 月出版，8 开，785 页，1200 千字。该书中载有吴晗的《十六世纪前之中国与南洋》一文。

6. 吴晗逝世后有关涉及吴晗专著的文章索引

6.1 《中国民族关系史论文选集》

《中国民族关系史论文选集》，甘肃省民族研究所，甘肃省民族学学会编，甘肃民族出版社 1984 年 4 月出版。该书一版一印，32 开，537 页，391 千字。在该书的第 59—67 页刊载有吴晗的《历史教材和历史研究中的几个问题》一文。

6.2 《郑和研究资料选编》

《郑和研究资料选编》，中国航海史研究会编，1985 年 6 月由人民交通出版社出版。该书一版一印，32 开，520 页，422 千字。在该书的第 75—96 页刊载有吴晗的《明初的对外政策和郑和下西洋》一文。

6.3 《定陵发掘亲历记》

《定陵发掘亲历记》，庞中威著，2002 年 11 月由学苑出版社出版。在该书中有多封吴晗关于发掘定陵与郭沫若、习仲勋等有关人员的信函。

6.4 《范文澜传（下卷）》

《范文澜传（下卷）》，谢一彪著，中国社会科学出版社 2015 年 11 月出版。该书中刊载了 1958 年 9 月和 10 月先后三封吴晗致蔡美彪的信函，还介绍和涉及了吴晗的其他生平活动。

6.5 《程应鏐先生编年事辑》

《程应鏐先生编年事辑》，虞云国编著，上海人民出版社 2016 年 11 月出版。该书除了全文刊载了一封 1947 年 5 月 12 日吴晗致程应鏐的信函外，还多处介绍了吴晗与程应鏐的信函往来以及其他吴晗的生平活动。

6.6 《文坛艺林备忘录（续集）》

《文坛艺林备忘录（续集）》，蒋星煜著，2007 年 3 月由上海远东出版社出版，该书一版一印，32 开，387 页，336 千字。在该书的第 92—93 页，刊载了吴晗致蒋星煜的一封信函。这封信函是吴晗的《海瑞的故事》出版后，对于书中的某些事迹和细节，蒋星煜有些不同的看法，就写了一篇短文，寄给《新观察》杂志转交给吴晗，和吴晗商榷。这份信，就是吴晗对蒋星煜提出的问题给予的回答。

7. 吴晗逝世后在档案文件中找到的吴晗的文章索引

7.1 《北京市人民政府市长、副市长、政府委员就职及北京市人民政府成立典礼上发表的就职演说》

《北京市人民政府市长、副市长、政府委员就职及北京市人民政府成立典礼上发表的就职演说》的时间为1949年12月9日，抄录自北京市档案馆档案号为002－001－00136的档案。吴晗的这个演说是迄今为止包括《吴晗全集》都尚未收集的吴晗未曾结集发表的职务文稿之一。

7.2 《在北京市人民胜利折实公债推销委员会常务委员会会议上的讲话》

《在北京市人民胜利折实公债推销委员会常务委员会会议上的讲话》的时间为1950年1月6日下午，抄录自北京市档案馆档案号为004－004－00005的档案。吴晗的这个讲话是迄今为止包括《吴晗全集》都尚未收集的吴晗未曾结集发表的职务文稿之一。

7.3 《在北京市人民胜利折实公债推销委员会地方人士座谈会上的讲话》

《在北京市人民胜利折实公债推销委员会地方人士座谈会上的讲话》的时间为1950年2月2日下午，抄录自北京市档案馆档案号为004－004－00005的档案。吴晗的这个讲话是迄今为止包括《吴晗全集》都尚未收集的吴晗未曾结集发表的职务文稿之一。

7.4 《北京市人民胜利折实公债推销委员会地方人士分会动员大会的讲话》

《北京市人民胜利折实公债推销委员会地方人士分会动员大会的讲话》的时间为1950年2月4日下午，抄录自北京市档案馆档案号为004－004－00005

的档案。吴晗的这个讲话是迄今为止包括《吴晗全集》都尚未收集的吴晗未曾结集发表的职务文稿之一。

7.5 《在北京市第二届各界人民代表会议协商委员会第四次全体会议上的报告》

《在北京市第二届各界人民代表会议协商委员会第四次全体会议上的报告》的时间为 1950 年 2 月 15 日下午，抄录自北京市档案馆档案号为 127－001－00005 的档案。吴晗的这个报告是迄今为止包括《吴晗全集》都尚未收集的吴晗未曾结集发表的职务文稿之一。

7.6 《北京市公债推销工作总结》

《北京市公债推销工作总结》，是吴晗于 1950 年 5 月 3 日撰写，抄录自北京市档案馆档案号为 127－001－00005 的档案。吴晗的这个讲话是迄今为止包括《吴晗全集》都尚未收集的吴晗未曾结集发表的职务文稿之一。

7.7 《在北京市第二届各界人民代表会议协商委员会第五次全体会议的报告》

《在北京市第二届各界人民代表会议协商委员会第五次全体会议的报告》的时间为 1950 年 5 月 7 日上午，抄录自北京市档案馆档案号为 127－001－00005 的档案。吴晗的这个报告是迄今为止包括《吴晗全集》都尚未收集的吴晗未曾结集发表的职务文稿之一。

7.8 《致函政务院》

吴晗的这封致政务院的信函，是 1950 年 5 月 20 日吴晗以北京市人民政府的名义写给政务院的一份关于人民胜利折实公债推销工作的总结报告。吴晗的这封信函抄自北京市档案馆档案号为 004－004－00041 的档案。吴晗的这封信函是迄今为止包括《吴晗全集》都尚未收集的吴晗未曾结集发表的职务文稿之一。

7.9 《在北京市卫生委员会成立会议上的讲话》

《在北京市卫生委员会成立会议上的讲话》的时间为1950年6月15日，抄录自北京市档案馆档案号为135－001－00079的档案。吴晗的这个讲话是迄今为止包括《吴晗全集》都尚未收集的吴晗未曾结集发表的职务文稿之一。

7.10 《在北京市各区区长各公安分局长各卫生所防疫站讨论会上的开会词》

《在北京市各区区长各公安分局长各卫生所防疫站讨论会上的开会词》的时间是1950年6月17日，抄录自北京市档案馆档案号为135－001－00079的档案。吴晗的这个开会词是迄今为止包括《吴晗全集》都尚未收集的吴晗未曾结集发表的职务文稿之一。

7.11 《在中国人民保卫世界和平反对美国侵略者委员会北京分会成立会上的讲话（摘录）》

《在中国人民保卫世界和平反对美国侵略者委员会北京分会成立会上的讲话（摘录）》的时间是1950年11月8日，抄录自北京市档案馆档案号为1275－001－00187的档案。吴晗的这个讲话（摘录）是迄今为止包括《吴晗全集》都尚未收集的吴晗未曾结集发表的职务文稿之一。

7.12 《致张文松的信函》

吴晗的这封致张文松的信函，是1950年12月1日吴晗将《北京市各界人民代表会议代表产生办法》《北京市各界人民代表会议工人学生代表试行直接选举施行细则》及初步意见各一份，转呈时任北京市委政治秘书、市委政研室副主任的张文松征求意见时所写的一封便函。本信函抄自北京市档案馆档案号为001－006－00131的档案。吴晗的这封信函是迄今为止包括《吴晗全集》都尚未收集的吴晗未曾结集发表的文稿之一。

7.13 《在北京市冬学奖模大会上的讲话》

《在北京市冬学奖模大会上的讲话》的时间是 1951 年 2 月 28 日，抄录自北京市档案馆档案号为 152 – 001 – 00107 的档案。吴晗的这个讲话是迄今为止包括《吴晗全集》都尚未收集的吴晗未曾结集发表的职务文稿之一。

7.14 《致张友渔的信函》

吴晗的这封致张友渔的信函，是 1951 年 4 月 9 日吴晗针对当时北京建筑专科学校的领导和学校现状问题，向北京市常务副市长张友渔汇报，并建议召开集体办公会议商讨解决的公函。本信函抄自北京市档案馆档案号为 002 – 006 – 00274 的档案。吴晗的这封信函是迄今为止包括《吴晗全集》都尚未收集的吴晗未曾结集发表的职务文稿之一。

7.15 《给北京市职工业余教育发奖大会的题词》

《给北京市职工业余教育发奖大会的题词》的时间是，1951 年 4 月 30 日，抄录自北京市档案馆档案号为 152 – 001 – 00105 的档案。吴晗的这个题词是迄今为止包括《吴晗全集》都尚未收集的吴晗未曾结集发表的职务文稿之一。

7.16 《北京市人民政府关于一九五一年度卫生工程计划》

《北京市人民政府关于一九五一年度卫生工程计划》，时间是 1951 年 6 月 23 日，抄录自北京市档案馆档案号为 002 – 020 – 01616 的档案。吴晗的这个计划是迄今为止包括《吴晗全集》都尚未收集的吴晗未曾结集发表的职务文稿之一。

7.17 《北京市人民政府关于一九五一年度卫生工作计划》

《北京市人民政府关于一九五一年度卫生工作计划》，时间是 1951 年 6 月 23 日，抄录自北京市档案馆档案号为 002 – 020 – 01616 的档案。吴晗的这个计划是迄今为止包括《吴晗全集》都尚未收集的吴晗未曾结集发表的职务文稿之一。

7.18 《北京市人民政府关于一九五一年度文教工作计划》

《北京市人民政府关于一九五一年度文教工作计划》，时间是 1951 年 6 月 23 日，抄录自北京市档案馆档案号为 002－020－01616 的档案。吴晗的这个计划是迄今为止包括《吴晗全集》都尚未收集的吴晗未曾结集发表的职务文稿之一。

7.19 《致彭真的信函》

吴晗的这封致彭真的信函，是 1951 年 7 月 18 日吴晗就关于科学院植物分类研究所建议就圆明园原址建立植物园问题，北京市市长彭真汇报的公函。本信函抄自北京市档案馆档案号为 011－001－00136 的档案。吴晗的这封信函是迄今为止包括《吴晗全集》都尚未收集的吴晗未曾结集发表的职务文稿之一。

7.20 《发展的中国人民首都——北京》

《发展的中国人民首都——北京》的时间是 1951 年 7 月，抄录自北京市档案馆档案号为 010－006－00033 的档案。吴晗的这篇文章是迄今为止包括《吴晗全集》都尚未收集的吴晗未曾结集发表的职务文稿之一。

7.21 《致彭真的信函》

这封《致彭真的信函》的时间是 1952 年 5 月 22 日，抄录自北京市档案馆档案号为 002－004－00112 的档案。吴晗的这封信函是迄今为止包括《吴晗全集》都尚未收集的吴晗未曾结集发表的职务文稿之一。

7.22 《致彭真的信函》

吴晗的这封致彭真的信函，是 1952 年 5 月 29 日吴晗就北京市中学小学生的健康问题的确很严重的问题向北京市市长彭真汇报的公函。本信函抄自北京市档案馆档案号为 011－001－00136 的档案。吴晗的这封信函是迄今为止包括《吴晗全集》都尚未收集的吴晗未曾结集发表的职务文稿之一。

7.23 《在驻京公安部队庆祝“八一”二十五周年大会上的讲话》

《在驻京公安部队庆祝“八一”二十五周年大会上的讲话》的时间是1952年8月1日，抄录自北京市档案馆档案号为010－006－00036的档案。吴晗的这个讲话是迄今为止包括《吴晗全集》都尚未收集的吴晗未曾结集发表的职务文稿之一。

7.24 《致彭真的信函》

吴晗的这封致彭真的信函，是1952年11月8日吴晗就因为北京市京剧团四团上演《伊帕尔罕》(即香妃)的问题与其团长吴素秋谈话的经过，向北京市市长彭真汇报的公函。本信函抄自北京市档案馆档案号为002－004－00107的档案。吴晗的这封信函是迄今为止包括《吴晗全集》都尚未收集的吴晗未曾结集发表的职务文稿之一。

7.25 《致彭真、刘仁、张友渔的信函》

吴晗的这封致彭真、刘仁、张友渔的信函，是1953年3月26日吴晗就北京市文委联合办公会议针对关于中学学生全部改学俄文问题的讨论意见，向北京市市长彭真、刘仁、张友渔汇报的公函。本信函抄自北京市档案馆档案号为002－005－0160的档案。吴晗的这封信函是迄今为止包括《吴晗全集》都尚未收集的吴晗未曾结集发表的职务文稿之一。

7.26 《致习仲勋、钱俊瑞的信函》

吴晗的这封致习仲勋、钱俊瑞的信函，是1953年3月17日吴晗就北京六一儿童院新建校舍的跨年度工程和追加工程预算问题向时任中共中央宣传部部长兼政务院文教委员会副主任的习仲勋和时任政务院文化教育委员会秘书长钱俊瑞汇报，请求解决的公函。本信函抄自北京市档案馆档案号为011－001－00035的档案。吴晗的这封信函是迄今为止包括《吴晗全集》都尚未收集的吴晗未曾结集发表的职务文稿之一。

7.27 《致贺诚、苏井观的信函》

吴晗的这封致贺诚、苏井观的信函，是1953年3月22日吴晗就拟派北京市文委秘书长李续纲前往政务院卫生部找时任卫生部副部长的贺诚、苏井观面陈工作计划中的有关卫生工作预算的问题，给贺诚、苏井观写的公函。本信函抄自北京市档案馆档案号为011－001－00032的档案。吴晗的这封信函是迄今为止包括《吴晗全集》都尚未收集的吴晗未曾结集发表的职务文稿之一。

7.28 《致彭真、刘仁、张友渔的信函》

吴晗的这封致彭真、刘仁、张友渔的信函，是1953年3月30日吴晗就北大医院病床紧张、医师缺乏以及高价卖挂号等情况向北京市市长彭真、刘仁、张友渔汇报的公函。本信函抄自北京市档案馆档案号为011－001－00106的档案。吴晗的这封信函是迄今为止包括《吴晗全集》都尚未收集的吴晗未曾结集发表的职务文稿之一。

7.29 《致彭真、刘仁、张友渔的信函》

吴晗的这封致彭真、刘仁、张友渔的信函，是1953年6月22日吴晗就拟将北京历史与建设博物馆的建设工程推迟到明年开工的问题向北京市市长彭真、刘仁、张友渔汇报的公函。本信函抄自方竟成文:《吴晗与北京市文物保护》(《怀念吴晗 百年诞辰纪念》第390—391页)。吴晗的这封信函是迄今为止包括《吴晗全集》都尚未收集的吴晗未曾结集发表的职务文稿之一。

7.30 《致彭真、张友渔的信函》

吴晗的这封致彭真、张友渔的信函，是1953年7月12日吴晗就建议成立北京市博物馆筹备处等事宜向北京市市长彭真、张友渔汇报的公函。本信函抄自方竟成文:《吴晗与北京市文物保护》(《怀念吴晗 百年诞辰纪念》第392页)。吴晗的这封信函是迄今为止包括《吴晗全集》都尚未收集的吴晗未曾结集发表的职务文稿之一。

7.31 《致周扬的信函》

吴晗的这封致周扬的信函，是1953年7月16日吴晗就缓建北京市历史与建设博物馆并先考虑建设一个小型的美术展览室等事宜致文化部党组书记、副部长周扬的公函。本信函抄自方竟成文:《吴晗与北京市文物保护》(《怀念吴晗 百年诞辰纪念》第393页)。吴晗的这封信函是迄今为止包括《吴晗全集》都尚未收集的吴晗未曾结集发表的职务文稿之一。

7.32 《致习仲勋的信函》

吴晗的这封致习仲勋的信函，是1953年8月20日吴晗就北京市小学生升学和上学问题十分严重的情况向时任中共中央宣传部部长兼政务院文教委员会副主任习仲勋汇报的公函。本信函抄自北京市档案馆档案号为011-001-00077的档案。吴晗的这封信函是迄今为止包括《吴晗全集》都尚未收集的吴晗未曾结集发表的职务文稿之一。

7.33 《致彭真、刘仁、张友渔的信函》

吴晗的这封致彭真、刘仁、张友渔的信函，是1953年8月29日吴晗就北京市中学统一招生工作检查委员会第一次会议召开的情况，向北京市市长彭真、刘仁、张友渔汇报的公函。本信函抄自北京市档案馆档案号为011-001-00077的档案。吴晗的这封信函是迄今为止包括《吴晗全集》都尚未收集的吴晗未曾结集发表的职务文稿之一。

7.24 《在市区两级的政府系统和工农青妇各系统的文教干部大会上的讲话》

《在市区两级的政府系统和工农青妇各系统的文教干部大会上的讲话》的时间是1952年8月8日，抄录自北京市档案馆档案号为152-001-00149的档案。吴晗的这个讲话是迄今为止包括《吴晗全集》都尚未收集的吴晗未曾结集发表的职务文稿之一。

7.35 《在和平中学的会议上的讲话》

《在和平中学的会议上的讲话》的时间是 1952 年 8 月 9 日，抄录自北京市档案馆档案号为 152 - 001 - 00149 的档案。吴晗的这个讲话是迄今为止包括《吴晗全集》都尚未收集的吴晗未曾结集发表的职务文稿之一。

7.36 《致彭真的信函》

这封《致彭真的信函》的时间是 1952 年 11 月 8 日，抄录自北京市档案馆档案号为 002 - 004 - 00107 的档案。吴晗的这封信函是迄今为止包括《吴晗全集》都尚未收集的吴晗未曾结集发表的职务文稿之一。

7.37 《致彭真、刘仁、张友渔的信函》

这封《致彭真、刘仁、张友渔的信函》的时间是 1953 年 2 月 26 日，抄录自北京市档案馆档案号为 002 - 005 - 00160 的档案。吴晗的这封信函是迄今为止包括《吴晗全集》都尚未收集的吴晗未曾结集发表的职务文稿之一。

7.38 《致习仲勋、钱俊瑞的信函》

《致习仲勋、钱俊瑞的信函》的时间是 1953 年 3 月 17 日，抄录自北京市档案馆档案号为 011 - 001 - 00035 的档案。吴晗的这封信函是迄今为止包括《吴晗全集》都尚未收集的吴晗未曾结集发表的职务文稿之一。

7.39 《致函贺诚、苏井观的信函》

《致函贺诚、苏井观的信函》的时间是 1953 年 3 月 22 日，抄录自北京市档案馆档案号为 011 - 001 - 00032 的档案。吴晗的这封信函是迄今为止包括《吴晗全集》都尚未收集的吴晗未曾结集发表的职务文稿之一。

7.40 《致彭真、刘仁、张友渔的信函》

这封《致彭真、刘仁、张友渔的信函》的时间是 1953 年 3 月 30 日，抄录自北京市档案馆档案号为 011 - 001 - 00106 的档案。吴晗的这封信函是迄今为止包括《吴晗全集》都尚未收集的吴晗未曾结集发表的职务文稿之一。

7.41 《在北京市人民政府文化教育委员会第三次全体会议上的讲话》

《在北京市人民政府文化教育委员会第三次全体会议上的讲话》的时间是 1953 年 4 月 26 日，抄录自北京市档案馆档案号为 011 – 001 – 00106 的档案。吴晗的这个讲话是迄今为止包括《吴晗全集》都尚未收集的吴晗未曾结集发表的职务文稿之一。

7.42 《致习仲勋的信函》

这封《致习仲勋的信函》的时间是 1953 年 8 月 20 日，抄录自北京市档案馆档案号为 011 – 001 – 00077 的档案。吴晗的这封信函是迄今为止包括《吴晗全集》都尚未收集的吴晗未曾结集发表的职务文稿之一。

7.43 《继续开展首都的爱国卫生运动》

《继续开展首都的爱国卫生运动》是吴晗 1953 年 8 月 24 日在北京市第四届各界人民代表会议第二次会议所作的报告，抄录自北京市档案馆档案号为 011 – 001 – 00100 的档案。吴晗的这个报告是迄今为止包括《吴晗全集》都尚未收集的吴晗未曾结集发表的职务文稿之一。

7.44 《致彭真、刘仁、张友渔的信函》

这封《致彭真、刘仁、张友渔的信函》的时间是 1953 年 8 月 29 日，抄录自北京市档案馆档案号为 011 – 001 – 00077 的档案。吴晗的这封信函是迄今为止包括《吴晗全集》都尚未收集的吴晗未曾结集发表的职务文稿之一。

7.45 《致彭真、刘仁、张友渔的信函》

吴晗的这封致彭真、刘仁、张友渔的信函，是 1954 年 2 月 26 日吴晗就政务院文化部决定 1954 年在北京市建立一个公营曲艺剧团和一个公营评剧团的事情，向北京市市长彭真、刘仁、张友渔汇报的公函。本信函抄自北京市档案馆档案号为002－006－00215的档案。吴晗的这封信函是迄今为止包括《吴晗全集》都尚未收集的吴晗未曾结集发表的职务文稿之一。

7.46 《致李公侠的信函（一）》

吴晗的这封致李公侠的信函，是1954年3月11日吴晗将标题为《建筑史家们关于首都建设和古代文物保护问题的看法和理论》的有关材料的摘录，寄送给时为北京市人民政府副秘书长兼北京市建筑公司总经理李公侠参考的公函。本信函抄自北京市档案馆档案号为002－006－00235的档案。吴晗的这封信函是迄今为止包括《吴晗全集》都尚未收集的吴晗未曾结集发表的职务文稿之一。在这卷档案中，有两封吴晗写给李公侠的信函，一封是1954年3月11日，一封是1954年3月15日，这两封信函的内容基本相同，但后一封信的文字明显比前一封信多出很多。后一封信是第一封信的第二稿，还是确实写了二封信，目前无从可考，有待以后继续考证。

7.47 《致李公侠的信函（二）》

吴晗的这封致李公侠的信函，是1954年3月15日吴晗将标题为《建筑史家们关于首都建设和古代文物保护问题的看法和理论》的有关材料的摘录，寄送给时为北京市人民政府副秘书长兼北京市建筑公司总经理李公侠参考的公函。本信函抄自北京市档案馆档案号为002－006－00235的档案。吴晗的这封信函是迄今为止包括《吴晗全集》都尚未收集的吴晗未曾结集发表的职务文稿之一。

7.48 《北京市一九五三年文教工作总结》

《北京市一九五三年文教工作总结》的时间是1954年6月21日，抄录自北京市档案馆档案号为011－001－00038的档案。吴晗的这个总结是迄今为止包括《吴晗全集》都尚未收集的吴晗未曾结集发表的职务文稿之一。

7.49 《一九五四年文教工作的方针与任务》

《一九五四年文教工作的方针与任务》的时间是1954年6月21日，抄录自北京市档案馆档案号为 011－001－00038 的档案。吴晗的这篇文章是迄今为止包括《吴晗全集》都尚未收集的吴晗未曾结集发表的职务文稿之一。

7.50 《在北京市第四届各界人民代表会议第四次会议上的发言》

《在北京市第四届各界人民代表会议第四次会议上的发言》的时间是 1954 年 6 月 27 日，抄录自北京市档案馆档案号为 002－006－00331 的档案。吴晗的这个发言是迄今为止包括《吴晗全集》都尚未收集的吴晗未曾结集发表的职务文稿之一。

7.51 《致彭真的信函》

吴晗的这封致彭真的信函，是 1954 年 7 月 7 日吴晗就关于中小学教学指导参考教材编辑委员会的筹备工作进行情况，向北京市市长彭真汇报的公函。本信函抄自北京市档案馆档案号为 001－006－00960 的档案。吴晗的这封信函是迄今为止包括《吴晗全集》都尚未收集的吴晗未曾结集发表的职务文稿之一。

7.52 《致彭真、刘仁、张友渔的信函》

吴晗的这封致彭真、刘仁、张友渔的信函，是 1954 年 8 月 18 日吴晗就周总理委托北京市改造中山音乐堂等事宜，向北京市市长彭真、刘仁、张友渔汇报的公函。本信函抄自北京市档案馆档案号为 002－006－00202 的档案。吴晗的这封信函是迄今为止包括《吴晗全集》都尚未收集的吴晗未曾结集发表的职务文稿之一。

7.53 《在北京市检察工作会议上的报告》

《在北京市检察工作会议上的报告》的时间是 1954 年 7 月 4 日，抄录自北京市档案馆档案号为 027－001－00089 的档案。吴晗的这个报告是迄今为止包括《吴晗全集》都尚未收集的吴晗未曾结集发表的职务文稿之一。

7.54 《致彭真的信函》

这封《致彭真的信函》的时间是 1954 年 10 月 23 日，抄录自北京市档案馆档案号为 001－006－00960 的档案。吴晗的这封信函是迄今为止包括《吴晗全集》都尚未收集的吴晗未曾结集发表的职务文稿之一。

7.55 《致张友渔、刘仁的信函》

这封《致张友渔、刘仁的信函》的时间是 1955 年 11 月 16 日，抄录自北京市档案馆档案号为 002－009－00160 的档案。吴晗的这封信函是迄今为止包括《吴晗全集》都尚未收集的吴晗未曾结集发表的职务文稿之一。

7.56 《在印度德里机场上的讲话》

《在印度德里机场上的讲话》的时间是 1956 年 1 月 17 日，抄录自北京市档案馆档案号为 002－008－00068 的档案。吴晗的这个讲话是迄今为止包括《吴晗全集》都尚未收集的吴晗未曾结集发表的职务文稿之一。

7.57 《在印中友好协会全国执行委员会欢迎宴会上的讲话》

《在印中友好协会全国执行委员会欢迎宴会上的讲话》的时间是 1956 年 1 月 22 日，抄录自北京市档案馆档案号为 002－008－00068 的档案。吴晗的这个讲话是迄今为止包括《吴晗全集》都尚未收集的吴晗未曾结集发表的职务文稿之一。

7.58 《在印中友好协会举行的欢迎中印友好协会访印文化代表团会议上的讲话》

《在印中友好协会举行的欢迎中印友好协会访印文化代表团会议上的讲话》的时间是 1956 年 1 月 25 日，抄录自北京市档案馆档案号为 002－008－00068 的档案。吴晗的这个讲话是迄今为止包括《吴晗全集》都尚未收集的吴晗未曾结集发表的职务文稿之一。

7.59 《在印中友好协会德里分会举行的群众欢迎会上致答词》

《在印中友好协会德里分会举行的群众欢迎会上致答词》的时间是 1956 年 2 月 26 日，抄录自北京市档案馆档案号为 002 – 008 – 00068 的档案。吴晗的这个答词是迄今为止包括《吴晗全集》都尚未收集的吴晗未曾结集发表的职务文稿之一。

7.60 《为加强中印两国人民的友谊，促进两国文化繁荣而努力——中印友好协会访印文化代表团在印度文化艺术界欢送会上的讲话》

《为加强中印两国人民的友谊，促进两国文化繁荣而努力——中印友好协会访印文化代表团在印度文化艺术界欢送会上的讲话》的时间是 1956 年 2 月 27 日，抄录自北京市档案馆档案号为 002 – 008 – 00068 的档案。吴晗的这个讲话是迄今为止包括《吴晗全集》都尚未收集的吴晗未曾结集发表的职务文稿之一。

7.61 《在印度地方招待会上的讲话》

《在印度地方招待会上的讲话》的时间是 1956 年 2 月，抄录自北京市档案馆档案号为 002 – 008 – 00068 的档案。吴晗的这个讲话是迄今为止包括《吴晗全集》都尚未收集的吴晗未曾结集发表的职务文稿之一。

7.62 《中印友协赴印中国文化代表团工作总结》

《中印友协赴印中国文化代表团工作总结》的时间是 1956 年 3 月 12 日，抄录自北京市档案馆档案号为 002 – 008 – 00068 的档案。吴晗的这个总结是迄今为止包括《吴晗全集》都尚未收集的吴晗未曾结集发表的职务文稿之一。

7.63 《致彭真、刘仁和张友渔的信函》

《致彭真、刘仁和张友渔的信函》的时间是 1956 年 3 月 21 日，抄录自北京市档案馆档案号为 002 – 008 – 00068 的档案。吴晗的这封信函是迄今为止包括《吴晗全集》都尚未收集的吴晗未曾结集发表的职务文稿之一。

7.64 《中国文化代表团访问印度情况的报告》

《中国文化代表团访问印度情况的报告》是吴晗 1956 年 3 月 24 日在北京市科长级以上干部会议上所作的报告，抄录自北京市档案馆档案号为 002－008－00068 的档案。吴晗的这个报告是迄今为止包括《吴晗全集》都尚未收集的吴晗未曾结集发表的职务文稿之一。

8. 吴晗逝世后报刊上登载的吴晗的文章索引

8.1 《明史讲座》

《首都师范大学学报（社会科学版）》1979 年第 2 期。

8.2 《谈烟草》

《中国烟草科学》1979 年第 1 期。

8.3 《致胡适的一封信》

《文献》1981 年第 4 期。

8.4 《明代的新仕宦阶级、社会的政治的文化的关系及其生活》

《明史研究论丛》1991 年第 2 期。

8.5 《陶行知先生在上海的回忆》

《人才开发》1997 年第 1 期。

8.6 《朱自清不领美国救济粮》

《科技文萃》1999 年第 1 期。

8.7 《论皇权》

《北京文学 精彩阅读》1999 年第 3 期。

8.8 《谈读书》

《学习月刊》2002 年第 6 期。

8.9 《赵括与马谡》

《现代语文 初中版》2004 年第 1 期。

8.10 《古人的业余学习》

《学语文文丛》2004 年第 1 期。

8.11 《古人读书不易》

《中学生阅读 初中版》2005 年第 8 期。

8.12 《范文澜、吴晗关于点校“二十四史”中的前四史给毛泽东的信》

《出版史料》2006 年第 2 期。

8.13 《谈读书》

《世界中学生文摘》2007 年第 4 期。

8.14 《灯下杂谈（节选）》

《中学历史教育》2007 年第 7 期。

8.15 《朱自清不领美国“救济粮”（节选）》

《读与写 初中版》2007 年第 10 期。

8.16 《谈骨气》

《新世纪文学选刊》2008 年第 4 期。

8.17《古代的斗将》

《名作欣赏 中学阅读》2009年第1期。

8.18 《明初的文字狱》

《读书文摘》2009年第1期。
8.19 《古人读书不易》

《书摘》2009年第4期。

8.20 《论说谎政治》

《杂文选刊旬刊 上旬》2009年第7期。

8.21 《谈读书》

《湖北招生考试》2010年第35期。

8.22 《人和鬼》

《快乐阅读 经典教学》2011年第7期。

8.23 《古人读书不易》

《乡镇论坛》2011年第30期。

8.24 《海瑞骂皇帝》

《高中生之友》2012年第18期。

8.25 《陶行知先生在上海的回忆》

《重庆陶研文史》2013年第2期。

8.26 《《敕勒川》歌唱者家族的命运》

《现代阅读》2013年第3期。

8.27 《明代的锦衣卫和东西厂》

《中外书摘 经典版》2016 年第 1 期。

8.28 《吴晗谈历史上的贪污与惩治》

《月读》2016 年第 2 期。

9. 吴晗逝世后其他途径找到的吴晗的文章索引

9.1 《跋〈李峻之遗著〉》

《李峻之遗著》，李峻之著，清华大学出版社 1933 年 10 月出版。在该书的第 143—144 页刊载有吴晗为该书撰写的《跋〈李峻之遗著〉》一文。吴晗的这篇跋文是迄今为止包括《吴晗全集》都尚未收集的吴晗未曾结集发表的遗著之一。

9.2 《致顾颉刚的信函》

吴晗的这封致顾颉刚的信函，是他 1936 年 5 月 17 日就许道龄在《禹贡 半月刊》第五卷第一期发表一封致顾颉刚的信函，批评他写的《十六世纪以前之中国与南洋》一事，致函顾颉刚，反驳许道龄的观点。本信函抄自《禹贡 半月刊》第五卷第七期。吴晗的这封信函是迄今为止包括《吴晗全集》都尚未收集的吴晗未曾结集发表的遗著之一。

9.3 《赠容琬诗》

吴晗的这首《赠容琬诗》见于“中国收藏网”文:《西南联大师生致容琬诗文册》中的图片。在该诗文册中有闻一多、陈寅恪、朱自清、吴宓、钱穆、蒋梦麟、罗常培、汤用彤、吴晗等大师致容婉女士的诗文手稿近七十篇。这本 1938 到 1939 年间所写的诗文册，集结了大量师生对容琬的赠言，是为联大师生情谊的珍贵纪念，更是联大研究不可多得的珍贵史料。这首诗是迄今为止包括《吴晗全集》都尚未收集的吴晗未曾结集发表的遗著之一。

9.4 《致李埏的信函（一）》

吴晗的这封致李埏的信函的内容，是他 1940 年 8 月 3 日向他的学生李埏介绍傅斯年等事宜。刊载在 2012 年 1 月由清华大学出版社出版李埏著的《良史与良师》一书的 165 页上。吴晗的这封信函是迄今为止包括《吴晗全集》都尚未收集的吴晗未曾结集发表的遗著之一。

9.5 《致李埏的信函（二）》

吴晗的这封致李埏的信函的内容，是他 1940 年 9 月上旬向他的学生李埏谈及有关刻写《明实录》及王世贞的《弇山堂别集》等事宜。刊载在 2012 年 1 月由清华大学出版社出版李埏著的《良史与良师》一书的 167 页上。吴晗的这封信函是迄今为止包括《吴晗全集》都尚未收集的吴晗未曾结集发表的遗著之一。

9.6 《致李埏的信函（三）》

吴晗的这封致李埏的信函的内容，是他 1940 年 9 月 13 日向他的学生李埏谈及有关已订好飞往重庆的飞机票以及邀约李埏来他家过中秋节等事宜。该信函刊载在 2012 年 1 月由清华大学出版社出版李埏著的《良史与良师》一书的 166 页上。吴晗的这封信函是迄今为止包括《吴晗全集》都尚未收集的吴晗未曾结集发表的遗著之一。

9.7 《致李埏的信函（四）》

吴晗的这封致李埏的信函的内容，是他 1941 年 3 月 28 日向他的学生李埏谈及他一路前往叙永的大体情况等事宜。该信函刊载在 2012 年 1 月由清华大学出版社出版李埏著的《良史与良师》一书的第 168—169 页上。吴晗的这封信函是迄今为止包括《吴晗全集》都尚未收集的吴晗未曾结集发表的遗著之一。

9.8 《致傅斯年的信函》

吴晗的这封致傅斯年的信函的内容，是他 1942 年 12 月 15 日向傅斯年告知最近有人约请他写一本《明太祖传》和拟向傅斯年借书等事。该信刊载在台湾王饥森、杜正胜编《傅斯年文物资料选辑》第 227 页上。吴晗的这封信函是迄今为止包括《吴晗全集》都尚未收集的吴晗未曾结集发表的遗著之一。

9.9 《致梁方仲的信函》

吴晗的这封致梁方仲的信函，是他 1944 年 6 月 6 日就梁方仲“受训而不入党”一事致信向他表示钦佩，并希望他能永远保持此种不染不谄精神。本信息引自梁承邺著:《无悔是书生 父亲梁方仲实录》第 142—144 页。吴晗的这封信函是迄今为止包括《吴晗全集》都尚未收集的吴晗未曾结集发表的遗著之一。

9.10 《致顾颉刚、郭沫若》

吴晗的这封致顾颉刚、郭沫若的信函，是他和昆明五十几名文化界人士 1945 年 4 月 14 日，就所闻顾颉刚、郭沫若二位所分别领导的辞典年表编纂处、文史杂志社和文化工作委员会等机关先后被国民党当局无故查封的不幸消息后，写给顾颉刚、郭沫若的慰问信。这封慰问信原载《郭沫若学刊》1987 年第 2 期第 67—68 页。吴晗的这封信函是迄今为止包括《吴晗全集》都尚未收集的吴晗未曾结集发表的遗著之一。

9.11 《致梅贻琦的信函(一)》

吴晗的这封致梅贻琦的信函的内容，是吴晗 1946 年 6 月 19 日向校长梅贻琦汇报他在上海为夫人袁震治病的情况。刊载在中国经济出版社 2006 年 1 月出版的黄延复著的《清华的学子们》一书的第 258 页上。在该书的同一页上，还同时刊载了清华大学校长梅贻琦在稍后的 7 月 16 日写给吴晗的回信。吴晗的这封信函是迄今为止包括《吴晗全集》都尚未收集的吴晗未曾结集发表的遗著之一。

9.12 《致梅贻琦的信函(二)》

吴晗的这封致梅贻琦的信函的内容，与上封信时间、内容均相同，只是刊载书目不同。它刊载在清华大学出版社 2006 年 1 月出版的黄延复著的《清华大学校园今昔谈》第 235—236 页上。吴晗的这封信函是迄今为止包括《吴晗全集》都尚未收集的吴晗未曾结集发表的遗著之一。

9.13 《致郭沫若的信函(一)》

吴晗的这封致郭沫若的信函，是 1946 年 12 月吴晗写信告知郭沫若、闻一多家属安置的情况以及闻一多遗著整理委员会委员的分工情况等。本信息引自“论文网”苏双碧文:《郭沫若与吴晗的诚挚交往》。本信函原件珍藏在北京“郭沫若纪念馆”。吴晗的这封信函是迄今为止包括《吴晗全集》都尚未收集的吴晗未曾结集发表的遗著之一。

9.14 《致中国民主同盟秘书处的信函》

吴晗的这封致中国民主同盟秘书处的信函，是他 1947 年 1 月 6 日写信向民盟中央秘书处，汇报北平民盟支部经他三个月的整顿后的具体情况等事宜。本信函抄自民盟北京市委为编者提供的有关吴晗的史料。吴晗的这封信函是迄今为止包括《吴晗全集》都尚未收集的吴晗未曾结集发表的职务文稿之一。

9.15 《致周新民的电报文稿》

吴晗的这份致周新民的电报文稿，是他在 1947 年 2 月 3 日打电报给时在民盟中央秘书处的周新民，请他速寄民盟二中全会决议及行动纲领给民盟北平支部数日后没有收到相关文件的情况下，又于 2 月某日驰函民盟总部，请求给予。本信函抄自民盟北京市委为编者提供的有关吴晗的史料。吴晗的这封信函是迄今为止包括《吴晗全集》都尚未收集的吴晗未曾结集发表的职务文稿之一。

9.16 《致中国民主同盟总部的信函》

吴晗的这中国民主同盟总部的信函，是他 1947 年 2 月 3 日打电报给时在民盟中央秘书处的周新民，请他速寄民盟二中全会决议及行动纲领给民盟北平支部一事。本信函抄自民盟北京市委为编者提供的有关吴晗的史料。吴晗的这封信函是迄今为止包括《吴晗全集》都尚未收集的吴晗未曾结集发表的职务文稿之一。

9.17 《致范泉的信函》

吴晗的这封致范泉的信函，是 1947 年 6 月 25 日朱自清先生请吴晗将闻一多遗稿转给范泉发表时写过一封信。6 月 28 日，吴晗在该信上写了这封信，以此转给范泉。吴晗的这封信函原载范泉著:《文海硝烟》第 85 页。吴晗的这封信函是迄今为止包括《吴晗全集》都尚未收集的吴晗未曾结集发表的遗著之一。

9.18 《致程应鏐的信函》

吴晗的这封致程应鏐的信函，是 1948 年 1 月 28 日吴晗收到程应鏐的来信的复信，信中谈及他俩昆明别后的时局变故与出自肺腑的幽愤感慨。吴晗的这封信函抄自 2017 年 3 月 31 日虞云国的新浪博客文《"所幸大家都还挺得住"：吴晗遗札摭谈》。吴晗的这封信函是迄今为止包括《吴晗全集》都尚未收集的吴晗未曾结集发表的遗著之一。

9.19 《致郭沫若的信函(二)》

吴晗的这封致郭沫若的信函，是 1948 年 1 月 28 日吴晗写信给身在香港的郭沫若，与他磋商关于《闻一多全集》编者署名的问题等。本信息引自"论文网"苏双碧文:《郭沫若与吴晗的诚挚交往》。本信函原件珍藏在北京"郭沫若纪念馆"。吴晗的这封信函是迄今为止包括《吴晗全集》都尚未收集的吴晗未曾结集发表的遗著之一。

9.20 《致黄裳的信函》

吴晗的这封致黄裳的信函，是 1948 年 7 月 4 日吴晗连续收到黄裳的二封来信后的复信。谈及撰写《朱元璋传》和创办《中国建设》北平版等事宜。吴晗的这封信函抄自“天涯博客 爱纸敬书斋”文泉清文:《吴晗、汪曾祺致黄裳（附黄裳小记）图片》。吴晗的这封信函是迄今为止包括《吴晗全集》都尚未收集的吴晗未曾结集发表的遗著之一。

9.21 《致叶企荪的信函》

吴晗的这封致叶企荪的信函，是他 1949 年 12 月 15 日就他也已被选为北京市副市长的原因，写信给叶企荪请辞清华大学文学院院长一事的请辞信。吴晗的这封信函抄自清华大学校史研究室编《清华大学史料选编》第五卷（上）第 81 页。吴晗的这封信函是迄今为止包括《吴晗全集》都尚未收集的吴晗未曾结集发表的遗著之一。

9.22 《致刘大年的信函》

吴晗的这封致刘大年的信函，是 1954 年 2 月 22 日吴晗就中国科学院近代史研究所的朱士嘉请他帮忙调换工作一事，给时任中国科学院近代史研究所副所长的刘大年写的的信函。本信函抄自《刘大年全集 十一 书信（下）》第 37 页。吴晗的这封信函是迄今为止包括《吴晗全集》都尚未收集的吴晗未曾结集发表的遗著之一。

9.23 《致范文澜、刘大年的信函》

吴晗的这封致范文澜、刘大年的信函，是 1954 年 8 月 30 日吴晗就中国科学院近代史研究所的朱士嘉请他帮忙调换工作一事，给时任中国科学院近代史研究所所长范文澜、副所长的刘大年写的的信函。本信函抄自《刘大年全集 十一 书信（下）》第 43 页。吴晗的这封信函是迄今为止包括《吴晗全集》都尚未收集的吴晗未曾结集发表的遗著之一。

9.24 《致郭沫若的信函(三)》

吴晗的这封致郭沫若的信函，是吴晗 1957 年 1 月 7 日就有关开发定陵的具体计划写给郭沫若的。本信息引自“论文网”苏双碧文:《郭沫若与吴晗的诚挚交往》。本信函原件珍藏在北京“郭沫若纪念馆”。吴晗的这封信函是迄今为止包括《吴晗全集》都尚未收集的吴晗未曾结集发表的遗著之一。

9.25 《致郭沫若的信函(四)》

吴晗的这封致郭沫若的信函，是吴晗 1959 年 12 月写的。谈及他两周前到天津南大作了几次有关武则天问题的演讲的情况。吴晗在信中希望郭老出面挂帅，号召一下，并表示他“可以做些具体工作”。同时，吴晗还转达了南大要求郭老去“讲一次，打打气”的邀请。本信息引自“论文网”苏双碧文:《郭沫若与吴晗的诚挚交往》。本信函原件珍藏在北京“郭沫若纪念馆”。吴晗的这封信函是迄今为止包括《吴晗全集》都尚未收集的吴晗未曾结集发表的遗著之一。

9.26 《致郭沫若的信函(五)》

吴晗的这封致郭沫若的信函，是吴晗 1960 年 5 月写的。他向郭沫若提出了在对于武则天的问题上的不同意见。本信息引自“论文网”苏双碧文:《郭沫若与吴晗的诚挚交往》。本信函原件珍藏在北京“郭沫若纪念馆”。吴晗的这封信函是迄今为止包括《吴晗全集》都尚未收集的吴晗未曾结集发表的遗著之一。

9.27 《致郭沫若的信函(六)》

吴晗的这封致郭沫若的信函，是吴晗 1960 年 9 月写的。当时郭沫若正着手创作剧本《武则天》，要为武则天翻案。吴晗非常赞成和拥护郭沫若的这个举措，并在学术上给予大力的支持。吴晗要他的的夫人袁震用了七个月的时间，把有关武则天的长编写成，于 9 月送给郭老参考。送书时吴晗给郭老写了一封短信，说袁震花了七个月时间才写成初稿。本信息引自“论文网”苏双碧文:《郭沫若与吴晗的诚挚交往》。本信函原件珍藏在北京“郭沫若纪念馆”。吴晗的这封信函是迄今为止包括《吴晗全集》都尚未收集的吴晗未曾结集发表的遗著之一。

9.28 《致郭沫若的信函(七)》

吴晗的这封致郭沫若的信函，是吴晗1962年3月11日在认真读了郭沫若的剧本《武则天》手稿之后，对有些个别“意见”，一一作了签注后写给郭沫若的。本信息引自“论文网”苏双碧文:《郭沫若与吴晗的诚挚交往》。本信函原件珍藏在北京“郭沫若纪念馆”。吴晗的这封信函是迄今为止包括《吴晗全集》都尚未收集的吴晗未曾结集发表的遗著之一。

9.29 《为〈档案工作〉杂志题诗》

吴晗的这首1960年5月3日为《档案工作》杂志的题诗，原载1960年第6期《档案工作》。后收入张克复编著、甘肃人民出版社1989年10月出版的《档案诗词选》第6页。吴晗的这首题诗是迄今为止包括《吴晗全集》都尚未收集的吴晗未曾结集发表的遗著之一。

9.30 《赠梁嘉彬》(诗)

吴晗的这首《赠梁嘉彬》的诗，时在学长梁嘉彬毕业于清华大学历史系时写的一首赠别长诗。这首诗抄自梁嘉彬著，广东人民出版社2009年12月出版的《广东十三行考》第360—361页上。吴晗的这首题诗是迄今为止包括《吴晗全集》都尚未收集的吴晗未曾结集发表的遗著之一。

9.31 《致柴德赓的信函》

吴晗的这封《致柴德赓的信函》，是他1964年3月18日写给时任《中国历史小丛书》编委的柴德赓的一封会议通知公函。本信函抄自商务印书馆2018年6月出版的、柴念东编注的《柴德赓来往书信集》第361—362页。吴晗的这首封信函是迄今为止包括《吴晗全集》都尚未收集的吴晗未曾结集发表的遗著之一。

9.32 《致胡适的信函》

吴晗致胡适的信函，是他 1932 年 4 月 24 日写信提醒胡适有关曾经想要黎昔非担任《独立评论》经理一事等。该信经节选后收录在黎虎主编，学苑出版社 2002 年 10 月出版的《黎昔非与独立评论》的第 29—30 页。

10. 吴晗逝世前出版的合著索引

10.1 《当代名文精选》

《当代名文精选》，梅学文选编，为当时的中学国文补充读物，1947 年 7 月由广州实学书局出版，32 开，121 页。书中收录了郭沫若、胡愈之、费青、严文井、吴晗、胡绳、何其芳、茅盾、陶行知、夏衍、罗曼罗兰、高尔基等 22 人的散文 27 篇。

目 录（只介绍收录吴晗的篇目）

大学教授下乡

文字与形式

10.2 《皇权与绅权》

《皇权与绅权》，上海观察社 1948 年 12 月出版。1949 年 1 月再版。作者署名为吴辰伯、费孝通等著，32 开，177 页。该书为上海观察社的“观察丛书”之一。收录了吴辰伯（即吴晗）、费孝通、袁方、全慰天、胡庆钧、史靖等人的 16 篇论文和 1 篇编后。

目 录（只介绍收录吴晗的篇目）

论皇权

论绅权

再论绅权

论士大夫

10.3 《乡土中国 乡土重建 皇权与绅权》

《乡土中国 乡土重建 皇权与绅权》，上海观察社 1949 年 1 月印行，32 开，452 页。这本书分三个部分：第一部分是费孝通的《乡土中国》；第二部分是费孝通的《乡土重建》；第三部分是吴晗、费孝通等著的《皇权与绅权》。

10.4 《在前进的道路上》

《在前进的道路上》，1950 年 2 月由青年出版社出版。署名：丁玲等著。32 开，130 页。

目 录（只介绍收录吴晗的篇目）

10.5 《知识分子改造举例》

《知识分子改造举例》，1950 年 3 月由读者书店出版，32 开，77 页。书中收录了朱光潜、吴晗、冯友兰、陈垣、费孝通等的文章篇。

目 录（无，国图无此书，待考）

10.6 《我的思想是怎样转变过来的》

《我的思想是怎样转变过来的》，1950 年 4 月由五十年代出版社出版，32 开，132 页。书中收录了裴文中、张治中、吴晗、金岳霖、冯友兰、费孝通、叶浅予等 16 人的 17 篇文章（冯友兰 2 篇）。

目 录（只介绍收录吴晗的篇目）

10.7 《论革命人生观》

《论革命人生观》，1950年5月由青年出版社出版，32开，64页。书中收录了冯文彬、听樵、彭真、于光远、杨甫、吴云、周飞、石舫、吴晗等9人的9篇文章。该书从1950年5月初版到1952年9月再版重印了12版，创造了同类总印刷量高达160万册的历史最高记录。

目 录（只介绍收录吴晗的篇目）

10.8 《确立为人民服务的人生观》

《确立为人民服务的人生观》，1950年8月由青年出版社西南营业处出版。该书32开，72页。本书收录了刘伯承、薛暮桥、听樵、钱正英、于光远、吴晗等9篇文章。该书从1950年8月初版到1952年11月两年多的时间共再版重印了20个版次，总发行量高达72.5万册。

目 录（只介绍收录吴晗的篇目）

10.9 《访苏印象》

《访苏印象》，1950年10月由新华书店出版。该书32开，209页。书中收录了丁玲、吴晗、沙可夫、丁西林、白杨等10位赴苏联参加庆祝十月革命胜利32周年典礼的中国代表团成员写作的访问记。作者署名：丁玲、吴晗等著。

目 录（只介绍收录吴晗的篇目）

10.10 《今天我喂鸡》

《今天我喂鸡》一书，是北京市少年儿童习作集第二辑。1961 年 9 月由北京出版社出版。该书选载了北京市少年儿童 19 篇习作。吴晗为其作序。

目 录（只介绍收录吴晗的篇目）

10.11 《古汉语的学习和教学》

《古汉语的学习和教学》，1962 年 3 月由福建人民教育出版社出版。该书 32 开，78 页，57 千字。该书收录了王力、吴晗等 9 人以及人民教育出版社中学语文组的 12 篇有关古汉语学习和教学的研究文章。

目 录（只介绍收录吴晗的篇目）

10.12 《影印明经世文编》

《明经世文编》，（明）陈子龙等辑，1962 年 6 月由中华书局出版。

目 录（只介绍收录吴晗的篇目）

10.13 《我和小淘气》

《我和小淘气》一书，是北京市少年儿童习作集第二辑。1962 年 12 月由北京出版社出版。该书选载了北京市少年儿童 20 篇习作。吴晗为其作序。

目 录（只介绍收录吴晗的篇目）

10.14 《历史故事》(第一集)

《历史故事》(第一集),1963 年 6 月由北京出版社出版。该书收录了吴晗等 9 位作者撰写的历史故事 9 篇。

目 录(只介绍收录吴晗的篇目)

10.15 《历史故事》(第二集)

《历史故事》(第二集),1963 年 6 月由北京出版社出版。该书收录了 10 位作者撰写的历史故事 10 篇。

目 录(只介绍收录吴晗的篇目)

10.16 《历史故事》(第三集)

《历史故事》(第三集),1963 年 6 月由北京出版社出版。该书收录了 9 位作者撰写的历史故事 9 篇。

目 录(只介绍收录吴晗的篇目)

10.17 《历史故事》(第四集)

《历史故事》(第四集),1963 年 7 月由北京出版社出版。该书收录了 10 位作者撰写的历史故事 10 篇。

目 录(只介绍收录吴晗的篇目)

10.18 《中国历史常识》（第一册）

《中国历史常识》，1963 年 7 月由中国青年出版社出版。该书刊载了 14 篇介绍中国历史常识的文章。

目 录（只介绍收录吴晗的篇目）

10.19 《中国历史常识》（第二册）

《中国历史常识》，1963 年 7 月由中国青年出版社出版。该书刊载了 42 篇介绍中国历史常识的文章。

目 录（只介绍收录吴晗的篇目）

10.20 《中国历史常识》（第三册）

《中国历史常识》，1963 年 7 月由中国青年出版社出版。该书刊载了 46 篇介绍中国历史常识的文章。

目 录（只介绍收录吴晗的篇目）

10.21 《中国历史常识》（第四册）

《中国历史常识》，1963 年 8 月由中国青年出版社出版。该书刊载了 37 篇介绍中国历史常识的文章。

目 录（只介绍收录吴晗的篇目）

10.22 《中国历史常识》(第五册)

《中国历史常识》，1963 年 9 月由中国青年出版社出版。该书刊载了 39 篇介绍中国历史常识的文章。

目 录(只介绍收录吴晗的篇目)

10.23 《历史故事》(第五集)

《历史故事》(第五集)，1963 年 12 月由北京出版社出版。该书收录了 10 位作者撰写的历史故事 10 篇。

目 录(只介绍收录吴晗的篇目)

10.24 《中国历史常识》(第六册)

《中国历史常识》，1964 年 5 月由中国青年出版社出版。该书刊载了 33 篇介绍中国历史常识的文章。

目 录(只介绍收录吴晗的篇目)

10.25 《中国历史常识》(第七册)

《中国历史常识》，1964 年 6 月由中国青年出版社出版。该书刊载了 32 篇介绍中国历史常识的文章。

目 录(只介绍收录吴晗的篇目)

10.26 《历史故事》(第六集)

《历史故事》(第六集),1964 年 6 月由北京出版社出版。该书收录了 9 位作者撰写的历史故事 9 篇。

目 录(只介绍收录吴晗的篇目)

10.27 《中国历史常识》(第八册)

《中国历史常识》,1965 年 4 月由中国青年出版社出版。该书刊载了 29 篇介绍中国历史常识的文章。

目 录(只介绍收录吴晗的篇目)

10.28 《三家村札记》

《三家村札记》,1966 年 5 月由生活·读书·新知三联书店出版。该书 32 开,142 千字。当时为内部发行读物,署名为吴南星。吴南星是邓拓、吴晗、廖沫沙三人的化名。该书收录的 67 篇文章是他们三人 1961 年 10 月至 1964 年 7 月在中共北京市委机关刊物《前线》杂志上发表的,按发表时间顺序编排。其中吴晗 21 篇。

目 录(只介绍收录吴晗的篇目)

10.29 《长短录》

《长短录》，1966 年 10 月由香港存真印书馆出版。该书 32 开。该书收录了邓拓、吴晗、廖沫沙、夏衍、唐弢 5 位杂文作家于 1962 年 5 月 4 日至 12 月 8 日在《人民日报》上先后发表的 36 篇文章。

目 录（只介绍收录吴晗的篇目）

11. 吴晗逝世后出版的有关合著索引

11.1 《皇权与绅权》

《皇权与绅权》，吴晗、费孝通等著，1979 年 1 月由（香港）学风出版社出版，32 开，177 页。本书根据 1948 年版重印出版。

11.2 《皇权与绅权费孝通论》

《皇权与绅权费孝通论》，费孝通、吴晗、孙隆基、甑燊港著，1979 年 1 月由（香港）凤凰出版社出版，32 开，177 页。本书分为二个部分，前一部分为费孝通、吴晗著的《皇权与绅权》。后一部分为孙隆基、甄燊港著的《费孝通论》。

11.3 《三家村札记》

《三家村札记》，吴南星著，1979 年 9 月由人民文学出版社出版，一版一印，32 开，244 页，160 千字。该书在原 1966 年 5 月三联书店出版的《三家村札记》的基础上，前面增加了一个林默涵撰写的序言，后面增加了一个附录，有三个内容：一是姚文元的《评三家村——〈燕山夜话〉〈三家村札记〉的反动本质》，二是廖沫沙的《哭邓拓吴晗同志》，三是廖沫沙撰写的《后记》。

目 录（除新增四项外，其余同三联书店 1966 年版目录）

11.4 《长短录》

《长短录》，1980 年 2 月由人民日报出版社出版，大 32 开，100 页，65 千字。本书收录了夏衍、吴晗、廖沫沙等人的杂文 37 篇。其中吴晗的 5 篇。这些杂文是他们 1962 年 5 月 4 日至 12 月 8 日在《人民日报》“长短录” 栏目上发表的。

目 录（只介绍收录吴晗的篇目）

争鸣的风度

谈写文章

论不同学科的写作

戚继光练兵

反对“花法”

11.5 《闻一多纪念文集》

《闻一多纪念文集》，1980 年由三联书店出版，478 页，363 千字。该书收集了董必武、郭沫若、吴晗、朱自清、叶圣陶、高真（闻一多夫人）等人的纪念文章，其中吴晗的文章 1 篇。

目 录（只介绍收录吴晗的篇目）

哭一多

11.6 《论金瓶梅》

《论金瓶梅》，1984 年 12 月由文化艺术出版社出版。胡文斌、张庆善选编，32 开，474 页，336 千字。书中收录了吴晗的《〈金瓶梅〉的著作时代及其社会背景》以及郑振铎、鲁迅的、李希凡等 28 位作者的 33 篇文章。

目 录（只介绍收录吴晗的篇目）

《金瓶梅》的著作时代及其社会背景

11.7 《明清档案论文选编》

《明清档案论文选编》，中国第一历史档案馆编，1985 年 8 月档案出版社出版。其中第 65—77 页收录有吴晗的《清华大学所藏档案的分析》一文。

11.8 《最完整的人格——朱自清先生哀念集》

《最完整的人格——朱自清先生哀念集》，俞平伯、吴晗等著，张守常编，北京出版社1988年8月出版。本书的第19—22页和第36—40页收录了吴晗的二篇《悼朱佩弦先生》（这两篇同名文章，内容不尽相同）。

11.9 《皇权与绅权》

《皇权与绅权》，1988年10月天津人民出版出版，150页，107千字，印数3000册，一版一印。本书是依据1948年版重印的。但该社认为其中的两篇文章与论述“皇权与绅权”无关，故重印时没有收入。

目 录（同1948年版目录，但费孝通的第二、第三篇没有收入）

11.10 《民国丛书 第一编 第八十三卷》

《民国丛书第一编第八十三卷》，1989年10月由上海书店出版，大32开，精装本。上海书店出版的《民国丛书第一编第八十三卷》中收入了三本传记：《朱元璋传》《张居正大传》和《李卓吾评传》，其中吴晗的《朱元璋传》是根据1949年版影印的。

目 录（同三联书店1949年版目录）

11.11 《乡土中国 乡土重建 皇权与绅权》

《乡土中国 乡土重建 皇权与绅权》，1991年月由上海书店原版出版。这本书是该书店出版的民国丛书第三编第十四卷。本书分三个部分：第一部分是费孝通的《乡土中国》；第二部分是费孝通的《乡土重建》；第三部分是吴晗、费孝通等著的《皇权与绅权》。该书16开，185页，一版一印。

11.12 《野百合花》

《野百合花》，王实味等著，沈默编，1992年12月由花城出版社出版，本书一版一印，32开，417页，320千字。该书是一部十分奇特的书。书中收入的全部都是50年来历次运动中受到错误批判的王实味、萧军、丁玲、艾青、胡风、邓拓、吴晗、廖沫沙等10多位主要作家的散文作品。其中的第四辑“山茶花”就是邓拓、吴晗、廖沫沙的作品。收录吴晗的五篇文章在第305—322页上，它们分别是《论文化杀戮》《报纸与舆论》《论打手政治》《人和鬼》和《海瑞骂皇帝》。在该书附录的第391—417页，还刊载的张占斌、孙建军合写的《“三家村”沉冤》一文中，也有多处涉及吴晗的史料。

11.13 《中国现代杂文精品 流氓公朴》

《中国现代杂文精品流氓公朴》，石言主编，海南国际新闻出版中心1994年10月出版，其中的第页收录吴晗的《论贪污》一文。

11.14 《中国百年传记经典(第三卷)》

《中国百年传记经典(第三卷)》，萧关鸿编，2002年7月由东方出版中心出版。内有吴晗的《朱元璋传》。

11.15 《郑振铎纪念集》

《郑振铎纪念集》，鲁迅纪念馆编，上海社会科学院出版社2008年9月出版，其中收录吴晗的《忆西谛先生》一文。

11.16 《刘邦传 刘备传 赵匡胤传 朱元璋传》

《刘邦传 刘备传 赵匡胤传 朱元璋传》，2011年9月由新世界出版社出版。其中的《朱元璋传》为吴晗所撰。

11.17 《皇权与绅权》

《皇权与绅权》，2012年1月由岳麓书社出版，157页，一版一印。该书是依据1948年版重印的。

目 录(同1948年版目录)

11.18 《中国最美的历史散文》

《中国最美的历史散文》，2013年7月由湖南人民出版社出版，308页，

224 千字。书中收录了鲁迅、吴晗、张承志、郑振铎、林语堂、蒯伯赞等 42 位作者的散文 42 篇。其中收录吴晗的文章是《明代的锦衣卫与东西厂》。

目 录（只介绍收录吴晗的篇目）

11.19 《皇权与绅权》

《皇权与绅权》，2013 年 9 月由三联书店出版，32 开，219 页，125 千字。

目 录（同 1948 年版目录）

11.20 《皇权与绅权》

《皇权与绅权》，2015 年 1 月由华东师范大学出版，180 页，180 千字，一版一印。另外，为了让读者深入了解专制皇权的运作及传统社会对皇权的制约，还收入了吴晗的《朱元璋的统治术》和《历史上的君权限制》两篇文章。

11.21 《中国民主同盟北京市委员会重要文件选编》

《中国民主同盟北京市委员会重要文件选编》，是中国民主同盟北京市委员会作为纪念民盟成立 50 周年的献礼而编印的。它收集了北京民盟的重要会议报告和决议、重大事件的决定、宣言、声明和函电等。

目 录（只介绍收录吴晗的篇目）

密切联系群众，努力学习理论，充实组织生活，为建设社会主义而奋斗——1956 年 5 月 12 日在中国民主同盟北京市支部第四届委员会的工作报告

中国民主同盟北京市第二届委员会工作报告（摘录）——在 1962 年 5 月 15 日中国民主同盟北京市第三次代表大会上

二、吴晗担任主编出版的著作、期刊索引

1. 吴晗逝世前担任主编出版的著作、期刊索引

1.1 吴晗逝世前担任主编出版的著作索引

1.11 《中国历史小丛书》

1.11.1 《清代苗民起义》

《清代苗民起义》，吴晗主编，北京市第二十九中学张福裕编写，1959 年 1 月由中华书局出版。该书一版一印，32 开，30 页，12 千字。

1.11.2 《屈原》

《屈原》，吴晗主编，北京市十一女中学语文组编写，1959 年 1 月由中华书局出版。该书一版一印，32 开，32 页，14 千字。

1.11.3 《文天祥》

《文天祥》，吴晗主编，北京市第五中学万绳楠编写，1959 年 1 月由中华书局出版。该书一版一印，32 开，32 页，13 千字。

1.11.4 《詹天佑》

《詹天佑》，吴晗主编，北京市第一〇一中学编写，1959 年 1 月由中华书局出版。该书一版一印，32 开，39 页，17 千字。

1.11.5 《二七运动》

《二七运动》，吴晗主编，北京市第十一女子中学政治、史地组编写，1959 年 2 月由中华书局出版。该书一版一印，32 开，35 页，17 千字。

1.11.6 《李冰和都江堰》

《李冰和都江堰》，吴晗主编，北京市第二师范学校语文、政史地组编写，1959 年 3 月由中华书局出版。该书一版一印，32 开，23 页，12 千字。

1.11.7 《陈胜吴广》

《陈胜吴广》，吴晗主编，北京市第三十三中学编写，1959 年 3 月由中华书局出版。该书一版一印，32 开，35 页，15 千字。

1.11.8 《秋瑾》

《秋瑾》，吴晗主编，北京市第五十一中学历史组编写，1959 年 4 月由中华书局出版。该书一版一印，32 开，44 页，21 千字。

1.11.9 《范缜》

《范缜》，吴晗主编，北京市第八中学申先哲编写，1959 年 5 月由中华书局出版。该书一版一印，32 开，36 页，12 千字。

1.11.10 《三大发明》

《三大发明》，吴晗主编，北京市实验中学张静芬、张珂编写，1959 年 5 月由中华书局出版。该书一版一印，32 开，32 页，12 千字。

1.11.11 《韦拔群》

《韦拔群》，吴晗主编，北京市第八女子中学朱仲玉编写，1959 年 5 月由中华书局出版。该书一版一印，32 开，36 页，18 千字。

1.11.12 《洪秀全》

《洪秀全》，吴晗主编，北京市第五十六中学历史组编写，1959 年 6 月由中华书局出版。该书一版一印，32 开，44 页，21 千字。

1.11.13 《史可法》

《史可法》，吴晗主编，张习孔编写，1959 年 6 月由中华书局出版。该书一版一印，32 开，36 页，16 千字。

1.11.14 《黄巢起义》

《黄巢起义》，吴晗主编，北京师范学院宁可编写，1959 年 7 月由中华书局出版。该书一版一印，32 开，28 页，13 千字。

1.11.15 《义和团运动》

《义和团运动》，吴晗主编，北京市第二十八中学宁可编写，1959 年 7 月由中华书局出版。该书一版一印，32 开，42 页，21 千字。

1.11.16 《李时珍》

《李时珍》，吴晗主编，北京市第十二中学翟简卿编写，1959 年 9 月由中华书局出版。该书一版一印，32 开，42 页，20 千字。

1.11.17 《刘胡兰》

《刘胡兰》，吴晗主编，北京市四十三中学 陈宇光编写，1959 年 9 月由中华书局出版。该书一版一印，32 开，40 页，20 千字。

1.11.18 《李秀成》

《李秀成》，吴晗主编，北京市丰台区未各庄中学翟简卿编写，1959 年 10 月由中华书局出版。该书一版一印，32 开，36 页，17 千字。

1.11.19 《徐光启和农政全书》

《徐光启和农政全书》，吴晗主编，北京市第六女子中学孙复编写，1959年10月由中华书局出版。该书一版一印，32开，30页，15千字。

1.11.20 《林则徐》

《林则徐》，吴晗主编，北京市第四十一中历史组编写，1959年10月由中华书局出版。该书一版一印，32开，40页，19千字。

1.11.21 《平英团》

《平英团》，吴晗主编，北京市第八女子中学朱仲玉编写，1959年11月由中华书局出版。该书一版一印，32开，26页，13千字。

1.11.22 《苏武》

《苏武》，吴晗主编，北京市丰台区未各庄中学编写，1959年11月由中华书局出版。该书一版一印，32开，36页，13千字。

1.11.23 《于谦》

《于谦》，吴晗主编，北京市第二十七中学历史教研组编写，1959年11月由中华书局出版。该书一版一印，32开，31页，14千字。

1.11.24 《戚继光》

《戚继光》，吴晗主编，北京市第三十二中学王业猷编写，1959年11月由中华书局出版。该书一版一印，32开，32页，15千字。

1.11.25 《海瑞的故事》

《海瑞的故事》，吴晗主编，吴晗编写，1959年12月由中华书局出版。该书一版一印，32开，35页，12千字。

1.11.26 《郑成功》

《郑成功》，吴晗主编，北京市丰盛学校第一部编写，1959年12月由中华书局出版。一版一印，32开，37页，18千字。

1.11.27 《康有为》

《康有为》，吴晗主编，周中明编写，1959年12月由中华书局出版。该书一版一印，32开，34页，15千字。

1.11.28 《贾思勰和齐民要术》

《贾思勰和齐民要术》，吴晗主编，北京市第五十六中学吴雁南编写，1959年12月由中华书局出版。该书一版一印，32开，29页，15千字。

1.11.29 《秦始皇》

《秦始皇》，吴晗主编，周琤杰编写，1959年12月由中华书局出版。该书一版一印，32开，28页，14千字。

1.11.30 《卢沟桥事变》

《卢沟桥事变》，吴晗主编，北京市第五十一中学 曹增祥编写，1959年12月由中华书局出版。该书一版一印，32开，37页，19千字。

1.11.31 《曹操》

《曹操》，吴晗主编，张习孔编写，1959年12月由中华书局出版。该书一版一印，32开，40页，19千字。

1.11.32 《李自成》

《李自成》，吴晗主编，邢汉宸编写，1959年12月由中华书局出版。该书一版一印，32开，36页，16千字。

1.11.33 《司马迁》

《司马迁》，吴晗主编，谢介民编写，1959 年 12 月由中华书局出版。该书一版一印，32 开，30 页，14 千字。

1.11.34 《李定国》

《李定国》，吴晗主编，胡亦声编写，1960 年 1 月由中华书局出版。该书一版一印，32 开，29 页，14 千字。

1.11.35 《柳宗元》

《柳宗元》，吴晗主编，陶剑琴编写，1960 年 3 月由中华书局出版。该书一版一印，32 开，29 页，12 千字。

1.11.36 《张煌言》

《张煌言》，吴晗主编，周诤杰编写，1960 年 3 月由中华书局出版。该书一版一印，32 开，29 页，15 千字。

1.11.37 《玄奘》

《玄奘》，吴晗主编，北京市第二十七中学 赵宗桂编写，1960 年 4 月由中华书局出版。该书一版一印，32 开，36 页，21 千字。

1.11.38 《淝水之战》

《淝水之战》，吴晗主编，孟岩编写，1960 年 5 月由中华书局出版。该书一版一印，32 开，33 页，10 千字。

1.11.39 《李纲和宗泽》

《李纲和宗泽》，吴晗主编，北京市第三中学 胡昭静编写，1960 年 5 月由中华书局出版。该书一版一印，32 开，42 页，19 千字。

1.11.40 《张衡》

《张衡》，吴晗主编，曹增祥编写，1960 年 5 月由中华书局出版。该书一版一印，32 开，28 页，12 千字。

1.11.41 《扁鹊华佗孙思邈》

《扁鹊华佗孙思邈》，吴晗主编，张晓晨编写，1960 年 5 月由中华书局出版。该书一版一印，32 开，28 页，12 千字。

1.11.42 《敦煌艺术》

《敦煌艺术》，吴晗主编，郭宗纾编写，1960 年 5 月由中华书局出版。该书一版一印，32 开，40 页，16 千字。

1.11.43 《夏完淳》

《夏完淳》，吴晗主编，邢露申编写，1960 年 6 月由中华书局出版。该书一版一印，32 开，24 页，11 千字。

1.11.44 《顾炎武》

《顾炎武》，吴晗主编，汪江编写，1960 年 6 月由中华书局出版。该书一版一印，32 开，28 页，13 千字。

1.11.45 《方腊起义》

《方腊起义》，吴晗主编，齐治平编写，1960 年 6 月由中华书局出版。该书一版一印，32 开，26 页，13 千字。

1.11.46 《袁崇焕》

《袁崇焕》，吴晗主编，北京市第一〇一中学历史组编写，1960 年 6 月由中华书局出版。该书一版一印，32 开，32 页，14 千字

1.11.47 《墨子》

《墨子》，吴晗主编，北京市第一中学语文组、历史组编写，1960 年 7 月由中华书局出版。该书一版一印，32 开，26 页，12 千字。

1.11.48 《陈天华》

《陈天华》，吴晗主编，赵恒烈编写，1960 年 7 月由中华书局出版。该书一版一印，32 开，24 页，8 千字。

1.11.49 《清代哀牢山彝民起义》

《清代哀牢山彝民起义》，吴晗主编，胡大刚编写，1960 年 8 月由中华书局出版。该书一版一印，32 开，40 页，17 千字。

1.11.50 《文成公主》

《文成公主》，吴晗主编，万绳楠编写，1960 年 8 月由中华书局出版。该书一版一印，32 开，24 页，10 千字。

1.11.51 《唐代的长安》

《唐代的长安》，吴晗主编，姚坚编写，1960 年 9 月由中华书局出版。该书一版一印，32 开，43 页，20 千字。

1.11.52 《章太炎》

《章太炎》，吴晗主编，朱仲玉编写，1961 年 3 月由中华书局出版。该书一版一印，32 开，29 页，11 千字。

1.11.53 《徐霞客》

《徐霞客》，吴晗主编，侯仁之编写，1961 年 3 月由中华书局出版。该书一版一印，32 开，33 页，14 千字。

1.11.54 《邹容》

《邹容》，吴晗主编，刘亚雪 邢露申编写，1961 年 3 月由中华书局出版。该书一版一印，32 开，28 页，12 千字。

1.11.55 《五谷史话》

《五谷史话》，吴晗主编，申先哲编写，1961 年 4 月由中华书局出版。该书一版一印，32 开，40 页，16 千字。

1.11.56 《黄遵宪》

《黄遵宪》，吴晗主编，牛仰山编写，1961 年 4 月由中华书局出版。该书一版一印，32 开，28 页，12 千字。

1.11.57 《廉颇和蔺相如》

《廉颇和蔺相如》，吴晗主编，河北北京中学 梁世清编写，1961 年 5 月由中华书局出版。该书一版一印，32 开，27 页，12 千字。

1.11.58 《沈括和梦溪笔谈》

《沈括和梦溪笔谈》，吴晗主编，胡昭静编写，1961 年 5 月由中华书局出版。该书一版一印，32 开，32 页，11 千字。

1.11.59 《晏婴的故事》

《晏婴的故事》，吴晗主编，秋楠编写，1961 年 6 月由中华书局出版。该书一版一印，32 开，32 页，14 千字。

1.11.60 《欧阳修》

《欧阳修》，吴晗主编，袁行云编写，1961 年 6 月由中华书局出版。该书一版一印，32 开，31 页，13 千字。

1.11.61 《隋末农民战争》

《隋末农民战争》，吴晗主编，万绳楠编写，1961 年 7 月由中华书局出版。该书一版一印，32 开，33 页，14 千字。

1.11.62 《书的故事》

《书的故事》，吴晗主编，北京市女三中语文组 赵月朋编写，1961 年 8 月由中华书局出版。该书一版一印，32 开，36 页，16 千字。

1.11.63 《中国古代数学史话》

《中国古代数学史话》，吴晗主编，李俨杜石然编写，1961 年 9 月由中华书局出版。该书一版一印，32 开，40 页，18 千字。

1.11.64 《孔尚任和桃花扇》

《孔尚任和桃花扇》，吴晗主编，曹增祥编写，1961 年 9 月由中华书局出版。该书一版一印，32 开，28 页，13 千字。

1.11.65 《顾恺之》

《顾恺之》，吴晗主编，张安治编写，1961 年 11 月由中华书局出版。该书一版一印，32 开，28 页，13 千字。

1.11.66 《官渡之战》

《官渡之战》，吴晗主编，张习孔编写，1961 年 12 月由中华书局出版。该书一版一印，32 开，28 页，12 千字。

1.11.67 《戊戌变法》

《戊戌变法》，吴晗主编，章回编写，1961 年 12 月由中华书局出版。该书一版一印，32 开，28 页，12 千字。

1.11.68 《中国猿人》

《中国猿人》，吴晗主编，贾兰坡编写，1962 年 3 月由中华书局出版。该书一版一印，32 开，35 页，16 千字。

1.11.69 《李贽》

《李贽》，吴晗主编，邱汉生编写，1962 年 3 月由中华书局出版。该书一版一印，32 开，32 页，18 千字。

1.11.70 《邮电史话》

《邮电史话》，吴晗主编，童新远编写，1962 年 4 月由中华书局出版。该书一版一印，32 开，47 页，23 千字。

1.11.71 《半坡村遗址》

《半坡村遗址》，吴晗主编，刘昭豪编写，1962 年 4 月由中华书局出版。该书一版一印，32 开，19 页，8 千字。

1.11.72 《魏源》

《魏源》，吴晗主编，朱仲玉编写，1962 年 4 月由中华书局出版。该书一版一印，32 开，28 页，12 千字。

1.11.73 《陈玉成》

《陈玉成》，吴晗主编，吴雁南编写，1962 年 4 月由中华书局出版。该书一版一印，32 开，32 页，13 千字。

1.11.74 《谭嗣同》

《谭嗣同》，吴晗主编，王克俊编写，1962 年 4 月由中华书局出版。该书一版一印，32 开，35 页，14 千字。

1.11.75 《严复》

《严复》，吴晗主编，章回编写，1962 年 4 月由中华书局出版。该书一版一印，32 开，32 页，14 千字。

1.11.76 《漕运史话》

《漕运史话》，吴晗主编，于耀文编写，1962 年 4 月由中华书局出版。该书一版一印，32 开，36 页，14 千字。

1.11.77 《京剧史话》

《京剧史话》，吴晗主编，陶君起编写，1962 年 4 月由中华书局出版。该书一版一印，32 开，44 页，22 千字。

1.11.78 《王祯和农书》

《王祯和农书》，吴晗主编，万国鼎编写，1962 年 4 月由中华书局出版。该书一版一印，32 开，32 页，13 千字。

1.11.79 《1905 年的反美爱国运动》

《1905 年的反美爱国运动》，吴晗主编，周明琦编写，1962 年 5 月由中华书局出版。该书一版一印，32 开，40 页，17 千字。

1.11.80 《四川保路运动》

《四川保路运动》，吴晗主编，隗瀛涛编写，1962 年 5 月由中华书局出版。该书一版一印，32 开，37 页，13 千字。

1.11.81 《韩非》

《韩非》，吴晗主编，任继愈编写，1962 年 5 月由中华书局出版。该书一版一印，32 开，25 页，12 千字。

1.11.82 《采石之战》

《采石之战》，吴晗主编，雷大受编写，1962 年 5 月由中华书局出版。该书一版一印，32 开，32 页，14 千字。

1.11.83 《明代援朝抗倭战争》

《明代援朝抗倭战争》，吴晗主编，周一良编写，1962 年 6 月由中华书局出版。该书一版一印，32 开，31 页，12 千字。

1.11.84 《诸葛亮》

《诸葛亮》，吴晗主编，曹增祥 李家林编写，1962 年 6 月由中华书局出版。该书一版一印，32 开，36 页，16 千字。

1.11.85 《中国古代钢铁史话》

《中国古代钢铁史话》，吴晗主编，高林生编写，1962 年 6 月由中华书局出版。该书一版一印，32 开，30 页，12 千字。

1.11.86 《景廷宾扫清灭洋起义》

《景廷宾扫清灭洋起义》，吴晗主编，贾逸君编写，1962 年 7 月由中华书局出版。该书一版一印，32 开，36 页，16 千字。

1.11.87 《故宫史话》

《故宫史话》，吴晗主编，单士元编写，1962 年 7 月由中华书局出版。该书一版一印，32 开，36 页，16 千字。

1.11.88 《西湖史话》

《西湖史话》，吴晗主编，何乐之编写，1962 年 7 月由中华书局出版。该书一版一印，32 开，43 页，20 千字。

1.11.89 《赵一曼》

《赵一曼》，吴晗主编，北京实验中学历史组编写，1962 年 7 月由中华书局出版。该书一版一印，32 开，38 页，19 千字。

1.11.90 《袁世凯》

《袁世凯》，吴晗主编，秋楠编写，1962 年 7 月由中华书局出版。该书一版一印，32 开，40 页，17 千字。

1.11.91 《北洋军阀》

《北洋军阀》，吴晗主编，章回编写，1962 年 8 月由中华书局出版。一版一印，32 开，40 页，18 千字。

1.11.92 《赛典赤》

《赛典赤》，吴晗主编，洪源编写，1962 年 8 月由中华书局出版。该书一版一印，32 开，25 页，11 千字。

1.11.93 《梁启超》

《梁启超》，吴晗主编，牛仰山编写，1962 年 8 月由中华书局出版。该书一版一印，32 开，27 页，12 千字。

1.11.94 《中国印染史话》

《中国印染史话》，吴晗主编，黄能馥编写，1962 年 8 月由中华书局出版。该书一版一印，32 开，31 页，14 千字。

1.11.95 《林纾和林译小说》

《林纾和林译小说》，吴晗主编，孙立写，1962 年 8 月由中华书局出版。该书一版一印，32 开，32 页，16 千字。

1.11.96 《祖逖北伐》

《祖逖北伐》，吴晗主编，何兹全编写，1962 年 9 月由中华书局出版。该书一版一印，32 开，23 页，9 千字。

1.11.97 《卧薪尝胆的故事》

《卧薪尝胆的故事》，吴晗主编，王斯蒂写，1962 年 9 月由中华书局出版。该书一版一印，32 开，25 页，11 千字。

1.11.98 《霍去病》

《霍去病》，吴晗主编，赖家度写，1962 年 9 月由中华书局出版。该书一版一印，32 开，32 页，13 千字。

1.11.99 《努尔哈赤》

《努尔哈赤》，吴晗主编，胡昭静写，1962 年 9 月由中华书局出版。该书一版一印，32 开，32 页，14 千字。

1.11.100 《李鸿章》

《李鸿章》，吴晗主编，章回写，1962 年 9 月由中华书局出版。该书一版一印，32 开，35 页，16 千字。

1.11.101 《老子》

《老子》，吴晗主编，喻青松写，1962 年 9 月由中华书局出版。该书一版一印，32 开，22 页，9 千字。

1.11.102 《白居易》

《白居易》，吴晗主编，楚子写，1962 年 9 月由中华书局出版。该书一版一印，32 开，40 页，16 千字。

1.11.103 《赵州桥》

《赵州桥》，吴晗主编，张彬写，1962 年 9 月由中华书局出版。该书一版一印，32 开，20 页，10 千字。

1.11.104 《寇准》

《寇准》，吴晗主编，湛之写，1962 年 10 月由中华书局出版。该书一版一印，32 开，32 页，14 千字。

1.11.105 《上海小刀会起义》

《上海小刀会起义》，吴晗主编，张志康编写，1963 年 3 月由中华书局出版。该书一版一印，32 开，36 页，14 千字。

1.11.106 《北洋海军》

《北洋海军》，吴晗主编，戴逸编写，1963 年 3 月由中华书局出版。该书一版一印，32 开，38 页，17 千字。

1.11.107 《黄花岗起义》

《黄花岗起义》，吴晗主编，包村编写，1963 年 3 月由中华书局出版。该书一版一印，32 开，28 页，12 千字。

1.11.108 《武昌起义》

《武昌起义》，吴晗主编，何炳然编写，1963 年 3 月由中华书局出版。该书一版一印，32 开，32 页，15 千字。

1.11.109 《祖冲之》

《祖冲之》，吴晗主编，曹增祥编写，1963 年 3 月由中华书局出版。该书一版一印，32 开，24 页，11 千字。

1.11.110 《吴承恩和西游记》

《吴承恩和西游记》，吴晗主编，潘朝明编写，1963 年 3 月由中华书局出版。该书一版一印，32 开，38 页，16 千字。

1.11.111 《长城史话》

《长城史话》，吴晗主编，罗哲文编写，1963 年 3 月由中华书局出版。该书一版一印，32 开，44 页，15 千字。

1.11.112 《南京史话》

《南京史话》，吴晗主编，蒋赞初编写，1963 年 3 月由中华书局出版。该书一版一印，32 开，28 页，13 千字。

1.11.113 《中国活字印刷史话》

《中国活字印刷史话》，吴晗主编，张秀民编写，1963 年 4 月由中华书局出版。该书一版一印，32 开，28 页，12 千字。

1.11.114 《唐朝理财家刘晏》

《唐朝理财家刘晏》，吴晗主编，张秀民编写，1963 年 8 月由中华书局出版。该书一版一印，32 开，40 页，18 千字。

1.11.115 《荀子》

《荀子》，吴晗主编，朱砚夫编写，1963 年 8 月由中华书局出版。该书一版一印，32 开，34 页，14 千字。

1.11.116 《丝绸史话》

《丝绸史话》，吴晗主编，陈娟娟 黄能馥编写，1963 年 8 月由中华书局出版。该书一版一印，32 开，35 页，13 千字。

1.11.117 《容闳》

《容闳》，吴晗主编，钱炳寰编写，1963 年 9 月由中华书局出版。该书一版一印，32 开，36 页，15 千字。

1.11.118 《张献忠》

《张献忠》，吴晗主编，钱炳寰编写，1963 年 10 月由中华书局出版。该书一版一印，32 开，38 页，15 千字。

1.11.119 《广州史话》

《广州史话》，吴晗主编，徐俊鸣编写，1963 年 10 月由中华书局出版。该书一版一印，32 开，32 页，13 千字。

1.11.120 《唐太宗》

《唐太宗》，吴晗主编，袁定基编写，1963 年 11 月由中华书局出版。该书一版一印，32 开，63 页，16 千字。

1.11.121 《蚕业史话》

《蚕业史话》，吴晗主编，章楷编写，1963 年 12 月由中华书局出版。该书一版一印，32 开，41 页，15 千字。

1.11.122 《黄兴》

《黄兴》，吴晗主编，常谊编写，1963 年 12 月由中华书局出版。该书一版一印，32 开，37 页，17 千字。

1.11.123 《诗经》

《诗经》，吴晗主编，阎振益编写，1963 年 12 月由中华书局出版。该书一版一印，32 开，64 页，28 千字。

1.11.124 《陆游》

《陆游》，吴晗主编，齐治平编写，1963 年 12 月由中华书局出版。该书一版一印，32 开，39 页，18 千字。

1.11.125 《林清李文成起义》

《林清李文成起义》，吴晗主编，胡大冈编写，1964 年 4 月由中华书局出版。该书一版一印，32 开，36 页，16 千字。

1.11.126 《阎立本和吴道子》

《阎立本和吴道子》，吴晗主编，潘絜兹编写，1964 年 4 月由中华书局出版。该书一版一印，32 开，29 页，14 千字。

1.11.127 《城濮之战》

《城濮之战》，吴晗主编，周自强编写，1964 年 4 月由中华书局出版。该书一版一印，32 开，31 页，12 千字。

1.11.128 《绿林赤眉起义》

《绿林赤眉起义》，吴晗主编，张志康编写，1964 年 4 月由中华书局出版。该书一版一印，32 开，32 页，14 千字。

1.11.129 《造纸史话》

《造纸史话》，吴晗主编，黄天右编写，1964 年 4 月由中华书局出版。该书一版一印，32 开，25 页，11 千字。

1.11.130 《项羽和刘邦》

《项羽和刘邦》，吴晗主编，闫应清、王业猷编写，1964 年 5 月由中华书局出版。该书一版一印，32 开，44 页，19 千字。

1.11.131 《孙承宗》

《孙承宗》，吴晗主编，戚本禹编写，1964 年 6 月由中华书局出版。该书一版一印，32 开，32 页，14 千字。

1.11.132 《科举制度史话》

《科举制度史话》，吴晗主编，张晋藩 邱远猷编写，1964 年 6 月由中华书局出版。该书一版一印，32 开，49 页，24 千字。

1.11.133 《定海三总兵》

《定海三总兵》，吴晗主编，陈蔡编写，1964 年 8 月由中华书局出版。该书一版一印，32 开，28 页，12 千字。

1.11.134 《仰韶文化》

《仰韶文化》，吴晗主编，安志敏编写，1964 年 8 月由中华书局出版。该书一版一印，32 开，25 页，9 千字。

1.11.135 《鸦片战争》

《鸦片战争》，吴晗主编，俞沛铭编写，1965 年 2 月由中华书局出版。该书一版一印，32 开，33 页，14 千字。

1.11.136 《铁路史话》

《铁路史话》，吴晗主编，金士宣 吴希庸编写，1965 年 3 月由中华书局出版。该书一版一印，32 开，37 页，18 千字。

1.11.137 《古代飞行的故事》

《古代飞行的故事》，吴晗主编，张鸿编写，1965 年 3 月由中华书局出版。该书一版一印，32 开，31 页，13 千字。

1.11.138 《汉字史话》

《汉字史话》，吴晗主编，胡双宝编写，1965年3月由中华书局出版。该书一版一印，32开，42页，17千字。

1.11.139 《郭守敬》

《郭守敬》，吴晗主编，薄树人编写，1965年3月由中华书局出版。该书一版一印，32开，32页，15千字。

1.11.140 《彝陵之战》

《彝陵之战》，吴晗主编，李赓序编写，1965年5月由中华书局出版。该书一版一印，32开，32页，13千字。

1.11.141 《张謇》

《张謇》，吴晗主编，包村编写，1965年5月由中华书局出版。该书一版一印，32开，32页，15千字。

1.11.142 《龙山文化》

《龙山文化》，吴晗主编，佟柱臣编写，1965年6月由中华书局出版。该书一版一印，32开，36页，10千字。

1.11.143 《岳飞》

《岳飞》，吴晗主编，史崇书编写，1965年6月由中华书局出版。该书一版一印，32开，40页，17千字。

1.11.144 《安阳殷墟》

《安阳殷墟》，吴晗主编，杨建芳编写，1965年6月由中华书局出版。该书一版一印，32开，32页，12千字。

1.11.145 《桂陵马陵之战》

《桂陵马陵之战》，吴晗主编，雪华编写，1965 年 9 月由中华书局出版。该书一版一印，32 开，21 页，9 千字。

1.11.146 《赤壁之战》

《赤壁之战》，吴晗主编，羽白编写，1965 年 10 月由中华书局出版。该书一版一印，32 开，31 页，12 千字。

1.11.147 《成皋之战》

《成皋之战》，吴晗主编，雷大受编写，1965 年 11 月由中华书局出版。该书一版一印，32 开，25 页，10 千字。

1.12 《外国历史小丛书》

1.12.1 《慕尼黑阴谋》

《慕尼黑阴谋》，吴晗主编，潘际垌编写，1962 年 1 月由商务印书馆出版。该书一版一印，32 开，51 页，23 千字。

1.12.2 《朝鲜三一运动》

《朝鲜三一运动》，吴晗主编，王立达编写，1962 年 4 月由商务印书馆出版。该书一版一印，32 开，36 页，12 千字。

1.12.3 《巴黎公社》

《巴黎公社》，吴晗主编，刘宗绪编写，1962 年 4 月由商务印书馆出版。该书一版一印，32 开，47 页，23 千字。

1.12.4 《车尔尼雪夫斯基》

《车尔尼雪夫斯基》，吴晗主编，陈之骅编写，1962 年 4 月由商务印书馆出版。该书一版一印，32 开，50 页，24 千字。

1.12.5 《巴黎和会和凡尔赛条约》

《巴黎和会和凡尔赛条约》，吴晗主编，杨穆编写，1962 年 4 月由商务印书馆出版。该书一版一印，32 开，40 页，19 千字。

1.12.6 《金字塔》

《金字塔》，吴晗主编，金德华编写，1962 年 7 月由商务印书馆出版。该书一版一印，32 开，38 页，18 千字。

1.12.7 《蔡特金》

《蔡特金》，吴晗主编，丁建宏编写，1962 年 7 月由商务印书馆出版。该书一版一印，32 开，55 页，27 千字。

1.12.8 《西欧封建庄园》

《西欧封建庄园》，吴晗主编，刘启戈编写，1962 年 7 月由商务印书馆出版。该书一版一印，35 开，55 页，17 千字。

1.12.9 《地理大发现》

《地理大发现》，吴晗主编，郭圣铭编写，1962 年 7 月由商务印书馆出版。该书一版一印，32 开，34 页，14 千字。

1.12.10 《日本幕府政治》

《日本幕府政治》，吴晗主编，王立达编写，1962 年 9 月由商务印书馆出版。该书一版一印，35 开，52 页，23 千字。

1.12.11 《罗蒙诺索夫》

《罗蒙诺索夫》，吴晗主编，朱成光编写，1962 年 9 月由商务印书馆出版。一版一印，32 开，37 页，18 千字。

1.12.12 《第二次世界大战》

《第二次世界大战》，吴晗主编，罗荣渠编写，1962 年 11 月由商务印书馆出版。该书一版一印，35 开，56 页，27 千字。

1.12.13 《日本“米骚动”》

《日本“米骚动”》，吴晗主编，戴永玲编写，1962 年 11 月由商务印书馆出版。该书一版一印，35 开，36 页，17 千字。

1.12.14 《朝鲜壬辰卫国战争》

《朝鲜壬辰卫国战争》，吴晗主编，李景温编写，1962 年 12 月由商务印书馆出版。该书一版一印，32 开，39 页，19 千字。

1.12.15 《伊朗巴布教徒起义》

《伊朗巴布教徒起义》，吴晗主编，张桂枢编写，1962 年 12 月由商务印书馆出版。该书一版一印，32 开，30 页，15 千字。

1.12.16 《普希金》

《普希金》，吴晗主编，南海 碧波编写，1962 年 12 月由商务印书馆出版。该书一版一印，32 开，56 页，28 千字。

1.12.17 《越南西山农民起义》

《越南西山农民起义》，吴晗主编，朱桂昌编写，1962 年 12 月由商务印书馆出版。该书一版一印，32 开，28 页，13 千字。

1.12.18 《富兰克林》

《富兰克林》，吴晗主编，邓托夫编写，1962 年 12 月由商务印书馆出版。该书一版一印，32 开，44 页，21 千字。

1.12.19 《何塞马蒂》

《何塞马蒂》，吴晗主编，陈桂荣编写，1962年12月由商务印书馆出版。该书一版一印，32开，39页，25千字。

1.12.20 《拉斐尔》

《拉斐尔》，吴晗主编，朱龙华编写，1963年5月由商务印书馆出版。该书一版一印，32开，40页，20千字。

1.12.21 《别林斯基》

《别林斯基》，吴晗主编，陈之骅编写，1963年5月由商务印书馆出版。该书一版一印，32开，40页，30千字。

1.12.22 《国际联盟》

《国际联盟》，吴晗主编，杨穆编写，1963年6月由商务印书馆出版。该书一版一印，32开，48页，24千字。

1.12.23 《达芬奇》

《达芬奇》，吴晗主编，贺熙煦编写，1963年7月由商务印书馆出版。该书一版一印，32开，27页，13千字。

1.12.24 《法国里昂工人起义》

《法国里昂工人起义》，吴晗主编，符月英编写，1963年8月由商务印书馆出版。该书一版一印，32开，41页，17千字。

1.12.25 《赫尔岑》

《赫尔岑》，吴晗主编，农林编写，1963年9月由商务印书馆出版。该书一版一印，32开，48页，21千字。

1.12.26 《彼得大帝》

《彼得大帝》，吴晗主编，周颖如编写，1963 年 10 月由商务印书馆出版。该书一版一印，32 开，40 页，20 千字。

1.12.27 《伯罗奔尼撒战争》

《伯罗奔尼撒战争》，吴晗主编，王兴运编写，1963 年 11 月由商务印书馆出版。该书一版一印，32 开，49 页，23 千字。

1.12.28 《谢斯起义》

《谢斯起义》，吴晗主编，杨增书编写，1963 年 11 月由商务印书馆出版。该书一版一印，32 开，23 页，13 千字。

1.12.29 《希波战争》

《希波战争》，吴晗主编，任凤阁、张殿吉编写，1963 年 11 月由商务印书馆出版。该书一版一印，32 开，33 页，15 千字。

1.12.30 《古代两河流域的文化》

《古代两河流域的文化》，吴晗主编，涂厚善编写，1963 年 11 月由商务印书馆出版。该书一版一印，32 开，48 页，23 千字。

1.12.31 《莫里哀》

《莫里哀》，吴晗主编，唐枢编写，1963 年 11 月由商务印书馆出版。该书一版一印，35 开，49 页，14 千字。

1.12.32 《美国南北战争》

《美国南北战争》，吴晗主编，罗瑞华编写，1963 年 11 月由商务印书馆出版。该书一版一印，32 开，35 页，17 千字。

1.12.33 《阿基米得》

《阿基米得》，吴晗主编，梁锡智编写，1963年11月由商务印书馆出版。该书一版一印，32开，25页，10千字。

1.12.34 《普法战争》

《普法战争》，吴晗主编，吴机鹏编写，1963年11月由商务印书馆出版。该书一版一印，32开，41页，20千字。

1.12.35 《欧文》

《欧文》，吴晗主编，俞铭传编写，1963年11月由商务印书馆出版。该书一版一印，32开，47页，23千字。

1.12.36 《斯巴达》

《斯巴达》，吴晗主编，刘家和编写，1963年12月由商务印书馆出版。该书一版一印，32开，48页，24千字。

1.12.37 《共产主义者同盟》

《共产主义者同盟》，吴晗主编，张友伦编写，1963年12月由商务印书馆出版。该书一版一印，32开，48页，21千字。

1.12.38 《傅立叶》

《傅立叶》，吴晗主编，高崧编写，1964年1月由商务印书馆出版。该书一版一印，32开，49页，24千字。

1.12.39 《米开朗琪罗》

《米开朗琪罗》，吴晗主编，朱龙华编写，1964年1月由商务印书馆出版。该书一版一印，32开，39页，15千字。

1.12.40 《巴拿马运河》

《巴拿马运河》，吴晗主编，方生编写，1964 年 1 月由商务印书馆出版。该书一版一印，32 开，43 页，21 千字。

1.12.41 《印度莫卧儿王朝》

《印度莫卧儿王朝》，吴晗主编，陈翰笙编写，1964 年 3 月由商务印书馆出版。该书一版一印，32 开，53 页，26 千字。

1.12.42 《神圣罗马帝国》

《神圣罗马帝国》，吴晗主编，李祖训编写，1964 年 6 月由商务印书馆出版。该书一版一印，32 开，40 页，50 千字。

1.12.43 《麦哲伦》

《麦哲伦》，吴晗主编，黄道立编写，1964 年 7 月由商务印书馆出版。该书一版一印，32 开，45 页，20 千字。

1.12.44 《国际歌作者鲍狄埃和狄盖特》

《国际歌作者鲍狄埃和狄盖特》，吴晗主编，马启莱编写，1964 年 8 月由商务印书馆出版。该书一版一印，32 开，34 页，15 千字。

1.12.45 《白求恩》

《白求恩》，吴晗主编，唐枢编写，1964 年 9 月由商务印书馆出版。该书一版一印，32 开，48 页，21 千字。

1.12.46 《契诃夫》

《契诃夫》，吴晗主编，朱仲玉编写，1964 年 9 月由商务印书馆出版。该书一版一印，32 开，46 页，21 千字。

1.12.47 《普列汉诺夫》

《普列汉诺夫》，吴晗主编，陈启龙编写，1964 年 11 月由商务印书馆出版。该书一版一印，32 开，47 页，18 千字。

1.12.48 《拉萨尔》

《拉萨尔》，吴晗主编，夏丁编写，1964 年 11 月由商务印书馆出版。该书一版一印，32 开，42 页，20 千字。

1.12.49 《莫尔和他的〈乌托邦〉》

《莫尔和他的〈乌托邦〉》，吴晗主编，施茂铭 林正秋编写，1964 年 11 月由商务印书馆出版。该书一版一印，32 开，43 页，20 千字。

1.12.50 《西班牙美洲殖民地独立战争》

《西班牙美洲殖民地独立战争》，吴晗主编，金重远编写，1964 年 12 月由商务印书馆出版。该书一版一印，32 开，41 页，20 千字。

1.12.51 《罗伯斯庇尔》

《罗伯斯庇尔》，吴晗主编，孙娴编写，1965 年 3 月由商务印书馆出版。该书一版一印，32 开，40 页，18 千字。

1.12.52 《莎士比亚》

《莎士比亚》，吴晗主编，赵中沅编写，1965 年 6 月由商务印书馆出版。该书一版一印，32 开，47 页，21 千字。

1.12.53 《牛顿》

《牛顿》，吴晗主编，潘际垌编写，1965 年 9 月由商务印书馆出版。该书一版一印，32 开，49 页，23 千字。

1.12.54 《第一国际》

《第一国际》，吴晗主编，张友伦编写，1965 年 9 月由商务印书馆出版。该书一版一印，32 开，56 页，21 千字。

1.12.55 《古代罗马的奴隶制度》

《古代罗马的奴隶制度》，吴晗主编，张左系编写，1965 年 10 月由商务印书馆出版。该书一版一印，32 开，37 页，15 千字。

1.12.56 《德国农民战争》

《德国农民战争》，吴晗主编，吴钧编写，1965 年 5 月由商务印书馆出版。该书一版一印，32 开，43 页，20 千字。

1.12.57 《法国资产阶级革命》

《法国资产阶级革命》，吴晗主编，刘宗绪编写，1965 年 3 月由商务印书馆出版。该书一版一印，32 开，56 页，27 千字。

1.12.58 《埃塞俄比亚抗意战争》

《埃塞俄比亚抗意战争》，吴晗主编，罗洪彰编写，1964 年 12 月由商务印书馆出版。该书一版一印，32 开，34 页，17 千字。

1.12.59 《尼德兰革命》

《尼德兰革命》，吴晗主编，吕禾冠编写，1965 年 11 月由商务印书馆出版。该书一版一印，32 开，42 页，21 千字。

1.13 《语文小丛书》

1.13.1 《评改两篇作文》

《评改两篇作文》，吴晗主编，叶圣陶编写，1964 年 3 月由北京出版社出版。该书一版一印，32 开，61 页，30 千字。

1.13.2 《容易读错的字》

《容易读错的字》，吴晗主编，徐世荣编写，1964 年 3 月由北京出版社出版。该书一版一印，32 开，74 页，37 千字。

1.13.3 《容易写错的字》

《容易写错的字》，吴晗主编，徐振华编写，1964 年 3 月由北京出版社出版。该书一版一印，32 开，44 页，23 千字。

1.13.4 《文言词法常识》

《文言词法常识》，吴晗主编，顾越编写，1964 年 3 月由北京出版社出版。该书一版一印，32 开，50 页，25 千字。

1.13.5 《诗词格律十讲》

《诗词格律十讲》，吴晗主编，王力编写，1964 年 3 月由北京出版社出版。该书一版一印，32 开，56 页，28 千字。

1.13.6 《训诂浅谈》

《训诂浅谈》，吴晗主编，陆宗达编写，1964 年 3 月由北京出版社出版。该书一版一印，32 开，31 千字。

1.13.7 《中国古代散文的发展——先秦到南北朝时期》

《中国古代散文的发展——先秦到南北朝时期》，吴晗主编，冯其庸编写，1964 年 4 月由北京出版社出版。该书一版一印，32 开，43 页，24 千字。

1.13.8 《文学与社会生活》

《文学与社会生活》，吴晗主编，李传龙编写，1964 年 5 月由北京出版社出版。该书一版一印，32 开，56 页，28 千字。

1.13.9 《鲁迅和他的作品》

《鲁迅和他的作品》，吴晗主编，林志浩编写，1964 年 6 月由北京出版社出版。该书一版一印，32 开，55 页，28 千字。

1.13.10 《赵树理的小说》

《赵树理的小说》，吴晗主编，方欲晓编写，1964 年 6 月由北京出版社出版。该书一版一印，32 开，48 页，24 千字。

1.13.11 《汉语拼音入门》

《汉语拼音入门》，吴晗主编，叶籁士编写，1964 年 8 月由北京出版社出版。该书一版一印，32 开，46 页，23 千字。

1.13.12 《字义的演变》

《字义的演变》，吴晗主编，傅东华编写，1964 年 9 月由北京出版社出版。该书一版一印，32 开，49 页，25 千字。

1.13.13 《常用字典词典和检字法》

《常用字典词典和检字法》，吴晗主编，隋树森编写，1964 年 11 月由北京出版社出版。该书一版一印，32 开，21 页，34 千字。

1.13.14 《汉语浅谈》

《汉语浅谈》，吴晗主编，王力编写，1964 年 12 月由北京出版社出版。该书一版一印，32 开，44 页，23 千字。

1.13.15 《评改两篇报道》

《评改两篇报道》，吴晗主编，叶圣陶编写，1965 年 3 月由北京出版社出版。该书一版一印，32 开，61 页，31 千字。

1.13.16 《多义词 同义词 反义词》

《多义词 同义词 反义词》，吴晗主编，孙玄常、陈方编写，1965 年 4 月由北京出版社出版。该书一版一印，32 开，35 页，18 千字。

1.13.17 《怎样合辙押韵》

《怎样合辙押韵》，吴晗主编，郑林曦编写，1965 年 8 月由北京出版社出版。该书一版一印，32 开，98 页，49 千字。

1.13.18 《〈开顶风船的角色〉讲读》

《〈开顶风船的角色〉讲读》，吴晗主编，袁玉伯编写，1965 年 11 月由北京出版社出版。该书一版一印，32 开，34 页，17 千字。

1.13.19 《文言虚词例解》

《文言虚词例解》，吴晗主编，吕叔湘、徐仲华编写，1965 年 12 月由北京出版社出版。该书一版一印，32 开，67 页，34 千字。

1.14 《地理小丛书》

1.14.1 《历史上的北京城》

《历史上的北京城》，吴晗主编，侯仁之编写，1962 年 5 月由中国青年出版社出版。该书一版一印，32 开，43 页，18 千字。

1.14.2 《我国的沙漠》

《我国的沙漠》，吴晗主编，李孝芳编写，1962 年 5 月由中国青年出版社出版。该书一版一印，32 开，32 页，14 千字。

1.14.3 《中国的季风》

《中国的季风》，吴晗主编，刘仲夫编写，1962 年 5 月由中国青年出版社出版。该书一版一印，32 开，35 页，12 千字。

1.14.4 《新疆的自然》

《新疆的自然》，吴晗主编，陈静生编写，1962 年 5 月由中国青年出版社出版。该书一版一印，32 开，31 页，12.4 千字。

1.14.5 《多瑙河》

《多瑙河》，吴晗主编，汪安祥编写，1962 年 5 月由中国青年出版社出版。该书一版一印，32 开，48 页，15 千字。

1.14.6 《我国的南海诸岛》

《我国的南海诸岛》，吴晗主编，陈栋康编写，1962 年 8 月由中国青年出版社出版。该书一版一印，32 开，32 页，14 千字。

1.14.7 《认识地球》

《认识地球》，吴晗主编，王仰之编写，1962 年 8 月由中国青年出版社出版。该书一版一印，32 开，33 页，14 千字。

1.14.8 《古巴》

《古巴》，吴晗主编，张景哲编写，1962 年 9 月由中国青年出版社出版。该书一版一印，32 开，43 页，18 千字。

1.14.9 《海底世界》

《海底世界》，吴晗主编，朱大奎编写，1962 年 11 月由中国青年出版社出版。该书一版一印，32 开，40 页，12 千字。

1.14.10 《老挝》

《老挝》，吴晗主编，徐成龙编写，1962 年 11 月由中国青年出版社出版。该书一版一印，32 开，40 页，15 千字。

1.14.11 《万里长江》

《万里长江》，吴晗主编，朱良灏编写，1963 年 5 月由中国青年出版社出版。该书一版一印，32 开，40 页，17 千字。

1.14.12 《风和雨》

《风和雨》，吴晗主编，温克刚编写，1963 年 5 月由中国青年出版社出版。该书一版一印，32 开，36 页，14 千字。

1.14.13 《水乡江苏》

《水乡江苏》，吴晗主编，汪永泽编写，1963 年 5 月由中国青年出版社出版。该书一版一印，32 开，40 页，13 千字。

1.14.14 《我国的海港》

《我国的海港》，吴晗主编，杨吾扬编写，1963 年 7 月由中国青年出版社出版。该书一版一印，32 开，47 页，20 千字。

1.14.15 《地图史话》

《地图史话》，吴晗主编，陈述彭编写，1963 年 7 月由中国青年出版社出版。该书一版一印，32 开，43 页，16 千字。

1.14.16 《钱塘江和钱塘潮》

《钱塘江和钱塘潮》，吴晗主编，李君益编写，1963 年 9 月由中国青年出版社出版。该书一版一印，32 开，38 页，13 千字。

1.14.17 《祖国的东北角》

《祖国的东北角》，吴晗主编，陈静生编写，1963 年 12 月由中国青年出版社出版。该书一版一印，32 开，36 页，15 千字。

1.14.18 《洪泽湖》

《洪泽湖》，吴晗主编，鞠继武编写，1963 年 12 月由中国青年出版社出版。该书一版一印，32 开，31 页，12 千字。

1.14.19 《西藏的自然和农牧业》

《西藏的自然和农牧业》，吴晗主编，章霈编写，1963 年 12 月由中国青年出版社出版。该书一版一印，32 开，36 页，11 千字。

1.14.20 《我国的野生兽类》

《我国的野生兽类》，吴晗主编，伊军编写，1964 年 3 月由中国青年出版社出版。该书一版一印，32 开，39 页，17 千字。

1.14.21 《柴达木盆地》

《柴达木盆地》，吴晗主编，杨纫章编写，1964 年 4 月由中国青年出版社出版。该书一版一印，32 开，36 页，14 千字。

1.14.22 《印度尼西亚》

《印度尼西亚》，吴晗主编，徐成龙编写，1964 年 4 月由中国青年出版社出版。该书一版一印，32 开，53 页，22 千字。

1.14.23 《巴拿马》

《巴拿马》，吴晗主编，张景哲编写，1964 年 4 月由中国青年出版社出版。该书一版一印，32 开，46 页，24 千字。

1.14.24 《华北旱涝的成因和防治》

《华北旱涝的成因和防治》，吴晗主编，张兰生编写，1964 年 6 月由中国青年出版社出版。该书一版一印，32 开，42 页，12 千字。

1.14.25 《我国的草原》

《我国的草原》，吴晗主编，祝廷成编写，1964 年 9 月由中国青年出版社出版。该书一版一印，32 开，31 页，14 千字。

1.14.26 《阿尔巴尼亚》

《阿尔巴尼亚》，吴晗主编，杨树珍编写，1964 年 11 月由中国青年出版社出版。该书一版一印，32 开，40 页，15 千字。

1.14.27 《珠江》

《珠江》，吴晗主编，徐俊鸣编写，1965 年 5 月由中国青年出版社出版。该书一版一印，32 开，45 页，16 千字。

1.14.28 《阿尔及利亚》

《阿尔及利亚》，吴晗主编，熊忠英编写，1965 年 6 月由中国青年出版社出版。该书一版一印，32 开，40 页，17 千字。

1.14.29 《越南》

《越南》，吴晗主编，吴关琦编写，1965 年 9 月由中国青年出版社出版。该书一版一印，32 开，50 页，20 千字。

1.15 《中国历史常识》

1.15.1 《中国历史常识（第一册）》

《中国历史常识（第一册）》，吴晗主编，桂琼英、王贵民、王占山等人撰写，1963 年 7 月由中国青年出版社出版。该书一版一印，90 页，49 千字。

1.15.2 《中国历史常识（第二册）》

《中国历史常识（第二册）》，吴晗主编，王克骏、谢承仁、易惠中等人撰写，1963年7月由中国青年出版社出版。该书一版一印，110页，60千字。

1.15.3 《中国历史常识（第三册）》

《中国历史常识（第三册）》，吴晗主编，张习孔、易惠中、曹增祥等人撰写，1963年7月由中国青年出版社出版。该书一版一印，110页，59千字。

1.15.4 《中国历史常识（第四册）》

《中国历史常识（第四册）》，吴晗主编，之明、张习孔、徐健竹等人撰写，1963年8月由中国青年出版社出版。该书一版一印，82页，43千字。

1.15.5 《中国历史常识（第五册）》

《中国历史常识（第五册）》，吴晗主编，朱仲玉、施联朱、穆淑燕等人撰写，1963年9月由中国青年出版社出版。该书一版一印，121页，67千字。

1.15.6 《中国历史常识（第六册）》

《中国历史常识（第六册）》，吴晗主编，汝丰、鲁素、杨遵道等人撰写，1964年5月由中国青年出版社出版。该书一版一印，105页，56千字。

1.15.7 《中国历史常识（第七册）》

《中国历史常识（第七册）》，吴晗主编，马金科、叶黄、杨遵道等人撰写，1964年6月由中国青年出版社出版。该书一版一印，90页，48千字。

1.15.8 《中国历史常识（第八册）》

《中国历史常识（第八册）》，吴晗主编，吕翼祖、鲁素、美珍等人撰写，1965年4月由中国青年出版社出版。该书一版一印，92页，51千字。

1.16 其他著作

1.16.1 《美国侵华史料》

《美国侵华史料》，中国人民保卫世界和平反对美国侵略委员会北京分会编，吴晗和廖沫沙共同担任主编，1951 年 4 月由人民出版社出版。该书一版一印，32 开，313 页。吴晗和廖沫沙还合作撰写了一篇“编者的话”置于书的开篇。

1.16.2 《历史剧拟目》

《历史剧拟目》，北京市历史学会编，吴晗主编，1961 年 7 月由中华书局出版。该书一版一印，32 开，191 页，11.9 千字。这部书是由吴晗领导的北京市历史学会组织北京大学、中国人民大学、北京师范大学、北京师范学院、中央民族学院等院校的历史系和民族研究所的部分老师，编写出从春秋到抗日战争时期的历史素材 50 篇，它的出版对鼓励和繁荣历史剧写作，起了一定的推动作用。吴晗还亲自为该书撰写了序言。

1.16.3 《小学五年级算术教学参考资料》

《小学五年级算术教学参考资料》，北京市中小学教学参考资料编辑委员会编，1954 年由北京联合总社印刷厂印刷。该书 32 开，27 页。吴晗时任北京市中小学教学参考材料编辑委员会主任。

1.16.4 《初级小学课本 语文第一册教学参考资料》

《初级小学课本 语文第一册教学参考资料》，北京市中小学教学参考资料编辑委员会编，1956 年 1 月由北京联合总社印刷厂印刷。该书 32 开，124 页。吴晗时任北京市中小学教学参考材料编辑委员会主任。

1.16.5 《初级小学课本 语文第二册教学参考资料》

《初级小学课本 语文第二册教学参考资料》，北京市中小学教学参考资料编辑委员会编，1956 年 1 月由北京联合总社印刷厂印刷。该书 32 开，136 页。吴晗时任北京市中小学教学参考材料编辑委员会主任。

1.16.6 《初级小学课本 语文第四册教学参考资料》

《初级小学课本 语文第四册教学参考资料》，北京市中小学教学参考资料编辑委员会编，1956 年 1 月由北京联合总社印刷厂印刷。该书 32 开，43 页。吴晗时任北京市中小学教学参考材料编辑委员会主任。

1.16.7 《初级小学课本 语文第六册教学参考资料》

《初级小学课本 语文第六册教学参考资料》，北京市中小学教学参考资料编辑委员会编，1956 年 1 月由北京联合总社印刷厂印刷。该书 32 开，179 页。吴晗时任北京市中小学教学参考材料编辑委员会主任。

1.16.8 《初级小学课本 语文第八册教学参考资料》

《初级小学课本 语文第八册教学参考资料》，北京市中小学教学参考资料编辑委员会编，1956 年 1 月由北京联合总社印刷厂印刷。该书 32 开，195 页。吴晗时任北京市中小学教学参考材料编辑委员会主任。

1.16.9 《高级小学课本 算术第二册教学参考资料》

《高级小学课本 算术第二册教学参考资料》，北京市中小学教学参考资料编辑委员会编，1956 年 1 月由北京联合总社印刷厂印刷。该书 32 开，132 页。吴晗时任北京市中小学教学参考材料编辑委员会主任。

1.16.10 《高级小学课本 算术第四册教学参考资料》

《高级小学课本 算术第四册教学参考资料》，北京市中小学教学参考资料编辑委员会编，1956 年 1 月由北京联合总社印刷厂印刷。该书 32 开，136 页。吴晗时任北京市中小学教学参考材料编辑委员会主任。

1.16.11 《高级小学课本 算术第八册教学参考资料》

《高级小学课本 算术第八册教学参考资料》，北京市中小学教学参考资料编辑委员会编，1956年1月由北京联合总社印刷厂印刷。该书32开，101页。吴晗时任北京市中小学教学参考材料编辑委员会主任。

1.16.12 《高级小学课本 语文第二册教学参考资料》

《高级小学课本 语文第二册教学参考资料》，北京市中小学教学参考资料编辑委员会编，1956年1月由北京联合总社印刷厂印刷。该书32开，116页。吴晗时任北京市中小学教学参考材料编辑委员会主任。

1.16.13 《高级小学课本 语文第四册教学参考资料》

《高级小学课本 语文第四册教学参考资料》，北京市中小学教学参考资料编辑委员会编，1956年由北京联合总社印刷厂印刷。该书32开，125页。吴晗时任北京市中小学教学参考材料编辑委员会主任。

1.16.14 《北京市小学语文教学参考资料》（三年级下册）

《北京市小学语文教学参考资料》（三年级下册），北京市教育局中小学教材编写处编，1959年2月由北京出版社出版。该书一版一印，32开，53页，35千字。吴晗时任北京市中小学教学指导参考材料编辑委员会主任。

1.16.15 《北京市小学地理教学参考资料》（下册）

《北京市小学地理教学参考资料》（下册），北京市教育局小学教研组编，1959年2月由北京出版社出版。该书一版一印，32开，45页，32千字。吴晗时任北京市中小学教学指导参考材料编辑委员会主任。

1.16.16 《北京市小学图画教学参考资料》（上册）

《北京市小学图画教学参考资料》（上册），北京市教育局中小学教材编写处编，1959年2月由北京出版社出版。该书一版一印，32开。吴晗时任北京市中小学教学指导参考材料编辑委员会主任。

1.16.17 《北京市小学图画教学参考资料》(下册)

《北京市小学图画教学参考资料》(下册),北京市教育局中小学教材编写处编,1959年2月由北京出版社出版。该书一版一印,32开,120页,84千字。吴晗时任北京市中小学教学指导参考材料编辑委员会主任。

1.16.18 《北京市高级小学课本 算术教学参考资料》(第一册)

《北京市高级小学课本 算术教学参考资料》(第一册),北京市教育局中小学教材编写处编,1959年8月由北京出版社出版。该书一版一印,32开,132页,92千字。吴晗时任北京市中小学教学指导参考材料编辑委员会主任。

1.16.19 《北京市高级小学课本 算术教学参考资料》(第三册)

《北京市高级小学课本 算术教学参考资料》(第三册),北京市教育局中小学教材编写处编,1959年8月由北京出版社出版。该书一版一印,32开,149页,104千字。吴晗时任北京市中小学教学指导参考材料编辑委员会主任。

1.16.20 《北京市初级小学试用课本 算术教学参考资料》(第一册)

《北京市初级小学试用课本 算术教学参考资料》(第一册),北京市教育局中小学教材编审处编,1959年8月由北京出版社出版。该书一版一印,32开,116页,81千字。吴晗时任北京市中小学教学指导参考材料编辑委员会主任。

1.16.21 《北京市初级小学试用课本 算术教学参考资料》(第三册)

《北京市初级小学试用课本 算术教学参考资料》(第三册),北京市教育局中小学教材编审处编,1959年8月由北京出版社出版。该书一版一印,32开,83页,58千字。吴晗时任北京市中小学教学指导参考材料编辑委员会主任。

1.16.22 《北京市初级小学试用课本 算术教学参考资料》(第五册)

《北京市初级小学试用课本 算术教学参考资料》(第五册)，北京市教育局中小学教材编审处编，1959年8月由北京出版社出版。该书一版一印，32开，80页，56千字。吴晗时任北京市中小学教学指导参考材料编辑委员会主任。

1.16.23 《北京市初级小学试用课本 算术教学参考资料》(第七册)

《北京市初级小学试用课本 算术教学参考资料》(第七册)，北京市教育局中小学教材编审处编，1959年8月由北京出版社出版。该书一版一印，32开，68页，48千字。吴晗时任北京市中小学教学指导参考材料编辑委员会主任。

1.16.24 《算术教学参考资料》(第八册)

《算术教学参考资料》(第八册)，北京市教育局中小学教材编审处编，1959年12月由北京出版社出版。该书一版一印，32开，90页，65千字。吴晗时任北京市中小学教学指导参考材料编辑委员会主任。

1.16.25 《北京市初级中学试用课本 中国历史教学参考资料》(第一册)

《北京市初级中学试用课本 中国历史教学参考资料》(第一册)，北京市教育局中小学教材编写处编，1959年由北京出版社出版。该书一版一印，32开。吴晗时任北京市中小学教学指导参考材料编辑委员会主任。

1.16.26 《北京市初级中学试用课本 中国历史教学参考资料》(第二册)

《北京市初级中学试用课本 中国历史教学参考资料》(第二册)，北京市教育局中小学教材编写处编，1959年由北京出版社出版。该书一版一印，32开。吴晗时任北京市中小学教学指导参考材料编辑委员会主任。

1.16.27 《北京市小学语文教学参考资料》(四年级下册)

《北京市小学语文教学参考资料》(四年级下册)，北京市教育局中小学教材编写处编，1959 年由北京出版社出版。该书一版一印，32 开，76 页。吴晗时任北京市中小学教学指导参考材料编辑委员会主任。

1.16.28 《北京市初级中学试用课本 中国历史教学参考资料》(第三册)

《北京市初级中学试用课本 中国历史教学参考资料》(第三册)，北京市教育局中小学教材编写处编，1959 年由北京出版社出版。该书一版一印，32 开，144 页。吴晗时任北京市中小学教学指导参考材料编辑委员会主任。

1.16.29 《北京市初级中学试用课本 中国历史教学参考资料》(第四册)

《北京市初级中学试用课本 中国历史教学参考资料》(第四册)，北京市教育局中小学教材编写处编，1959 年由北京出版社出版。该书一版一印，32 开，109 页。吴晗时任北京市中小学教学指导参考材料编辑委员会主任。

1.16.30 《北京市初级中学试用课本 算术复习材料》

《北京市初级中学试用课本 算术复习材料》，北京市教育局中小学教材编写处编，1959 年由北京出版社出版。该书一版一印，32 开，39 页。吴晗时任北京市中小学教学指导参考材料编辑委员会主任。

1.16.31 《高级小学课本 算术教学参考资料》(第一册)

《高级小学课本 算术教学参考资料》(第一册)，北京市教育局中小学教材编写处编，1961 年 2 月由北京出版社出版。该书一版一印，32 开。吴晗时任北京市中小学教学指导参考材料编辑委员会主任。

1.16.32 《高级小学课本 算术教学参考资料》（第二册）

《高级小学课本 算术教学参考资料》（第二册），北京市教育局中小学教材编写处编，1961 年 2 月由北京出版社出版。该书一版一印，32 开，94 页，66 千字。吴晗时任北京市中小学教学指导参考材料编辑委员会主任。

1.16.33 《高级小学课本 算术教学参考资料》（第三册）

《高级小学课本 算术教学参考资料》（第三册），北京市教育局中小学教材编写处编，1961 年 2 月由北京出版社出版。该书一版一印，32 开，147 页，108 千字。吴晗时任北京市中小学教学指导参考材料编辑委员会主任。

1.16.34 《高级小学课本 算术教学参考资料》（第四册）

《高级小学课本 算术教学参考资料》（第四册），北京市教育局中小学教材编写处编，1961 年 2 月由北京出版社出版。该书一版一印，32 开，91 页，64 千字。吴晗时任北京市中小学教学指导参考材料编辑委员会主任。

1.16.35 《北京市高级小学试用课本 算术教学参考资料》（第三册）

《北京市高级小学试用课本 算术教学参考资料》（第三册），北京市教育局中小学教材编写处编，1961 年 6 月由北京出版社出版。该书一版一印，32 开。吴晗时任北京市中小学教学指导参考材料编辑委员会主任。

1.16.36 《北京市初级小学试用课本 算术教学参考资料》（第三册）

《北京市初级小学试用课本 算术教学参考材料》（第三册），北京市教育局中小学教材编写处编，1961 年 7 月由北京出版社出版。该书一版一印，32 开，53 页，37 千字。吴晗时任北京市中小学教学指导参考材料编辑委员会主任。

1.16.37 《北京市高级小学试用课本 算术教学参考资料》（第一册）

《北京市高级小学试用课本 算术教学参考资料》（第一册），北京市教育局中小学教材编写处编，1961 年 8 月由北京出版社出版。该书一版一印，32 开，63 页，46 千字。吴晗时任北京市中小学教学指导参考材料编辑委员会主任。

1.16.38 《北京市初级小学试用课本 算术教学参考资料》(第五册)

《北京市初级小学试用课本 算术教学参考材料》(第五册)，北京市教育局中小学教材编写处编，1961 年 8 月由北京出版社出版。该书一版一印，32 开，68 页，50 千字。吴晗时任北京市中小学教学指导参考材料编辑委员会主任。

1.16.39 《北京市初级小学试用课本 算术教学参考资料》(第七册)

《北京市初级小学试用课本 算术教学参考材料》(第七册)，北京市教育局中小学教材编写处编，1961 年 8 月由北京出版社出版。该书一版一印，32 开，62 页，44 千字。吴晗时任北京市中小学教学指导参考材料编辑委员会主任。

1.16.40 《北京市初级小学试用课本 算术教学参考资料》(第二册)

《北京市初级中学试用课本 算术教学参考资料》(第二册)，北京市教育局中小学教材编写处编，1962 年 1 月由北京出版社出版。该书一版一印，32 开，48 页，34 千字。吴晗时任北京市中小学教学指导参考材料编辑委员会主任。

1.16.41 《北京市初级小学试用课本 算术教学参考资料》(第四册)

《北京市初级小学试用课本 算术教学参考材料》(第四册)，北京市教育局中小学教材编写处编，1962 年 1 月由北京出版社出版。该书一版一印，32 开，47 页，33 千字。吴晗时任北京市中小学教学指导参考材料编辑委员会主任。

1.16.42 《北京市初级小学试用课本 算术教学参考资料》(第六册)

《北京市初级小学试用课本 算术教学参考材料》(第六册)，北京市教育局中小学教材编写处编，1962年1月由北京出版社出版。该书一版一印，32开，57页，29千字。吴晗时任北京市中小学教学指导参考材料编辑委员会主任。

1.16.43 《北京市初级小学试用课本 算术教学参考资料》(第八册)

《北京市初级小学试用课本 算术教学参考材料》(第八册)，北京市教育局中小学教材编写处编，1962年1月由北京出版社出版。该书一版一印，32开，69页，48千字。吴晗时任北京市中小学教学指导参考材料编辑委员会主任。

1.16.44 《北京市高级小学试用课本 算术教学参考资料》(第二册)

《北京市高级小学试用课本 算术教学参考资料》(第二册)，北京市教育局中小学教材编写处编，1962年1月由北京出版社出版。该书一版一印，32开，122页，85千字。吴晗时任北京市中小学教学指导参考材料编辑委员会主任。

1.16.45 《北京市高级中学试用课本 语文教学参考资料》(第二册第一分册)

《北京市高级中学试用课本 语文教学参考材料》(第二册第一分册)，北京市教育局中小学教材编写处编，1962年2月由北京出版社出版。该书一版一印，32开，38页。吴晗时任北京市中小学教学指导参考材料编辑委员会主任。

1.16.46 《北京市高级中学试用课本 语文教学参考资料》(第六册第一分册)

《北京市初级中学试用课本 语文教学参考材料》(第六册第一分册)，北京市教育局中小学教材编写处编，1962 年 2 月由北京出版社出版。该书一版一印，32 开，25 页。吴晗时任北京市中小学教学指导参考材料编辑委员会主任。

1.16.47 《北京市高级小学试用课本 算术教学参考资料》(第四册)

《北京市高级小学试用课本 算术教学参考资料》(第四册)，北京市教育局中小学教材编写处编，1962 年 2 月由北京出版社出版。该书一版一印，32 开，86 页，62 千字。吴晗时任北京市中小学教学指导参考材料编辑委员会主任。

1.16.48 《1961 学年度第二学期高级小学语文第二册教学参考资料》(第二分册)

《1961 学年度第二学期高级小学语文第二册教学参考资料》(第二分册)，北京市教育局中小学教材编写处编，1962 年 3 月由北京出版社出版。该书一版一印，32 开，34 页。吴晗时任北京市中小学教学指导参考材料编辑委员会主任。

1.16.49 《北京市高级中学试用课本 语文教学参考资料》(第二册 第二分册)

《北京市初级中学试用课本 语文教学参考材料》(第二册 第二分册)，北京市教育局中小学教材编写处编，1962 年 3 月由北京出版社出版。该书一版一印，32 开，40 页。吴晗时任北京市中小学教学指导参考材料编辑委员会主任。

1.16.50 《1961 学年度第二学期高级小学语文第四册教学参考资料》(第三分册)

《1961 学年度第二学期高级小学语文第四册教学参考资料》(第二分册)，北京市教育局中小学教材编写处编，1962 年 4 月由北京出版社出版。该书一版一印，32 开，26 页。吴晗时任北京市中小学教学指导参考材料编辑委员会主任。

1.16.51 《北京市高级中学试用课本 语文教学参考资料》(第六册 第二分册)

《北京市初级中学试用课本 语文教学参考材料》(第六册 第二分册),北京市教育局中小学教材编写处编,1962年8月由北京出版社出版。该书一版一印,32开,30页,32千字。吴晗时任北京市中小学教学指导参考材料编辑委员会主任。

1.16.52 《1962—1963学年度初级小学课本 语文第五册补充教学参考资料》

《1962—1963学年度初级小学课本 语文第五册补充教学参考资料》,北京市教育局中小学教材编写处编,1962年8月由北京出版社出版。该书一版一印,32开,7页。吴晗时任北京市中小学教学指导参考材料编辑委员会主任。

1.16.53 《北京市高级中学试用课本 语文教学参考资料》(第五册 补编部分)

《北京市初级中学试用课本 语文教学参考材料》(第五册 补编部分),北京市教育局中小学教材编写处编,1962年8月由北京出版社出版。该书一版一印,32开,10页。吴晗时任北京市中小学教学指导参考材料编辑委员会主任。

1.16.54 《北京市高级中学试用课本 语文教学参考资料》(第三册 补编部分)

《北京市初级中学试用课本 语文教学参考材料》(第三册 补编部分),北京市教育局中小学教材编写处编,1962年8月由北京出版社出版。该书一版一印,32开,15页。吴晗时任北京市中小学教学指导参考材料编辑委员会主任。

1.16.55 《北京市高级中学试用课本 语文教学参考资料》(第一册 补编部分)

《北京市初级中学试用课本 语文教学参考材料》(第一册 补编部分)，北京市教育局中小学教材编写处编，1962年8月由北京出版社出版。该书一版一印，32开，10页。吴晗时任北京市中小学教学指导参考材料编辑委员会主任。

1.16.56 《北京市初级小学试用课本 语文第一册教材介绍和汉语拼音教学参考资料》

《北京市初级小学试用课本 语文第一册教材介绍和汉语拼音教学参考资料》，北京市教育局中小学教材编写处编，1962年8月由北京出版社出版。该书一版一印，32开，63页，44千字。吴晗时任北京市中小学教学指导参考材料编辑委员会主任。

1.16.57 《北京市初级中学试用课本 植物教学参考资料》

《北京市初级中学试用课本 植物教学参考资料》，北京市教育局中小学教材编写处编，1962年10月由北京出版社出版。该书一版一印，32开，39页。吴晗时任北京市中小学教学指导参考材料编辑委员会主任。

1.16.58 《北京市初级中学试用课本 语文教学参考资料》(第一册 补编部分)

《北京市初级中学试用课本 语文教学参考材料》(第一册 补编部分)，北京市教育局中小学教材编写处编，1962年由北京出版社出版。该书一版一印，32开，11页。吴晗时任北京市中小学教学指导参考材料编辑委员会主任。

1.16.59 《北京市初级中学试用课本 语文教学参考资料》(第二册 第一分册)

《北京市初级中学试用课本 语文教学参考材料》(第二册 第一分册)，北京市教育局中小学教材编写处编，1962年由北京出版社出版。该书一版一印，32开，38页。吴晗时任北京市中小学教学指导参考材料编辑委员会主任。

1.16.60 《北京市初级中学试用课本 语文教学参考资料》(第三册 补编部分)

《北京市初级中学试用课本 语文教学参考材料》(第三册 补编部分)，北京市教育局中小学教材编写处编，1962年由北京出版社出版。该书一版一印，32开，18页。吴晗时任北京市中小学教学指导参考材料编辑委员会主任。

1.16.61 《北京市初级中学试用课本 语文教学参考资料》(第五册 补编部分)

《北京市初级中学试用课本 语文教学参考材料》(第五册 补编部分)，北京市教育局中小学教材编写处编，1962年由北京出版社出版。该书一版一印，32开，24页。吴晗时任北京市中小学教学指导参考材料编辑委员会主任。

1.16.62 《1962—1963学年度初级小学课本 语文第七册补充教学参考资料》

《1962—1963学年度初级小学课本 语文第七册补充教学参考资料》，北京市教育局中小学教材编写处编，1962年由北京出版社出版。该书一版一印，32开，9页。吴晗时任北京市中小学教学指导参考材料编辑委员会主任。

1.16.63 《初级小学课本 语文第六册教学参考资料》(第二分册)

《初级小学课本 语文第六册教学参考资料》(第二分册)，北京市教育局中小学教材编写处编，1962年由北京出版社出版。该书一版一印，32开，34页。吴晗时任北京市中小学教学指导参考材料编辑委员会主任。

1.16.64 《初级小学课本 语文第四册教学参考资料》(第二分册)

《初级小学课本 语文第四册教学参考资料》(第二分册)，北京市教育局中小学教材编写处编，1962 年由北京出版社出版。该书一版一印，32 开，33 页。吴晗时任北京市中小学教学指导参考材料编辑委员会主任。

1.16.65 《高级小学第一册语文教学参考资料》(1962—1963 学年度)

《高级小学第一册语文教学参考资料》(1962—1963 学年度)，北京市教育局中小学教材编写处编，1962 年由北京出版社出版。该书一版一印，32 开。吴晗时任北京市中小学教学指导参考材料编辑委员会主任。

1.16.66 《北京市初级中学试用课本 语文备课参考资料》(第六册 第二分册)

《北京市初级中学试用课本 语文备课参考材料》(第六册 第二分册)，北京市教育局中小学教材编写处编，1962 年由北京出版社出版。该书一版一印，32 开，28 页。吴晗时任北京市中小学教学指导参考材料编辑委员会主任。

1.16.67 《高级小学第三册语文教学参考资料》(1962—1963 学年度)

《高级小学第一册语文教学参考资料》(1962—1963 学年度)，北京市教育局中小学教材编写处编，1962 年由北京出版社出版。该书一版一印，32 开。吴晗时任北京市中小学教学指导参考材料编辑委员会主任。

1.16.68 《北京市初级中学试用课本 语文备课参考资料》(第四册 第二分册)

《北京市初级中学试用课本 语文备课参考材料》(第四册 第二分册)，北京市教育局中小学教材编写处编，1962 年由北京出版社出版。该书一版一印，

32 开，96 页。吴晗时任北京市中小学教学指导参考材料编辑委员会主任。

1.16.69 《北京市高级中学试用课本 语文备课参考资料》（第四册 第二分册）

《北京市高级中学试用课本 语文备课参考材料》（第四册 第二分册），北京市教育局中小学教材编写处编，1962 年由北京出版社出版。该书一版一印，32 开，27 页。吴晗时任北京市中小学教学指导参考材料编辑委员会主任。

1.16.70 《北京市高级中学试用课本 语文教学参考资料》（第四册 第一分册）

《北京市初级中学试用课本 语文教学参考材料》（第四册 第一分册），北京市教育局中小学教材编写处编，1962 年由北京出版社出版。该书一版一印，32 开，24 页。吴晗时任北京市中小学教学指导参考材料编辑委员会主任。

1.16.71 《初级小学课本 语文第二册教学参考资料》（第三分册）

《初级小学课本 语文第二册教学参考资料》（第三分册），北京市教育局中小学教材编写处编，1962 年由北京出版社出版。该书一版一印，32 开，19 页。吴晗时任北京市中小学教学指导参考材料编辑委员会主任。

1.16.72 《初级小学课本 语文第四册教学参考资料》（第三分册）

《初级小学课本 语文第四册教学参考资料》（第三分册），北京市教育局中小学教材编写处编，1962 年由北京出版社出版。该书一版一印，32 开，32 页。吴晗时任北京市中小学教学指导参考材料编辑委员会主任。

1.16.73 《初级小学课本 语文第六册教学参考资料》（第三分册）

《初级小学课本 语文第六册教学参考资料》（第三分册），北京市教育局中小学教材编写处编，1962 年由北京出版社出版。该书一版一印，32 开，

27 页。吴晗时任北京市中小学教学指导参考材料编辑委员会主任。

1.16.74 《初级小学课本 语文第八册教学参考资料》(第二分册)

《初级小学课本 语文第八册教学参考资料》(第二分册)，北京市教育局中小学教材编写处编，1962 年由北京出版社出版。该书一版一印，32 开，34 页。吴晗时任北京市中小学教学指导参考材料编辑委员会主任。

1.16.75 《初级小学课本 语文第八册教学参考资料》(第三分册)

《初级小学课本 语文第八册教学参考资料》(第三分册)，北京市教育局中小学教材编写处编，1962 年由北京出版社出版。该书一版一印，32 开，31 页。吴晗时任北京市中小学教学指导参考材料编辑委员会主任。

1.16.76 《北京市高级中学试用课本 语文教学参考资料》(第六册 修订部分)

《北京市高级中学试用课本 语文教学参考资料》(第六册 修订部分)，北京市教育局中小学教材编写处编，1963 年 1 月由北京出版社出版。该书一版一印，32 开，19 页。吴晗时任北京市中小学教学指导参考材料编辑委员会主任。

1.16.77 《北京市高级小学试用课本 算术教学参考资料》(第四册)

《北京市高级小学试用课本 算术教学参考资料》(第四册)，北京市教育局中小学教材编写处编，1963 年 2 月由北京出版社出版。该书一版一印，32 开，86 页，62 千字。吴晗时任北京市中小学教学指导参考材料编辑委员会主任。

1.16.78 《北京市初级小学试用课本 语文教学参考资料》(第三册)

《北京市初级小学试用课本 语文教学参考资料》(第三册)，北京市教育局中小学教材编写处编，1963 年 8 月由北京出版社出版。该书一版一印，32 开，131 页，83 千字。吴晗时任北京市中小学教学指导参考材料编辑委员会主任。

1.16.79 《北京市初级小学试用课本 语文教学参考资料》(第五册)

《北京市初级小学试用课本 语文教学参考资料》(第五册),北京市教育局中小学教材编写处编,1963年8月由北京出版社出版。该书一版一印,32开,104页,64千字。吴晗时任北京市中小学教学指导参考材料编辑委员会主任。

1.16.80 《北京市初级小学试用课本 语文教学参考资料》(第七册)

《北京市初级小学试用课本 语文教学参考资料》(第七册),北京市教育局中小学教材编写处编,1963年8月由北京出版社出版。该书一版一印,32开,116页,81千字。吴晗时任北京市中小学教学指导参考材料编辑委员会主任。

1.16.81 《北京市高级小学试用课本 语文教学参考资料》(第一册)

《北京市高级小学试用课本 语文教学参考资料》(第一册),北京市教育局中小学教材编写处编,1963年8月由北京出版社出版。该书一版一印,32开,108页,76千字。吴晗时任北京市中小学教学指导参考材料编辑委员会主任。

1.16.82 《北京市高级小学试用课本 语文教学参考资料》(第三册)

《北京市高级小学试用课本 语文教学参考资料》(第三册),北京市教育局中小学教材编写处编,1963年8月由北京出版社出版。该书一版一印,32开,95页,67千字。吴晗时任北京市中小学教学指导参考材料编辑委员会主任。

1.16.83 《北京市高级中学试用课本 语文备课参考资料》(第五册)

《北京市高级中学试用课本 语文备课参考材料》(第五册),北京市教育局中小学教材编写处编,1963年8月由北京出版社出版。该书一版一印,

32 开，104 页，73 千字。吴晗时任北京市中小学教学指导参考材料编辑委员会主任。

1.16.84 《北京市高级中学试用课本 语文备课参考资料》(第一册)

《北京市高级中学试用课本 语文备课参考材料》(第一册)，北京市教育局中小学教材编写处编，1963 年 8 月由北京出版社出版。该书一版一印，32 开，99 页，70 千字。吴晗时任北京市中小学教学指导参考材料编辑委员会主任。

1.16.85 《北京市高级中学试用课本 语文备课参考资料》(第三册)

《北京市高级中学试用课本 语文备课参考材料》(第三册)，北京市教育局中小学教材编写处编，1963 年 8 月由北京出版社出版。该书一版一印，32 开，116 页，81 千字。吴晗时任北京市中小学教学指导参考材料编辑委员会主任。

1.16.86 《北京市初级中学试用课本 语文备课参考资料》(第五册)

《北京市初级中学试用课本 语文备课参考材料》(第五册)，北京市教育局中小学教材编写处编，1963 年 8 月由北京出版社出版。该书一版一印，32 开，104 页，73 千字。吴晗时任北京市中小学教学指导参考材料编辑委员会主任。

1.16.87 《北京市小学图画教学参考资料》(初稿 第一部分)

《北京市小学图画教学参考资料》(初稿 第一部分)，北京市教育局中小学教材编写处编，1963 年 9 月由北京出版社出版。该书一版一印，32 开，13 页，10 千字。吴晗时任北京市中小学教学指导参考材料编辑委员会主任。

1.16.88 《北京市初级小学试用课本 语文教学参考资料》(第八册)

《北京市初级小学试用课本 语文教学参考资料》(第八册)，北京市教育局中小学教材编写处编，1963 年 12 月由北京出版社出版。该书一版一印，

32 开，103 页，73 千字。吴晗时任北京市中小学教学指导参考材料编辑委员会主任。

1.16.89 《北京市高级小学试用课本 算术教学参考资料》（第一册）

《北京市高级小学试用课本 算术教学参考资料》（第一册），北京市教育局中小学教材编写处编，1963 年由北京出版社出版。该书四版四印，32 开，66 页。吴晗时任北京市中小学教学指导参考材料编辑委员会主任。

1.16.90 《北京市高级小学试用课本 算术教学参考资料》（第二册）

《北京市高级小学试用课本 算术教学参考资料》（第二册），北京市教育局中小学教材编写处编，1963 年由北京出版社出版。该书二版三印，32 开，116 页。吴晗时任北京市中小学教学指导参考材料编辑委员会主任。

1.16.91 《北京市初级小学试用课本 算术教学参考资料》（第四册）

《北京市初级小学试用课本 算术教学参考资料》（第四册），北京市教育局中小学教材编写处编，1963 年由北京出版社出版。该书一版一印，32 开，48 页。吴晗时任北京市中小学教学指导参考材料编辑委员会主任。

1.16.92 《北京市初级小学试用课本 算术教学参考资料》（第六册）

《北京市初级小学试用课本 算术教学参考资料》（第六册），北京市教育局中小学教材编写处编，1963 年由北京出版社出版。该书一版一印，32 开，63 页。吴晗时任北京市中小学教学指导参考材料编辑委员会主任。

1.16.93 《北京市初级中学试用课本 语文备课参考资料》（第三册）

《北京市初级中学试用课本 语文备课参考材料》（第三册），北京市教育局中小学教材编写处编，1963 年由北京出版社出版。该书一版一印，32 开，103 页。吴晗时任北京市中小学教学指导参考材料编辑委员会主任。

1.16.94 《北京市初级中学试用课本 语文备课参考资料》(第五册)

《北京市初级中学试用课本 语文备课参考材料》(第五册)，北京市教育局中小学教材编写处编，1963年由北京出版社出版。该书一版一印，32开，104页。吴晗时任北京市中小学教学指导参考材料编辑委员会主任。

1.16.95 《北京市高级小学试用课本 语文教学参考资料》(第二册 修订部分)

《北京市高级中学试用课本 语文教学参考资料》(第二册 修订部分)，北京市教育局中小学教材编写处编，1963年由北京出版社出版。该书一版一印，32开，12页。吴晗时任北京市中小学教学指导参考材料编辑委员会主任。

1.16.96 《北京市初级中学试用课本 语文备课参考资料》(第一册)

《北京市初级中学试用课本 语文备课参考材料》(第一册)，北京市教育局中小学教材编写处编，1963年由北京出版社出版。该书一版一印，32开。吴晗时任北京市中小学教学指导参考材料编辑委员会主任。

1.16.97 《北京市高级中学试用课本 语文备课参考资料》(第二册 修订部分)

《北京市初级中学试用课本 语文备课参考材料》(第二册修订部分)，北京市教育局中小学教材编写处编，1963年由北京出版社出版。该书一版一印，32开，12页。吴晗时任北京市中小学教学指导参考材料编辑委员会主任。

1.16.98 《北京市初级小学试用课本 语文教学参考资料》(第二册)

《北京市初级小学试用课本 语文教学参考资料》(第二册)，北京市教育局中小学教材编写处编，1964年1月由北京出版社出版。该书一版一印，32开，111页，78千字。吴晗时任北京市中小学教学指导参考材料编辑委员会主任。

1.16.99 《北京市初级小学试用课本 语文教学参考资料》(第四册)

《北京市初级小学试用课本 语文教学参考资料》(第四册),北京市教育局中小学教材编写处编,1964年1月由北京出版社出版。该书一版一印,32开,134页,94千字。吴晗时任北京市中小学教学指导参考材料编辑委员会主任。

1.16.100 《北京市高级小学试用课本 语文教学参考资料》(第二册)

《北京市高级小学试用课本 语文教学参考资料》(第二册),北京市教育局中小学教材编写处编,1964年1月由北京出版社出版。该书一版一印,32开,111页,75千字。吴晗时任北京市中小学教学指导参考材料编辑委员会主任。

1.16.101 《北京市高级小学试用课本 语文教学参考资料》(第四册)

《北京市高级小学试用课本 语文教学参考资料》(第四册),北京市教育局中小学教材编写处编,1964年1月由北京出版社出版。该书一版一印,32开,109页,76千字。吴晗时任北京市中小学教学指导参考材料编辑委员会主任。

1.16.102 《北京市高级小学试用课本 算术教学参考资料》(第二册)

《北京市高级小学试用课本 算术教学参考资料》(第二册),北京市教育局中小学教材编写处编,1964年1月由北京出版社出版。该书二版三印,32开,111页,78千字。吴晗时任北京市中小学教学指导参考材料编辑委员会主任。

1.16.103 《北京市高级小学试用课本 算术教学参考资料》(第四册)

《北京市高级小学试用课本 算术教学参考资料》(第四册)，北京市教育局中小学教材编写处编，1964 年 1 月由北京出版社出版。该书一版一印，32 开，86 页，62 千字。吴晗时任北京市中小学教学指导参考材料编辑委员会主任。

1.16.104 《北京市高级中学试用课本 语文备课参考资料》(第二册)

《北京市高级中学试用课本 语文备课参考材料》(第二册)，北京市教育局中小学教材编写处编，1964 年 1 月由北京出版社出版。该书一版一印，32 开，86 页，60 千字。吴晗时任北京市中小学教学指导参考材料编辑委员会主任。

1.16.105 《北京市高级中学试用课本 语文备课参考资料》(第四册)

《北京市高级中学试用课本 语文备课参考材料》(第四册)，北京市教育局中小学教材编写处编，1964 年 1 月由北京出版社出版。该书一版一印，32 开，96 页，67 千字。吴晗时任北京市中小学教学指导参考材料编辑委员会主任。

1.16.106 《北京市高级中学试用课本 语文备课参考资料》(第六册)

《北京市高级中学试用课本 语文备课参考材料》(第六册)，北京市教育局中小学教材编写处编，1964 年 1 月由北京出版社出版。该书一版一印，32 开，76 页，53 千字。吴晗时任北京市中小学教学指导参考材料编辑委员会主任。

1.16.107 《北京市高级小学试用课本 算术教学参考资料》(第六册)

《北京市高级小学试用课本 算术教学参考资料》(第六册)，北京市教育局中小学教材编写处编，1964年1月由北京出版社出版。该书一版一印，32开，108页，76千字。吴晗时任北京市中小学教学指导参考材料编辑委员会主任。

1.16.108 《北京市高级小学试用课本 算术教学参考资料》(第一册)

《北京市高级小学试用课本 算术教学参考资料》(第一册)，北京市教育局中小学教材编写处编，1964年6月由北京出版社出版。该书四版四印，32开，66页，48千字。吴晗时任北京市中小学教学指导参考材料编辑委员会主任。

1.16.109 《北京市高级小学试用课本 算术教学参考资料》(第三册)

《北京市高级小学试用课本 算术教学参考资料》(第三册)，北京市教育局中小学教材编写处编，1964年6月由北京出版社出版。该书三版四印，32开，84页，61千字。吴晗时任北京市中小学教学指导参考材料编辑委员会主任。

1.16.110 《北京市高级小学试用课本 算术教学参考资料》(第四册)

《北京市高级小学试用课本 算术教学参考资料》(第四册)，北京市教育局中小学教材编写处编，1964年12月由北京出版社出版。该书一版一印，32开，79页，55千字。吴晗时任北京市中小学教学指导参考材料编辑委员会主任。

1.16.111 《北京市初级小学试用课本 算术教学参考资料》(第八册)

《北京市初级小学试用课本 算术教学参考资料》(第八册)，北京市教育局中小学教材编写处编，1964 年 12 月由北京出版社出版。该书一版一印，32 开，64 页，45 千字。吴晗时任北京市中小学教学指导参考材料编辑委员会主任。

1.16.112 《北京市初级中学试用课本 语文备课参考资料》(第六册 第一分册)

《北京市初级中学试用课本 语文备课参考材料》(第六册 第一分册)，北京市教育局中小学教材编写处编，1964 年由北京出版社出版。该书一版一印，32 开，37 页。吴晗时任北京市中小学教学指导参考材料编辑委员会主任。

1.16.113 《北京市初级小学试用课本 语文教学参考资料》(第一册)

《北京市初级小学试用课本 语文教学参考资料》(第一册)，北京市教育局中小学教材编写处编，1964 年由北京出版社出版。该书一版一印，32 开，108 页。吴晗时任北京市中小学教学指导参考材料编辑委员会主任。

1.16.114 《北京市初级中学试用课本 语文备课参考资料》(第一册 补充部分)

《北京市初级中学试用课本 语文备课参考材料》(第一册 补充部分)，北京市教育局中小学教材编写处编，1964 年由北京出版社出版。该书一版一印，32 开，16 页。吴晗时任北京市中小学教学指导参考材料编辑委员会主任。

1.16.115 《北京市初级小学试用课本 语文教学参考资料》(第六册)

《北京市初级小学试用课本 语文教学参考资料》(第六册)，北京市教育局中小学教材编写处编，1964 年由北京出版社出版。该书一版一印，32 开，63 页。吴晗时任北京市中小学教学指导参考材料编辑委员会主任。

1.16.116 《北京市耕读小学试用课本 第一、二册语文教学参考资料》

《北京市耕读小学试用课本 第一、二册语文教学参考资料》，北京市教育局中小学教材编写处编，1965 年 8 月由北京出版社出版。该书一版一印，32 开，37 页，22 千字。吴晗时任北京市中小学教学指导参考材料编辑委员会主任。

1.16.117 《北京市初级小学手工劳动教学参考资料》（试用本）

《北京市初级中学试用课本 语文备课参考材料》（试用本），北京市教育局中小学教材编写处编，1965 年 9 月由北京出版社出版。该书一版一印，32 开，129 页。吴晗时任北京市中小学教学指导参考材料编辑委员会主任。

1.2 吴晗逝世前担任主编出版的期刊索引

1.21 《益世报·“史学”副刊》

《益世报》是民国时期罗马天主教会 1915 年 10 月 10 日在中国创办的中文日报，创办人是天主教神甫雷明远。1935 年 4 月 30 日，该报在第十一版上开辟了一个由刚刚成立不到一年的以吴晗为首的史学研究会承办的“史学”副刊，吴晗担任了该副刊的主编，并为其撰写了“发刊词”。该副刊一直到 1937 年 5 月的第 54 期以后，由于吴晗应云南大学的聘约南下昆明而停刊。

1.22 《中国社会经济史集刊》（第六卷第一期）

《中国社会经济史集刊》，经济史学术期刊，1932 年 11 月创刊。该刊的前二卷（共四期）由当时的北平社会调查所主办。从第三卷第一期起，改由国立中央研究院社会科学研究所主办。该刊创刊时名为《中国近代经济史研究集刊》，从 1937 年 3 月的第五卷第一期起改名为《中国社会经济史集刊》。该刊的主编是轮换的：1932 年 11 月的第一卷第一期起的主编是陶孟和、汤象龙；1937 年 3 月的第五卷第一期起的主编是梁方仲、朱庆永；1937 年 11 月的第五卷第二期起的主编是：梁方仲、张荫麟；1939 年 6 月的第六卷第一期起的主编是：汤象龙、吴晗；1944 年 6 月的第七卷第一期后的主编又变成了：陶孟和、梁方仲。

1.23 《民主周刊》(昆明版)

《民主周刊》(昆明版)，中国民主同盟云南省支部机关刊物，1944 年 12 月 9 日创刊，1946 年 8 月 2 日终刊。共出版 3 卷 71 期。吴晗在中后期曾担任该刊的主编，但具体起始日期现仍无史料明确显示。

1.24 《民主周刊》(北平版)

《民主周刊》(北平版)，中国民主同盟北平市临时工作委员会机关刊物，1946 年 1 月 21 日创刊，吴晗尚在昆明时，就多次在刊物上发表文章，吴晗 1946 年 10 月接任其主任委员后，就接任了《民主周刊》(北平版)的主编。

1.25 《新建设》

《新建设》，1949 年 9 月 8 日创刊，负责人是费青，他的前身是被国民党政府禁停的《中建》(《中国建设》的简称)。1954 年 2 月 8 日，《新建设》改组，吴晗任改组后的《新建设》编委会主任一直至"文革"前夕。

2. 吴晗逝世后出版的他担任主编再(出)版的著作索引

2.1 《中国历史常识》

《中国历史常识》，2009 年 7 月由陕西师范大学出版社出版。该书汇集了 1963 年 7 月至 1965 年 4 月，由中国青年出版社出版由吴晗担任主编的《中国历史常识》第一册至第八册所基本涵盖的全部内容。该书一版一印，16 开，558 页，520 千字。该书后又有几次再版重印。

2.2 《中国历史常识》

《中国历史常识》，2015 年 1 月由华东师范大学出版社出版。该书汇集了 1963 年 7 月至 1965 年 4 月，由中国青年出版社出版由吴晗担任主编的《中国历史常识》第一册至第八册所基本涵盖的全部内容。该书一版一印，16 开，458 页，480 千字。该书后又有几次再版重印。

2.3 《中国历史常识》

《中国历史常识》，2017 年 2 月由新世界出版社出版。该书汇集了 1963 年 7 月至 1965 年 4 月，由中国青年出版社出版由吴晗担任主编的《中国历史常识》第一册至第八册所基本涵盖的全部内容。该书一版四印，16 开，384 页，480 千字。

2.4 《中国历史常识》

《中国历史常识》，2017 年 10 月由长江文艺出版社出版。该书汇集了 1963 年 7 月至 1965 年 4 月，由中国青年出版社出版由吴晗担任主编的《中国历史常识》第一册至第八册所基本涵盖的全部内容。该书一版一印，32 开，468 页，430 千字。

2.5 《中国历史常识》

《中国历史常识》，2018 年 9 月由群言出版社出版。该书汇集了 1963 年 7 月至 1965 年 4 月，由中国青年出版社出版由吴晗担任主编的《中国历史常识》第一册至第八册所基本涵盖的全部内容。该书一版一印，16 开，376 页，453 千字。

2.6 《中国历史常识》

《中国历史常识》，2019 年 1 月由天地出版社出版。该书汇集了 1963 年 7 月至 1965 年 4 月，由中国青年出版社出版由吴晗担任主编的《中国历史常识》第一册至第八册所基本涵盖的全部内容。该书一版一印，32 开，648 页，435 千字。

三、吴晗为其写序的著作索引

1. 吴晗为自己写序的著作索引

1.1 《两浙藏书家史略》

《两浙藏书家史略》，署名辰伯（吴晗的字），原载《清华周刊》1932 年第 37 卷 9、10 两期“文史专号”。《〈两浙藏书家史略〉序言》，吴晗 1932 年 4 月 22 日撰写。

1.2 《江苏藏书家小史》

《江苏藏书家小史》，署名吴春晗（吴晗的原名），原载 1933 年《图书馆季刊》第八卷第一期。《〈江苏藏书家小史〉序言》，吴晗 1933 年 5 月 5 日撰写。

1.3 《明太祖》

《明太祖》，署名吴晗，重庆胜利出版社 1944 年 6 月初版，1944 年 12 月再版，1946 年 2 月沪 1 版。《〈明太祖〉自序》，吴晗 1943 年 11 月 22 日撰写。

1.4 《投枪集》

《投枪集》，署名吴晗，作家出版社 1959 年 9 月出版，《〈投枪集〉前言》，吴晗 1959 年 7 月 6 日撰写。

1.5 《海瑞罢官》

《海瑞罢官》，署名吴晗，新编历史剧，北京出版社 1961 年 8 月出版，《〈海瑞罢官〉序》，吴晗 1961 年 8 月 8 日撰写，1961 年 8 月 17 日文在《光明日报》上发表。

1.6 《春天集》

《春天集》，署名吴晗，作家出版社 1961 年 6 月出版，《〈春天集〉序》，吴晗 1961 年 6 月 20 日撰写。

1.7 《朱元璋传》(1965 年本)

《朱元璋传》(1965 年本)，署名吴晗，生活·读书·新知三联书店 1965 年 2 月出版，《〈朱元璋传〉(1965 年本)自序》，吴晗 1964 年 4 月 7 日撰写。

1.8 《学习集》

《学习集》，署名吴晗，北京出版社 1963 年 2 月出版。《〈学习集〉自序》，吴晗 1962 年 9 月 3 日撰写。

2. 吴晗为别人写序的著作索引

2.1 《太平天国史纲》

《太平天国史纲》，罗尔纲著，商务出版社 1937 年 1 月出版。《〈太平天国史纲〉序》，吴晗 1936 年 4 月 24 日撰写。

2.2 《太平天国史丛考》

《太平天国史丛考》，罗尔纲著，中正出版社 1943 年 8 月出版。《〈太平天国史丛考〉序》，吴晗 1936 年 5 月 8 日撰写。

2.3 《"一二·九"划时代的青年史诗》

《"一二·九"划时代的青年史诗》白澄著，学习出版社 1946 年 3 月出版。《〈"一二·九"划时代的青年史诗〉序》，吴晗 1945 年 12 月 12 日撰写。

2.4 《论“一二·一”运动》

《论“一二·一”运动》，史纲（张子斋）编著、昆明民主周刊社出版。吴晗 1946 年 1 月 10 日为之作序。1946 年 1 月在昆明《民主周刊》增刊发表。

2.5 《闻一多的道路》

《闻一多的道路》，史靖（即王蒙）著，上海生活出版社 1947 年 7 月出版。《〈闻一多的道路〉序》，吴晗 1947 年 3 月 30 日撰写。

2.6 《旧戏新谈》

《旧戏新谈》，黄裳著，上海开明书店 1948 年 8 月出版。《〈旧戏新谈〉序》，吴晗 1948 年 3 月 13 日撰写。

2.7 《历史剧拟目》

《历史剧拟目》，北京历史学会编写，北京出版社 1961 年 7 月出版。《〈历史剧拟目〉序》，吴晗 1961 年 6 月 27 日（当时署名为“北京历史学会”）撰写。

2.8 《今天我喂鸡——北京市少年儿童习作选第一辑》

《今天我喂鸡——北京市少年儿童习作选第一辑》，北京出版社 1961 年 9 月出版。《〈今天我喂鸡〉序》，吴晗 1961 年 7 月 31 日撰写，该文 1961 年 11 月 15 日《人民日报》发表。

2.9 《影印明经世文编》

《影印明经世文编》，1962 年 6 月中华书局出版。《〈影印明经世文编〉序》，吴晗 1962 年 3 月 20 日撰写，该文 1962 年 4 月 5 日《光明日报》发表。

2.10 《我和小淘气》

《我和小淘气》，北京市少年儿童习作集第二辑，北京出版社 1962 年 12 月出版。《〈我和小淘气〉序》，吴晗 1962 年 10 月 14 日撰写，该文 1962 年 11 月 29 日在《北京晚报》上发表。

2.11 《历史故事》

《历史故事》，中央人民广播电台文教科学部选辑，北京出版社 1963 年起开始陆续出版。《普及历史的一套好书——〈历史故事〉序》，吴晗 1963 年 3 月 30 日撰写。

2.12 《中国历史常识》

《中国历史常识》，吴晗主编，中国青年出版社 1963 年 7 月出版。《〈中国历史常识〉序言》，吴晗 1963 年 4 月 17 日撰写。

3. 吴晗的文章被选做代序的著作索引

3.1 《北游录》

《北游录》，中华书局 1960 年 4 月出版。选用吴晗 1959 年 7 月 14 日写的《爱国的历史家谈迁》一文作为代序。

3.2 《海瑞集》

《海瑞集》，中华书局 1962 年 12 月出版。选用吴晗 1959 年 9 月 17 日撰写，1959 年 9 月 21 日发表在《人民日报》上的《论海瑞》一文作为代序。

3.3 《国榷》

《国榷》，中华书局 1958 年 12 月出版。吴晗 1959 年 7 月 10 日撰写、《光明日报》1959 年 7 月 23 日发表《谈迁和〈国榷〉》一文，在 2005 年 8 月中华书局第 3 次印刷《国榷》一书时将吴晗的《谈迁和〈国榷〉》一文放在卷首作为代序。

四、有关研究吴晗的文章及史料索引

1. 新中国成立前发表的研究吴晗的文章及史料索引

编者注：这一部分的文章中既包含有研究吴晗的文章，也包含有有关吴晗参加各类政务、外事、社会以及交游活动的史料的文章。

1.1 《赠与今年的大学毕业生》

胡适《大公报》1934 年 6 月 24 日第 1 张第 2—3 版。

1.2 《致顾颉刚的信函》

许道龄《禹贡》第 5 卷第 1 期 1936 年 3 月 1 日。

1.3 《致顾颉刚的信函》

许道龄《禹贡》第 5 卷第 10 期 1936 年 7 月 16 日。

1.4 《致许道龄的信函》

李晋华《禹贡》第 5 卷第 10 期 1936 年 9 月 1 日。

1.5 《致许道龄的信函》

李晋华《禹贡》第 5 卷第 10 期 1936 年 7 月 16 日。

1.6 《致顾颉刚的信函》

童书业《禹贡》第 6 卷第 2 期 1936 年 9 月 16 日。

1.7 《致顾颉刚的信函》

许道龄《禹贡》第6卷第6期1936年11月16日。

1.8 《致顾颉刚的信函》

李晋华《禹贡》第6卷第10期1937年1月16日。

1.9 《重论"郑和下西洋"事件之贸易性质——代吴春晗先生答许道龄、李晋华二先生》

童书业《禹贡》第7卷第1—3期(合刊)1937年5月16日。

1.10 《闻一多与吴晗》

王一《读书与出版》1947年第7期。

1.11. 《人物志：吴晗》

陶然《燕京新闻》1947年第13卷第9期。

1.12 《明史权威吴晗》

老K《大公晚报》1948年11月29日第2版。

1.13 《罗隆基等发表告国人书 号召人民制止内战 抨击国民党当局内战独裁暴行 敬告美帝国主义反动派应知自处》

《人民日报》1946年6月19日第1版。

1.14 《沪文化界二百六十余人 发表反内战争自由宣言 要求中共努力争取永久和平实现》

《人民日报》1946年7月16日第1版。

1.15 《莫斯科电台广播评论称人民解放军胜利进攻正鼓舞全球反帝斗争》

《人民日报》1948年3月23日第2版。

1.16. 《华北大学通电全国抗议“七五”惨案平四百教授发表沉痛宣言》

《人民日报》1948年7月28日第2版。

1.17 《李济深沈钧儒等五十余名民主人士抵达解放区 声明彻底支持毛主席八项和平条件 希望全国人民共同行动将革命进行到底》

《人民日报》1949年1月24日第1版。

1.18 《新近抵华北解放区的各民主人士在欢迎会上演说 痛斥国民党反动派假和平阴谋 坚决拥护中共毛泽东主席声明 中共华北局书记薄一波同志代表华北人民表示欢迎》

《人民日报》1949年1月27日第1版。

1.19 《古都北平沉浸在狂欢里！我军庄严举行入城式北平军管会与人民市政府入城办公》

《人民日报》1949年2月5日第1版。

1.20 《华北各界六万人盛大集会 庆祝解放平津伟大胜利 一致拥护毛主席八项和平条件》

《人民日报》1949年2月8日第1版。

1.21 《撕破美帝记者鬼脸把他们逐出解放区北平人民继续抗议美记者毁谤》

《人民日报》1949年2月14日第1版。

1.22 《马叙伦范文澜等四十人座谈改革大学教育主张裁并院系改造课程》

《人民日报》1949年3月16日第3版。

1.23 《郭沫若等四十余人座谈文物保管使用一致痛斥国民党盗运古物》

《人民日报》1949年3月17日第1版。

1.24 《中国文化界发表宣言 响应召开世界拥护和平大会》

《人民日报》1949年4月9日第3版。

1.25 《 北平文化界发表宣言 声讨南京反动政府盗运文物》

《人民日报》1949年4月11日第3版。

1.26 《中国新民主主义青年团首次代表大会揭幕朱总司令勉励青年奋力建设》

《人民日报》1949年4月12日第1版。

1.27 《全国青年代表大会筹委会已正式成立廖承志等分任正副主》

《人民日报》1949年4月17日第1版。

1.28 《北平教授学生请解放军快渡江》

《人民日报》1949年4月22日第2版。

1.29 《大会举行预备会通过主席团和议事日程》

《人民日报》1949 年 5 月 5 日第 1 版。

1.30 《中国学术界举行盛会周恩来同志讲话鼓励参加新民主主义国家建设工作》

《人民日报》1949 年 5 月 6 日第 2 版。

1.31 《平市北大清华师大三校新校务委员会成立各校行政负责人亦同时发表》

《人民日报》1949 年 5 月 6 日第 2 版。

1.32 《全国青代大会第三日严济慈吴晗相继报告》

《人民日报》1949 年 5 月 7 日第 1 版。

1.33 《全国民主青联委员名单》

《人民日报》1949 年 5 月 13 日第 1 版。

1.34 《全国青联选出常委廖承志同志任主席》

《人民日报》1949 年 5 月 23 日第 1 版。

1.35 《我和大代表团胜利归来平十万人盛会欢迎郭沫若先生说：我们要遵守大会的宣言和决议，在和平堡垒苏联领导下，和全世界人民密切合作，争取和平事业最后的成功》

《人民日报》1949 年 5 月 26 日第 1 版。

1.36 《统一实施高等教育方针华北高等教委会成立董必武张奚若周扬分任正副主委》

《人民日报》1949 年 6 月 3 日第 2 版。

1.37 《平教研联合会昨集会周恩来同志出席讲话号召大学教职员建立统一组织》

《人民日报》1949年6月6日第2版。

1.38 《华北高等教育委员会常委决议五项工作统一招生及研讨改革学制等》

《人民日报》1949年6月9日第2版。

1.39 《全国民主青联常委会筹选出席世界青代会代表在平各文工团筹商出国表演》

《人民日报》1949年6月10日第1版。

1.40 《平市三教职员团体开联席会筹组专科以上教职联彭真同志指出该组织应参加总工会》

《人民日报》1949年6月12日第2版。

1.41 《华北高等教委会举办暑期学习团结业后统一分配工作》

《人民日报》1949年6月17日第2版。

1.42 《参加新政治协商会议筹备会的各单位代表名单》

《人民日报》1949年6月20日第2版。

1.43 《平教职员联合会筹委会首次会议讨论组织工作增聘吴玉章等为筹委选出常委会进行经常工作》

《人民日报》1949年6月20日第3版。

1.44 《华北高教会常委会议讨论薪金评定问题暑期仍发人民助学金》

《人民日报》1949 年 6 月 22 日第 1 版。

1.45 《中国新史学研究会筹备会昨在平成立》

《人民日报》1949 年 7 月 2 日第 2 版。

1.46 《平廿万人冒雨纪念“七七”十二周年 并庆祝新政协筹备会成立 毛主席朱总司令亲临参加》

《人民日报》1949 年 7 月 9 日第 1 版。

1.47 《北平“七七”纪念大会上的讲词》

《人民日报》1949 年 7 月 9 日第 2 版。

1.48 《全国教育工作者代表会筹备会定期在北平举行》

《人民日报》1949 年 7 月 14 日第 1 版。

1.49 《社会科学工作者代表会发起人今集会团结全国社会科学工作者致力新民主主义建设工作》

《人民日报》1949 年 7 月 14 日第 3 版。

1.50 《中苏友好协会发起人名单》

《人民日报》1949 年 7 月 17 日第 2 版。

1.51 《自我批评，努力学习 循着闻一多的道路前进——记清华闻一多先生殉难三周年纪念晚会》

《光明日报》1949 年 7 月 17 日第 4 版。

1.52 《北平市各界人士盛大集会欢送南工团南下同学彭真同志等号召解放全中国》

《人民日报》1949 年 7 月 19 日第 2 版。

1.53 《青年团中委会欢送出国青年代表团周副主席等均往参加》

《人民日报》1949 年 7 月 22 日第 1 版。

1.54 《钱俊瑞号召大学毕业生深入农村工作郭沫若勉活到老学到老学习团昨举行结业典礼》

《人民日报》1949 年 8 月 9 日第 5 版。

1.55 《团结各阶层人民建设新北平平各界代表会开幕朱总司令指示发展工业生产叶剑英报告半年来军管市政工作各民主党派及民主人士致电祝贺》

《人民日报》1949 年 8 月 10 日第 1 版。

1.56 《华北高教会常委会第三次会议讨论改革大学课程订定辩证唯物论与历史唯物论、新民主主义论为各大学必修课》

《人民日报》1949 年 8 月 12 日第 2 版。

1.57 《中苏友好协会北平分会筹备会正式成立彭真同志等廿三人任常委》

《人民日报》1949 年 8 月 15 日第 1 版。

1.58 《拥护世界二次青代大会全国青联在平常委发表谈话》

《人民日报》1949 年 9 月 7 日第 4 版。

1.59 《中国人民政治协商会议第一届全体会议代表名单》

《人民日报》1949 年 9 月 22 日第 3 版。

1.60 《中国人民政协第一届全会各委员会名单》

《人民日报》1949 年 9 月 23 日第 2 版。

2. 新中国成立后发表的研究吴晗的文章及史料索引

编者注：这一部分的文章中，既包含有研究吴晗的文章，也包含有涉及吴晗参加各类政务、外事、社会以及交游活动的史料的文章。

1949 年

2.1 人民政协第一届全体会议选出全国委员会委员

《人民日报》1949 年 10 月 1 日第 1 版。

2.2 中苏友好协会总会正副会长、理事名单

《人民日报》1949 年 10 月 6 日第 2 版。

2.3 北京市中苏友好协会正副会长及理事名单

《人民日报》1949 年 10 月 10 日第 2 版。

2.4 团结教职员加强学习北大教联成立吴玉章等出席大会讲话

《人民日报》1949 年 10 月 18 日第 4 版。

2.5 文化教育委员会主任副主任及委员名单

《人民日报》1949 年 10 月 20 日第 1 版。

2.6 政务院所属四委员会昨举行首次会议文化教育委员会郭沫若主任号召全体委员迎接新中国文化建设高潮

《人民日报》1949年10月22日第1版。

2.7 苏联对外文化协会招待我国代表团我代表团招待记者

《人民日报》1949年11月12日第1版。

2.8 代表名单

《人民日报》1949年11月19日第4版。

2.9 北京市协商委员会正副主席及委员名单

《人民日报》1949年11月23日第1版。

2.10 北京市长、副市长、政府委员名单及简历

《人民日报》1949年11月23日第1版。

2.11 团结起来，建设人民的首都！ 京市各界代表会议胜利闭幕 聂荣臻、张友渔、吴晗等被选为正副市长 并选出府委十人协商委员会主席及委员四十五人 通过市府暂行组织大纲及重要议案等九十三件

《光明日报》1949年11月23日第1版。

2.12 北京正副市长及府委名单

《光明日报》1949年11月23日第1版。

2.13 北京市人民政府通告 府人字第一号

《人民日报》1949年12月9日第1版。

2.14　标志首都人民民主政权建设新阶段京市长政府委员行就职礼聂市长等致词决心完成人民重托

《人民日报》1949 年 12 月 10 日第 1 版。

2.15　标志亚洲各国民主妇女空前大团结亚洲妇代会议在京揭幕会议将报告讨论亚洲妇女为民族独立人民民主世界和平而斗争及保护妇女儿童权利等问题

《人民日报》1949 年 12 月 11 日第 1 版。

2.16　向帝国主义者示威——亚洲妇女代表会议特写

《人民日报》1949 年 12 月 11 日第 1 版。

2.17　祝贺亚洲妇代会议开幕

《人民日报》1949 年 12 月 11 日第 4 版。

2.18　京中苏友协集会祝寿彭真代表十七万会员祝斯大林万寿无疆

《人民日报》1949 年 12 月 21 日第 4 版。

2.19　苏大使馆酒会我政府首长等庆邀参加

《人民日报》1949 年 12 月 22 日第 1 版。

2.20　京市府委员会二次会议赵局长报告财政概况秋季房产税等基本征齐

《人民日报》1949 年 12 月 24 日第 2 版。

1950年

2.21 庆祝一九五〇年胜利年 首都五万人集会大联欢 张吴两副市长号召生产节约

《人民日报》1950年1月3日第2版。

2.22 上海、北京公债推销委员会成立汉口工商界预购四十余万份

《人民日报》1950年1月7日第1版。

2.23 吴晗在北京电台讲演有关公债问题

《人民日报》1950年1月10日第3版。

2.24 吴晗广播 全市人民动员起来热烈推销胜利公债

《人民日报》1950年1月14日第4版。

2.25 北京市人民政府布告府财字第一号

《人民日报》1950年1月18日第6版。

2.26 北京市人民政府布告府财字第一号

《人民日报》1950年1月19日第3版。

2.27 北京市人民政府布告府财字第一号

《人民日报》1950年1月20日第6版。

2.28 北京市人民政府布告府秘字第一号

《人民日报》1950年1月22日第6版。

2.29 北京市人民政府布告府秘字第二号

《人民日报》1950年1月22日第6版。

2.30　北京市人民政府令 府秘字第二一八号 一九五〇年一月廿日兹制定“北京市人民政府取缔非法商业行为暂行办法”公布

《人民日报》1950年1月22日第6版。

2.31　北京市人民政府令 府秘字第二一九号 一九五〇年一月廿日兹制定“北京市公立（市）场管理暂行规则”公布

《人民日报》1950年1月22日第6版。

2.32　北京市人民政府令 府秘字第二一八号 一九五〇年一月廿日兹制定“北京市人民政府取缔非法商业行为暂行办法”公布

《人民日报》1950年1月23日第6版。

2.33　北京市人民政府令 府秘字第二一九号 一九五〇年一月廿日兹制定“北京市公立（市）场管理暂行规则”公布

《人民日报》1950年1月23日第6版。

2.34　京公债推销委员会动员地方人士购买胜利公债

《人民日报》1950年2月3日第4版。

2.35　市府千余干部集会庆祝北京解放周年张副市长勉励大家加强学习，把今年工作作得更好

《人民日报》1950年2月4日第1版。

2.36　北京市人民政府令 府秘字第二三七号

《人民日报》1950年2月6日第3版。

2.37　北京市人民政府令 府秘字第二三八号

《人民日报》1950年2月6日第3版。

2.38　政务院文教委员会会议通过今年工作计划草案

《人民日报》1950年2月8日第1版。

2.39　京市人民政府委员会会议通过今年财政收支概算将提交下次各界人民代表会议讨论

《人民日报》1950年2月8日第4版。

2.40　京各界代表会协商委员会昨开第三次全体会议

《人民日报》1950年2月10日第4版。

2.41　匈牙利驻我国公使夏法朗柯昨抵京章汉夫副外长等赴站欢迎

《人民日报》1950年2月11日第1版。

2.42　防止额外剥削取缔匿价逃税京房地产交易所开幕

《人民日报》1950年2月11日第4版。

2.43　首都各界纷纷发言感谢斯大林和苏联友人欢庆中苏签订友好条约

《人民日报》1950年2月16日第3版。

2.44　京各界代表会议协商委会昨开会彭真报告中苏缔约伟大意义吴晗报告公债推销情况；会议定廿二日召开第二次各界代表会议

《人民日报》1950年2月16日第4版。

2.45　罗马尼亚驻我国大使 鲁登科昨日抵京 章汉夫副外长等赴站欢迎

《人民日报》1950年2月20日第1版。

2.46　中小学教师寒假学习会分科讲座开始

《人民日报》1950 年 2 月 21 日第 4 版。

2.47　庆祝中苏友好同盟互助条约签订苏大使馆举行盛大酒会我政府首长、各党派团体领袖及各国外交使节应邀参加

《人民日报》1950 年 2 月 22 日第 1 版。

2.48　苏大使馆举行庆祝酒会刘少奇朱德副主席等八百人赴宴与会者纷纷为斯大林大元帅和毛泽东主席健康而干杯

《人民日报》1950 年 2 月 24 日第 1 版。

2.49　匈公使夏法朗柯拜谒我政府首长李副外长宴匈公使馆人员

《人民日报》1950 年 2 月 25 日第 1 版。

2.50　市府四千人昨集会庆祝中苏缔约

《人民日报》1950 年 2 月 25 日第 4 版。

2.51　京市各界人民代表会议二届二次会议昨开幕主要议程为讨论与通过市政府本年工作计划和财政收支概算

《人民日报》1950 年 2 月 26 日第 1 版。

2.52　吴副市长在各界代表会议上报告公债推销情况认购工作完成十分之九

《人民日报》1950 年 2 月 26 日第 4 版。

2.53　民盟举行三次中常会通过追认该盟各委员会人选等决议

《人民日报》1950 年 2 月 28 日第 1 版。

2.54　京各界代表会议胜利闭幕决议设区人民代表会通过对一百二十件提案的审查意见大会电毛主席和斯大林大元帅致敬

《人民日报》1950 年 2 月 28 日第 1 版。

2.55　代表世界青联访问我国青年斐盖尔昨日抵京冯文彬廖承志等到车站欢迎

《人民日报》1950 年 3 月 3 日第 1 版。

2.56　北京市人民政府布告府财字第三号

《人民日报》1950 年 3 月 14 日第 1 版。

2.57　京二届二次各界代表会议决议案市府委员会全部接受并责成各部门拟定具体执行计划

《人民日报》1950 年 3 月 19 日第 4 版。

2.58　京学生二届代表大会开幕吴晗副市长等报告业务学习课余生产等问题

《人民日报》1950 年 3 月 19 日第 4 版。

2.59　面对开展学习与课余生产主题京学生二届代会开幕吴副市长翁局长等均到会讲话

《光明日报》1950 年 3 月 19 日第 4 版。

2.60　京市推销公债总会督促地方人士购债

《人民日报》1950 年 3 月 25 日第 4 版。

2.61　京市公安局业余文化学校开学

《人民日报》1950 年 3 月 27 日第 3 版。

2.62　北京市人民政府令府秘一字第一二四三号

《人民日报》1950 年 4 月 4 日第 3 版。

2.63　执行统一财经决定京市成立编制清理仓库委员会张友渔程宏毅分任主任委员

《人民日报》1950 年 4 月 5 日第 4 版。

2.64　京市府决定加强税收复核工作避免发生个别工商业户负担不平衡现象

《人民日报》1950 年 4 月 5 日第 4 版。

2.65　清明节纪念革命先烈京市府及各界代表祭扫李大钊烈士墓吴晗号召学习先烈革命忠忱，更好地担负起新的建设工作

《人民日报》1950 年 4 月 6 日第 4 版。

2.66　北京市人民政府令府秘一字第一二四三号

《人民日报》1950 年 4 月 10 日第 6 版。

2.67　人民印刷厂业余学校二千五百学员入学

《人民日报》1950 年 4 月 19 日第 4 版。

2.68　总结推销经验表扬购债模范京举行公债推销总结联欢会

《人民日报》1950 年 4 月 24 日第 4 版。

2.69　劳动部定明日举行会议讨论救济失业工人办法京市救济委员会成立

《人民日报》1950 年 4 月 26 日第 4 版。

2.70　政务院三十次会议通过四项任命名单

《人民日报》1950 年 4 月 30 日第 3 版。

2.71　北京市人民政府令 府秘一字第一七四八号

《人民日报》1950 年 5 月 3 日第 6 版。

2.72　北京市人民政府布告府建管字第一号

《人民日报》1950 年 5 月 3 日第 6 版。

2.73　北京市人民政府令 府秘一字第一八一〇号

《人民日报》1950 年 5 月 4 日第 5 版。

2.74　北京举行盛大酒会欢迎苏联青年代表团

《人民日报》1950 年 5 月 6 日第 1 版。

2.75　第二届各界人民代表会协商委会举行会议通过各界人代会组织通则草案

《人民日报》1950 年 5 月 8 日第 3 版。

2.76　北京市人民政府令 府秘一字第一八一〇号

《人民日报》1950 年 5 月 8 日第 5 版。

2.77　人民法院迅速清理积案已组十二个审判组分赴各区工作

《人民日报》1950 年 5 月 12 日第 3 版。

2.78　印度驻我国大使潘尼迦昨抵京

《人民日报》1950 年 5 月 15 日第 1 版。

2.79 庆祝“六一”国际儿童节 筹委会决定七项活动计划

《人民日报》1950 年 5 月 15 日第 3 版。

2.80 市协商委员会举行会议听取了调整公私工商业问题等报告通过市府关于检查干部作风的建议

《人民日报》1950 年 5 月 22 日第 3 版。

2.81 青年团中央举行盛大宴会欢送苏联青年代表团

《人民日报》1950 年 5 月 26 日第 1 版。

2.82 京市文艺工作者代表大会昨揭幕

《人民日报》1950 年 5 月 29 日第 1 版。

2.83 大家的事大家商量办京市六区举行各界代表会议高云超区长作一年来的工作报告会议正讨论开展公共卫生整修土路等提案

《人民日报》1950 年 6 月 2 日第 1 版。

2.84 苏联小朋友热烈献花充满了国际友爱精神

《人民日报》1950 年 6 月 2 日第 1 版。

2.85 波兰驻我国大使布尔金昨日抵京章汉夫副外长等赴站欢迎

《人民日报》1950 年 6 月 5 日第 1 版。

2.86 瑞典驻我国大使阿马斯顿昨抵京

《人民日报》1950 年 6 月 7 日第 1 版。

2.87 北京市人民政府布告府秘字第五号

《人民日报》1950 年 6 月 13 日第 5 版。

2.88 会议出席人名单

《人民日报》1950 年 6 月 15 日第 1 版。

2.89 瑞典驻我国大使阿马斯顿昨抵京

《人民日报》1950 年 6 月 17 日第 1 版。

2.90 市人民政府为改进工作教育干部成立作风纪律检查委员会将以零售公司、合作社和行政处为重点开始检查

2.91 德驻华外交使团抵京

《人民日报》1950 年 6 月 17 日第 1 版。

2.92 辅华爆炸事件善后委员会决定三项救济灾民办法

《人民日报》1950 年 6 月 17 日第 3 版。

2.93 市卫生委员会召集区长等开会布置夏季卫生运动工作定下月初举行全市户内外大扫除

《人民日报》1950 年 6 月 19 日第 3 版。

2.94 北京市人民政府布告府秘字第七号

《人民日报》1950 年 6 月 21 日第 1 版。

2.95 北京市人民政府布告府秘字第七号

《人民日报》1950 年 6 月 22 日第 1 版。

2.96 第三十三次政务会议通过任命的各项名单

《人民日报》1950 年 6 月 22 日第 3 版。

2.97　北京市人民政府布告府秘字第七号

《人民日报》1950年6月23日第1版。

2.98　北京市人民政府布告府秘字第七号

《人民日报》1950年6月24日第1版。

2.99　蒙古驻华大使德亚尔卡赛汉抵京

《人民日报》1950年6月25日第1版。

2.100　北京市人民政府令 府秘一字第三一八八号

《人民日报》1950年6月25日第6版。

2.101　北京市人民政府令府秘一字第三一八八号

《人民日报》1950年6月26日第5版。

2.102　第一区各界人民代表会议上苏捷区长报告一年来的工作

《人民日报》1950年6月29日第3版。

2.103　毛主席宴德外交使团柯尼希分谒我政府首长

《人民日报》1950年7月5日第1版。

2.104　和大今晚举行晚会纪念"七七"北京市府万余干部昨举行和平签名大会

《人民日报》1950年7月7日第1版。

2.105　市府委员会举行第六次会议通过财经、土改等各项工作报告

《人民日报》1950年7月8日第3版。

2.106 贾尔卡赛汗分谒我政府首长

《人民日报》1950年7月11日第1版。

2.107 周外长宴丹麦公使穆克丹麦公使拜谒我政府首长

《人民日报》1950年7月11日第1版。

2.108 赴布拉格出席世界学生代表大会越南学生代表团抵京青年团青联学联设宴欢迎

《人民日报》1950年7月15日第1版。

2.109 京市试行扫除文盲工作 决选择第三区为试验区 市府召开扫盲座谈会征求意见

《光明日报》1950年7月15日第4版。

2.110 北京人民政府令府秘一字第三八二一号

《人民日报》1950年7月23日第6版。

2.111 北京人民政府令府秘一字第三八二一号

《人民日报》1950年7月24日第5版。

2.112 缅甸驻我国大使吴敏登昨日抵京

《人民日报》1950年8月1日第1版。

2.113 永定河水猛涨后流入小清河彭真吴晗等往芦沟桥巡视水情

《人民日报》1950年8月6日第3版。

2.114 北京市人民政府令府秘一字第四零三九号

《人民日报》1950年8月6日第6版。

2.115　大学与中学的联系问题座谈会记录中国民主同盟总部与北京市支部文教委员会主办

《光明日报》1950 年 8 月 7 日第 3 版。

2.116　京各界三次代表会开幕会议主要是听取市府各项工作报告

《人民日报》1950 年 8 月 9 日第 1 版。

2.117　京市二届三次各界人民代表会议闭幕通过关于各项工作报告的决议决继续展开和平签名运动反对美国侵略

《人民日报》1950 年 8 月 11 日第 1 版。

2.118　庆祝朝鲜解放五周年慰问朝鲜人民我国人民代表团赴朝鲜临行时北京各界曾举行盛大欢送会要求把我国人民的敬意带到朝鲜去

《人民日报》1950 年 8 月 15 日第 1 版。

2.119　自然科学工作者代表会开幕加强全国五万余科学工作者的团结有计划地为工业农业国防建设服务

《人民日报》1950 年 8 月 19 日第 1 版。

2.120　参加朝鲜解放五周年庆典后我国人民代表团返京

《人民日报》1950 年 8 月 25 日第 1 版。

2.121　北京市人民政府令府秘一字第三九七四号

《人民日报》1950 年 8 月 26 日第 6 版。

2.122　京市政府委员会七次会议通过市府整风计划接受二届三次人民代表会议决议

《人民日报》1950 年 9 月 3 日第 6 版。

2.123 京市一九五〇年体育大会筹委会成立 大会定下月在先农坛举行

《人民日报》1950年9月3日第6版。

2.124 中朝人民加强团结反对共同的敌人美帝国主义首都各界五千余人隆重集会欢迎访问朝鲜中国人民代表团返国

《人民日报》1950年9月4日第1版。

2.125 北京市人民政府公告 府公建字第三号

《人民日报》1950年9月8日第6版。

2.126 中国红十字会改组总会新理事会成立

《人民日报》1950年9月10日第1版。

2.127 世界青联代表团抵我国境我青联秘书长吴晗暨内蒙团委代表等前往迎接满洲里市的成年人都已经在和平宣言上签了名

《人民日报》1950年9月12日第1版。

2.128 齐齐哈尔五千人集会欢迎世界青联代表团

《人民日报》1950年9月13日第1版。

2.129 欢迎世界青联代表团齐市五万余人大集会

《人民日报》1950年9月14日第1版。

2.130 北京五万青年昨日盛大集会欢迎世界青联代表团中国青年和全世界青年团结一致必能战胜侵略者，保卫世界和平

《人民日报》1950年9月25日第4版。

2.131 参加首次国庆盛典西南各民族代表团抵京并有各民族文工团同来献演

《人民日报》1950年9月27日第4版。

2.132 保加利亚驻华大使抵京

《人民日报》1950年9月28日第1版。

2.133 内蒙东北华东天津少数民族代表抵京参加第一个国庆节盛典

《人民日报》1950年9月28日第3版。

2.134 新疆驻军及中南、华北少数民族代表抵京

《人民日报》1950年9月29日第1版。

2.135 世青代表团朝鲜代表玄正民李焕起抵京

《人民日报》1950年9月29日第1版。

2.136 参加国庆节盛典西北各民族代表抵京绥远蒙族代表亦已到达

《人民日报》1950年9月30日第1版。

2.137 《新建设》改为学术性月刊

《人民日报》1950年10月3日第8版。

2.138 北京市人民政府令 府秘一字第四七六九

《人民日报》1950年10月4日第6版。

2.139 华北军区等五单位招待全体英模代表

《人民日报》1950年10月5日第1版。

2.140 发扬体育的群众性与集体主义精神京市人民体育大会昨日开幕

《人民日报》1950 年 10 月 15 日第 1 版。

2.141 中共中央华北局等六单位昨欢宴世青代表团

《人民日报》1950 年 10 月 18 日第 1 版。

2.142 北京市人民政府令府秘一字 第五四三六号

《人民日报》1950 年 10 月 18 日第 6 版。

2.143 清华大学工会会员 掀起反对收听“美国之音”运动 签名发表宣言，号召自觉不听“美国之音”，要求政府严格取缔收听

《人民日报》1950 年 10 月 21 日第 2 版。

2.144 提倡国民体育保卫世界和平（图片）

《人民日报》1950 年 10 月 21 日第 5 版。

2.145 京市协商委员会举行九次会议决按期改选人民代表会议代表讨论继续加强镇压反革命活动各委员发言决心支持政府反对美国侵略

《人民日报》1950 年 10 月 28 日第 1 版。

2.146 任弼时同志治丧委员会成立

《人民日报》1950 年 10 月 29 日第 1 版。

2.147 各民族代表昨日离京联合写信向毛主席致敬并函首都各界致谢共勉团结奋斗

《人民日报》1950 年 10 月 29 日第 1 版。

2.148　出席世界和大的我国代表团由郭沫若率领启程出国北京各界昨在车站盛会欢送

《人民日报》1950 年 10 月 31 日第 1 版。

2.149　清华大学等校院教职员工分别发表宣言坚决拥护各民主党派联合宣言尽最大努力为抗美援朝保家卫国的神圣任务奋斗到底

《人民日报》1950 年 11 月 7 日第 3 版。

2.150　保卫世界和平反对美国侵略委员会北京市分会昨日正式成立代表二百万人民的意志坚决抗美援朝通过决议拥护各民主党派联合宣言

《人民日报》1950 年 11 月 9 日第 4 版。

2.151　瑞典驻华大使馆举行瑞典逝世国王追悼会

《人民日报》1950 年 11 月 10 日第 4 版。

2.152　民盟京市盟员发表宣言 决为抗美援朝奋斗到底 表示坚决拥护周总理报告和各民主党派联合宣言

《光明日报》1950 年 11 月 11 日第 4 版。

2.153　民盟北京市支部盟员联名发表抗美援朝保家卫国宣言

《人民日报》1950 年 11 月 12 日第 2 版。

2.154　保卫和平反对侵略委员会京市分会常委会首次集会　决定加强工作机构统一领导全市人民进行各项抗美援朝保家卫国志愿活动

《人民日报》1950 年 11 月 12 日第 1 版。

2.155　出席安理会讨论我控诉武装侵台案伍修权等昨起飞赴成功湖

《人民日报》1950 年 11 月 15 日第 1 版。

2.156　我国和大举行宴会招待韩雪野李箕永

《人民日报》1950 年 11 月 17 日第 4 版。

2.157　清华大学工会会员 掀起反对收听“美国之音”运动 签名发表宣言，号召自觉不听“美国之音”，要求政府严格取缔收听

《人民日报》1950 年 11 月 21 日第 2 版。

2.158　北京市人民政府关于北京郊区土地改革的总结报告（一九五〇年十一月二十一日经中央人民政府政务院审核批准）

《人民日报》1950 年 11 月 23 日第 2 版。

2.159　北京市人民政府布告 市税字第八号

《光明日报》1950 年 11 月 27 日第 3 版。

2.160　北京市人民政府令 府秘一字第五八六九号

《人民日报》1950 年 12 月 5 日第 6 版。

2.161　保卫世界和平反对美国侵略委员会邀各民主党派来京代表座谈进一步开展抗美援朝运动

《人民日报》1950 年 12 月 8 日第 1 版。

2.162　京各界将举行祝捷大会文艺界定今日示威游行

《人民日报》1950 年 12 月 10 日第 1 版。

2.163　庆祝平壤解放反对美帝侵略京工商界五万人大示威电毛主席致敬保证实行爱国公约

《人民日报》1950 年 12 月 10 日第 1 版。

2.164　京军事干部学校招生委员会成立

《人民日报》1950年12月10日第2版。

2.165　京市各民主党派招待各地来京代表

《人民日报》1950年12月10日第3版。

2.166　负责军干学校招生事宜　京市成立招生委员会　吴晗任主委；将指定各学校工厂成立保送委会人选

《光明日报》1950年12月10日第2版。

2.167　中苏友好协会今请吴晗演讲

《人民日报》1950年12月15日第6版。

2.168　京工农速成中学举行开学典礼教育部马叙伦、韦悫正副部长及吴晗副市长亲临祝贺

《人民日报》1950年12月17日第3版。

2.169　新民主主义讲座

《人民日报》1950年12月19日第6版。

2.170　我和大代表团胜利回国　首都各界代表一千五百余人赴车站欢迎郭沫若团长号召保卫和平反对美帝侵略

《人民日报》1950年12月22日第1版。

2.171　教育部等五单位欢宴苏体育代表团

《人民日报》1950年12月26日第4版。

2.172 京二届四次各界代表会议开幕昨听取聂市长、吴副市长、罗兼局长的报告

《人民日报》1950年12月30日第1版。

2.173 失业救济和普遍召开区各界人民代表会议的两项工作 京市吴晗副市长在京市第二届第四次各界人民代表会议上的报告

《人民日报》1950年12月30日第3版。

2.174 京市二届各界人民代表会议圆满闭幕通过政府工作报告及下届代表产生办法两项决议电中朝战士及世界和平理事会并写信向毛主席致敬

《人民日报》1950年12月31日第3版。

2.175 京市二届四次各界人民代表会议通过京市三届人民代表会议代表产生办法并通过关于政府三项工作报告的决议

《人民日报》1950年12月31日第3版。

1951年

2.176 认真开展拥护军队优待军属运动

《人民日报》1951年1月1日第3版。

2.177 广播节目预告

《人民日报》1951年1月1日第4版。

2.178 民盟京支部盛大晚会，热烈欢迎新盟员入盟盛大联欢晚会

《光明日报》1951年1月7日第2版。

2.179　京市人民政府和各党派、团体向毛主席朱总司令献旗

《人民日报》1951 年 2 月 15 日第 1 版。

2.180　京市三届一次各界代表会议定于二十六日召开聂市长辞职已获批准

《人民日报》1951 年 2 月 24 日第 2 版。

2.181　京市三届一次各界代表会议开幕彭真提出京市本年度工作方针会议将决定施政方针并选举市长和副市长等

《人民日报》1951 年 2 月 27 日第 1 版。

2.182　京三届一次各界代表会议闭幕彭真当选北京市市长刘少奇副主席曾到会作重要指示

《人民日报》1951 年 3 月 1 日第 1 版。

2.183　北京市吴晗副市长关于北京市第三届各界人民代表会议代表选举工作的报告

《人民日报》1951 年 3 月 1 日第 2 版。

2.184　北京市人民政府市长、副市长、政府委员会委员简历

《人民日报》1951 年 3 月 1 日第 2 版。

2.185　北京市第三届各界人民代表会议协商委员会名单

《人民日报》1951 年 3 月 1 日第 2 版。

2.186　周外长宴芬公使瓦尔万尼芬公使曾分别谒见我政府首长

《人民日报》1951 年 3 月 1 日第 4 版。

2.187　北京市举行冬学模范大会

《人民日报》1951年3月5日第3版。

2.188　北京市市长副市长政府委员举行就职典礼 彭真市长勉工作人员依靠全市群众力量建设人民首都

《人民日报》1951年3月9日第1版。

2.189　丹公使举行国庆招待会

《人民日报》1951年3月12日第4版。

2.190　北京市广大人民拥护逮捕反革命分子民盟北京市支部委员发表谈话决协助政府镇压反革命分子

《人民日报》1951年3月14日第1版。

2.191　中国民主同盟北京市支部举行盟员反特控诉大会 烈士家属及盟员愤怒控诉特务罪行 一致拥护政府镇压反革命措施

《人民日报》1951年3月19日第1版。

2.192　保卫世界和平反美侵略委员会北京分会订出普及深入抗美援朝运动办法要求全市各区及各单位作出计划进行爱国宣传教育

《人民日报》1951年4月5日第1版。

2.193　民盟京市支部举行惩治反革命座谈会，首都司法界人士应邀出席讨论一致表示司法人员必须加强理论、政策学习，纠正宽大无边的偏差

《光明日报》1951年4月7日第2版。

2.194 中国人民外交学会举行第二届会员大会与会者一致签名拥护缔结和平公约并举行关于日本问题的投票

《人民日报》1951年4月10日第1版。

2.195 中共京市府党委会举行茶会邀请京市府机关内各民主党派人士 谈各民主党派发展与巩固组织问题

《光明日报》1951年4月10日第1版。

2.196 我新任驻苏大使张闻天启程赴苏

《人民日报》1951年4月14日第1版。

2.197 北京市文教局召集基督教会堂负责人开会

《人民日报》1951年4月19日第1版。

2.198 华北将举行抗美援朝代表会议制订普及深入抗美援朝运动的决议并将产生华北人民抗美援朝总分会

《人民日报》1951年4月19日第1版。

2.199 北京万余天主教徒举行爱国示威大游行一致签名拥护缔结和平公约，投票反对武装日本

《人民日报》1951年4月23日第1版。

2.200 北京市工商界举行广播大会 全市工商业界收听者近十五万人一万八千余户响应订立爱国公约的挑战

《人民日报》1951年4月25日第1版。

2.201 国际学联执委昨天到达北京我学联主席在机场致词表示热烈欢迎格罗曼盛赞我国学生保卫和平的斗争

《人民日报》1951 年 4 月 25 日第 4 版。

2.202 越南驻我国大使衔代表黄文欢昨天到北京章汉夫副外长等赴站欢迎

《人民日报》1951 年 4 月 26 日第 1 版。

2.203 班禅即将抵京向毛主席致敬，途经西宁兰州西安等地备受党政军首长热情欢迎 经香港前来的西藏谈判代表到达北京

《人民日报》1951 年 4 月 27 日第 1 版。

2.204 华北区首届抗美援朝代表会议闭幕，华北抗美援朝总分会正式成立通过决议号召扩大反美爱国统一战线中共中央华北局统一战线工作部欢宴全体代表

《人民日报》1951 年 4 月 27 日第 1 版。

2.205 参加我国五一劳动节庆祝典礼英国人民访问团昨日抵京全国总工会等人民团体代表前往机场欢迎

《人民日报》1951 年 4 月 29 日第 1 版。

2.206 纪念“五四”青年节，庆祝国际学联执委会会议闭幕首都万余青年昨举行盛大集会荣高棠讲话指出，青年应进一步普及深入抗美援朝运动

《人民日报》1951 年 5 月 5 日第 1 版。

2.207 昨日国际儿童节首都儿童代表举行庆祝大会

《人民日报》1951 年 6 月 2 日第 1 版。

2.208 首都儿童代表八百余人集会 热烈庆祝六一国际儿童节大会由儿童自己主持，吴晗副市长和战斗英雄刘桃顺均被邀讲话

《光明日报》1951年6月2日第1版。

2.209 民盟京支部召开首次干部会议全体干部明确了结合实际工作发展组织的思想 各区分部小组一致热烈响应爱国主义捐献活动

《光明日报》1951年6月3日第2版。

2.210 全国规模最大的游泳场北京市什刹海人民游泳场揭幕

《人民日报》1951年6月7日第2版。

2.211 中央人民政府赴西藏代表张经武偕西藏三代表离京赴藏西藏三代表行前曾捐款并表示将发动西藏人民捐献武器

《人民日报》1951年6月15日第1版。

2.212 朝人民访华代表团抵京郭沫若等五百余人赴车站热烈欢迎代表团团长元东根向欢迎者致答词

《人民日报》1951年6月22日第1版。

2.213 北京市举行三届二次人民代表会议 彭真市长报告北京市各项工作 大会通电向毛主席和中共中央祝贺“七一”

《人民日报》1951年6月26日第1版。

2.214 京津学生纷纷报考军干校两市先后成立招生委员会统一领导

《人民日报》1951年6月27日第1版。

2.215 访苏访德代表团返京李济深郭沫若等赴站欢迎

《人民日报》1951年7月6日第1版。

2.216 庆祝蒙古人民革命胜利三十周年蒙古大使昨在京举行招待会毛主席和周总理分别电布马增及乔巴山祝贺

《人民日报》1951年7月12日第1版。

2.217 北京胜利完成军干校招生任务批准工作结束被录取同学开始集中昨日京市举行全市性的盛大欢送会

《人民日报》1951年7月13日第1版。

2.218 瑞典大使阿马斯顿奉调返国新任大使赛德勃隆昨日抵京

《人民日报》1951年7月16日第4版。

2.219 京市举行首届青年代表大会选出青联执行委员正式成立京市青联

《人民日报》1951年7月21日第3版。

2.220 加强中越两国人民的友谊越南人民访华代表团昨抵京首都各界代表七百余人赴车站欢迎

《人民日报》1951年7月24日第1版。

2.221 民盟京市市级机关区分部成立章伯钧报告民盟历史及今后任务 张友渔副市长等均亲临致贺并讲话

《光明日报》1951年7月27日第2版。

2.222 参加世界青年联欢节我国第二批代表离京赴德

《人民日报》1951年7月29日第4版。

2.223　彭真市长张友渔吴晗副市长“八一”建军节致函慰问京市烈军属和革命残废军人

《人民日报》1951年8月1日第2版。

2.224　参加世界青年与学生和平联欢节各国代表团陆续到达柏林

《人民日报》1951年8月5日第4版。

2.225　北京市人民政府发布紧急通告动员全市人民消灭蚊子预防脑炎

《人民日报》1951年8月21日第1版。

2.226　世界青年与学生联欢节结束我国代表团分途返国

《人民日报》1951年9月1日第4版。

2.227　冯文彬吴晗等返抵北京

《人民日报》1951年9月6日第3版。

2.228　庆祝保加利亚国庆节保大使在京举行盛大招待会朱德刘少奇副主席等及各国使节应邀出席

《人民日报》1951年9月10日第1版。

2.229　爱伦堡聂鲁达等昨抵京宋庆龄郭沫若等前往机场欢迎

《人民日报》1951年9月16日第1版。

2.230　北京市天主教革新委员会昨成立与会代表激愤控诉帝国主义者利用宗教侵略中国的罪行决心深入开展革新运动彻底肃清教会中的帝国主义分子

《人民日报》1951年9月18日第1版。

2.231　缅甸大使吴敏登奉调返国新任大使吴拉茂昨日抵京

《人民日报》1951 年 9 月 18 日第 1 版。

2.232　青年和平战士力量的大检阅（图片）

《人民日报》1951 年 9 月 19 日第 5 版。

2.233　民盟京市支部举行三届盟员大会，总结一年来工作选出第三届支部委员 通过宣言坚决反对美英非法对日媾和

《光明日报》1951 年 9 月 20 日第 2 版。

2.234　巴基斯坦人民观礼代表团团长 米安•伊夫提卡鲁丁抵京

《人民日报》1951 年 10 月 4 日第 1 版。

2.235　提高人民购买力从经济上巩固工农联盟华北区城乡物资交流展览会开幕

《人民日报》1951 年 10 月 6 日第 1 版。

2.236　庆祝德意志民主共和国成立两周年纪念柯尼希使团长昨在京举行招待会朱德宋庆龄副主席等二百余人应邀参加

《人民日报》1951 年 10 月 8 日第 1 版。

2.237　全国青联和青年团中央欢迎各国青年代表

《人民日报》1951 年 10 月 9 日第 1 版。

2.238　爱伦堡、聂鲁达昨日离京飞莫斯科

《人民日报》1951 年 10 月 10 日第 1 版。

2.239 印缅等国观礼代表赴东北

《人民日报》1951 年 10 月 11 日第 1 版。

2.240 中国人民政治协商会议第一届全国委员会第三次会议出席列席名单

《人民日报》1951 年 10 月 24 日第 2 版。

2.241 出席二届世界和平理事会会议我国代表团首批人员启程

《人民日报》1951 年 10 月 24 日第 4 版。

2.242 中国人民政协全国委员会第三次会议昨开幕毛主席致开幕词会议听取了周总理的政治报告

《光明日报》1951 年 10 月 24 日第 1 版。

2.243 首都各界昨日举行大会纪念抗美援朝一周年

《人民日报》1951 年 10 月 26 日第 1 版。

2.244 匈波两国人民观礼代表团昨日离北京返国

《人民日报》1951 年 10 月 31 日第 1 版。

2.245 巴基斯坦驻我国首任大使罗查等一行昨日抵京

《人民日报》1951 年 11 月 2 日第 4 版。

2.246 罗、捷、德、保观礼代表团相继离北京分别返国

《人民日报》1951 年 11 月 5 日第 4 版。

2.247 北京市中苏友协代表会确定一年工作计划彭真同志当选为会长

《人民日报》1951 年 11 月 9 日第 1 版。

2.248 中国人民保卫儿童全国委员会昨天成立选举宋庆龄为主席邓颖超等六人为副主席

《人民日报》1951 年 11 月 27 日第 1 版。

2.249 为不断提高工作干部的政治认识 京市各民主党派举办干部夜校 学习内容包括三单元，学习期间十周

《光明日报》1951 年 11 月 27 日第 2 版。

2.250 北京市人民政府邀集有关单位商定使用文教区土地办法加强各单位建筑的计划性

《人民日报》1951 年 12 月 2 日第 1 版。

2.251 参加世界和平理事会议后我代表团回到北京

《人民日报》1951 年 12 月 2 日第 1 版。

2.252 北京市人民政府所属各单位检查精简节约情况准备迅速开展群众性的反贪污浪费运动

《人民日报》1951 年 12 月 10 日第 1 版。

2.253 北京市中小学教育工作者改造思想的学习运动已有初步成绩

《人民日报》1951 年 12 月 18 日第 1 版。

2.254　北京市即将开各界人民代表会议动员全市人民反贪污浪费北京市节约检查委员会成立

《人民日报》1951 年 12 月 22 日第 1 版。

2.255　作家老舍荣获“人民艺术家”荣誉奖状 彭真市长代表北京市人民向老舍致谢

《人民日报》1951 年 12 月 23 日第 1 版。

2.256　北京市建立各级选举委员会筹备第四届各界代表会议选举工作

《人民日报》1951 年 12 月 26 日第 1 版。

2.257　北京市举行第一届保育工作者代表会议

《人民日报》1951 年 12 月 29 日第 3 版。

2.258　庆祝罗马尼亚人民共和国成立四周年罗驻华大使昨在京举行招待会朱副主席董副总理等和各国使节应邀出席

《人民日报》1951 年 12 月 31 日第 1 版。

1952 年

2.259　志愿军代表团和朝鲜人民代表团抵京首都各界代表千余人在车站举行盛大欢迎会

《人民日报》1952 年 1 月 19 日第 1 版。

2.260　庆祝越南外交胜利纪念日二周年越南驻华临时代办举行招待会周恩来总理等和各国驻华使节应邀出席

《人民日报》1952 年 1 月 19 日第 1 版。

2.261 纪念中苏友好同盟互助条约签订两周年苏联驻我国大使罗申举行酒会朱德刘少奇副主席等和各国使节应邀参加

《人民日报》1952 年 2 月 15 日第 1 版。

2.262 为庆祝苏军建军三十四周年苏驻华大使馆武官举行盛大酒会朱德总司令等及各国驻华使节应邀出席

《人民日报》1952 年 2 月 24 日第 1 版。

2.263 朝鲜李周渊大使奉调返国新任大使权五稷抵京

《人民日报》1952 年 3 月 8 日第 1 版。

2.264 捷新任驻我国大使康萨拉昨天抵北京魏斯柯普夫已奉调返国

《人民日报》1952 年 3 月 16 日第 1 版。

2.265 政协全国委员会、中国人民保卫和平委员会欢送国际民主法协调查团陈叔通、彭真、沈钧儒致词欢送，深信全世界爱好和平人民必将严惩美国细菌战罪行

《人民日报》1952 年 4 月 2 日第 1 版。

2.266 匈牙利大使昨举行国庆节招待会朱德副主席等和各国驻华使节应邀出席

《人民日报》1952 年 4 月 5 日第 1 版。

2.267 昌都地区藏族代表参观队昨天到达北京青海省同仁县隆务寺夏日仓活佛等一行亦已抵京

《人民日报》1952 年 4 月 9 日第 1 版。

2.268　奖励祁建华创造“速成识字法”重大成就 政务院文化教育委员会颁给奖状 号召各地迅速推广发展工农兵文化教育

《人民日报》1952 年 4 月 25 日第 1 版。

2.269　缅甸文化代表团抵达北京中央外交部副部长章汉夫设宴欢迎

《人民日报》1952 年 4 月 27 日第 1 版。

2.270 在上海、武汉、西安等地胜利完成报告工作后 李雪三、洪淳哲等昨返抵北京 各分团代表也将在日内返京参加首都“五一”节观礼

《人民日报》1952 年 4 月 27 日第 1 版。

2.271　应邀来我国参加世界四大文化名人纪念会法奇、班菲等一行昨天到达北京

《人民日报》1952 年 4 月 27 日第 1 版。

2.272　印度文化代表团昨天到达北京我外交部章汉夫副部长昨晚举行酒会欢迎

《人民日报》1952 年 4 月 30 日第 1 版。

2.273　北京市各界代表集会欢迎缅甸文化代表团来我国访问

《人民日报》1952 年 4 月 30 日第 1 版。

2.274　沈钧儒等返抵北京

《人民日报》1952 年 5 月 1 日第 4 版。

2.275　中央人民政府文化部昨举行酒会招待缅甸文化代表团

《人民日报》1952 年 5 月 3 日第 1 版。

2.276　北京市人民政府彭真市长昨举行酒会招待来我国观礼和参观的外宾

《人民日报》1952 年 5 月 6 日第 1 版。

2.277　印度大使举行酒会招待印度文化代表团朱德副主席等及北京文化界人士应邀参加

《人民日报》1952 年 5 月 7 日第 1 版。

2.278　北京市各界欢迎印度文化代表团

《人民日报》1952 年 5 月 9 日第 1 版。

2.279　纪念捷克斯洛伐克解放七周年康萨拉大使昨天在京举行宴会捷政府代表团团长柯别茨基应邀举行讲演会

《人民日报》1952 年 5 月 10 日第 1 版。

2.280　缅甸文化代表团将离京前往各地参观我外交部副部长章汉夫昨举行宴会送行

《人民日报》1952 年 5 月 11 日第 1 版。

2.281　印度文化代表团团长潘迪特夫人招待我政府首长和人民团体负责人等

《人民日报》1952 年 5 月 13 日第 1 版。

2.282　京第四届人民代表会议代表选举工作即日起广泛展开

《人民日报》1952 年 5 月 16 日第 1 版。

2.283　印度文化代表团即将离京赴各地参观我外交部章汉夫副部长昨举行宴会送行印度文化代表团曾赴察哈尔省参观云岗石窟

《人民日报》1952年5月16日第1版。

2.284　关于北京市人民代表选举工作吴晗主任今天作广播报告

《人民日报》1952年5月20日第1版。

2.285　中国人民抗美援朝总会等举行宴会欢送志愿军和朝鲜人民代表团

《人民日报》1952年5月25日第1版。

2.286　志愿军归国代表团和朝鲜人民访华代表团昨天离北京返朝鲜

《人民日报》1952年5月26日第1版。

2.287　首都儿童欢度“六一”国际儿童节

《人民日报》1952年6月2日第1版。

2.288　波兰新任驻华大使基里洛克昨天抵京

《人民日报》1952年6月6日第1版。

2.289　北京市彭真市长举行宴会招待和平会议筹备会议各国代表

《人民日报》1952年6月7日第1版。

2.290　印度驻华大使潘尼迦奉调返国中印友好协会在北京举行酒会欢送

《人民日报》1952年6月18日第1版。

2.291 北京苏联红十字医院正式开幕定六月二十三日开始门诊、二十六日开始收住院病人

《人民日报》1952年6月20日第1版。

2.292 中华全国体育总会成立大会开幕

《人民日报》1952年6月22日第1版。

2.293 蒙古庆祝革命胜利三十一周年驻华大使贾尔卡赛汗昨在北京举行招待会毛主席周总理分电布曼增迪泽登巴尔祝贺

《人民日报》1952年7月12日第1版。

2.294 应邀来我国访问的波兰篮球代表队抵京

《人民日报》1952年7月20日第1版。

2.295 庆祝波兰共和国国庆波兰大使基里洛克举行招待会毛主席周外长分电波总统和外交部长祝贺

《人民日报》1952年7月23日第1版。

2.296 北京先进生产经验展览会昨天开幕

《人民日报》1952年7月26日第1版。

2.297 瑞士公使馆举行国庆招待会

《人民日报》1952年8月2日第4版。

2.298 北京市第四届人民代表会议开幕

《人民日报》1952年8月12日第1版。

2.299　北京市各界人民代表会议闭幕

《人民日报》1952年8月15日第1版。

2.300　庆祝巴基斯坦独立五周年巴基斯坦驻华大使昨举行宴会

《人民日报》1952年8月15日第1版。

2.301　庆祝朝鲜解放七周年朝鲜驻华大使举行宴会刘少奇副主席应邀出席并致词

《人民日报》1952年8月16日第1版。

2.302　庆祝印尼独立七周年印尼代办举行招待会

《人民日报》1952年8月18日第1版。

2.303　北京市人民广播电台定明天起播送彭真市长等在北京市人民代表会议上报告录音

《人民日报》1952年8月20日第1版。

2.304　庆祝匈牙利人民共和国宪法颁布三周年 匈牙利驻我国大使昨在京举行招待会“匈牙利人民共和国展览会”正式揭幕

《人民日报》1952年8月21日第1版。

2.305　中央文化部昨欢宴罗马尼亚部队歌舞团

《人民日报》1952年8月22日第1版。

2.306　庆祝罗马尼亚解放八周年罗马尼亚驻我国大使举行招待会毛主席周总理分别致电祝贺

《人民日报》1952年8月24日第1版。

2.307 庆祝保加利亚人民共和国国庆节保驻华大使彼得科夫举行招待会毛泽东主席致电达米扬诺夫主席祝贺

《人民日报》1952年9月10日第1版。

2.308 印度新任驻我国大使抵北京

《人民日报》1952年9月14日第1版。

2.309 来首都参加第三届国庆盛典印尼缅甸等地华侨代表抵京

《人民日报》1952年9月30日第1版。

2.310 毛泽东主席欢宴蒙古政府代表团

《人民日报》1952年10月5日第1版。

2.311 印尼驻华大使馆武官举行招待会庆祝印尼建军节

《人民日报》1952年10月6日第1版。

2.312 捷驻华武官举行招待会庆祝捷军建军节

《人民日报》1952年10月7日第1版。

2.313 第一届全国戏曲观摩演出大会开幕

《人民日报》1952年10月7日第3版。

2.314 庆祝德意志民主共和国成立三周年德外交使团团长在京举行招待会我对外文化联络事务局昨举行庆祝大会

《人民日报》1952年10月8日第1版。

2.315 人民革命军事委员会总政治部欢宴捷军队文艺工作团

《人民日报》1952年10月8日第1版。

2.316　波驻华大使馆武官举行招待会庆祝波兰军队建军节

《人民日报》1952年10月13日第4版。

2.317　塘沽新港昨日举行开港典礼全体职工向毛主席报告建港成绩

《人民日报》1952年10月18日第1版。

2.318　人民政协全国委员会举行宴会招待西藏致敬团及各地民族代表

《人民日报》1952年10月19日第1版。

2.319　北京“中苏友好月”办公室成立

《人民日报》1952年10月28日第1版。

2.320　苏联艺术科学工作者代表团和苏军红旗歌舞团昨日抵达北京我国各界人民热烈地欢迎我们最亲密的朋友

《人民日报》1952年11月3日第1版。

2.321　京“中苏友好月”办公室和广播电台 联合举办特别广播节目

《人民日报》1952年11月4日第1版。

2.322　北京市举行庆祝十月革命节大会吉洪诺夫、亚历山大罗夫致词受到热烈欢迎

《人民日报》1952年11月8日第1版。

2.323　纪念苏联十月革命三十五周年 本市人民昨举行庆祝大会 苏军红旗歌舞团表演精彩节目

《北京日报》1952年11月8日第1版。

2.324 苏联驻我国大使馆举行招待会朱副主席宋副主席高副主席周总理等出席

《人民日报》1952年11月8日第4版。

2.325 苏联图片展览会在京隆重开幕

《人民日报》1952年11月9日第1版。

2.326 人民革命军事委员会总政治部举行酒会欢迎苏联友人聂代总参谋长、志愿军陈副司令员等出席

《人民日报》1952年11月11日第1版。

2.327 北京市人民政府和中苏友协联合欢宴苏联专家

《人民日报》1952年11月12日第1版。

2.328 苏军红旗歌舞团表演音乐舞蹈

《人民日报》1952年11月12日第1版。

2.329 中央文化部举行宴会欢宴戏曲观摩会演的演员等

《人民日报》1952年11月13日第1版。

2.330 市卫生领导机关召集各区卫生办公室主任联席会议 吴晗副市长指示今后工作

《北京日报》1952年11月16日第1版。

2.331 全市爱国卫生运动工作人员举行会议 吴晗副市长指示第五阶段工作重点

《北京日报》1952年11月23日第1版。

2.332　全国青联举行常委会定明春开全国青年第二次代表大会

《人民日报》1952 年 11 月 24 日第 1 版。

2.333　瑞典大使赛德勃隆奉调返国新任驻华大使魏斯特朗抵京

《人民日报》1952 年 11 月 27 日第 1 版。

2.334　吉洪诺夫和米哈伊洛夫等返抵北京

《人民日报》1952 年 12 月 3 日第 1 版。

2.335　彭真市长盛宴欢送吉洪诺夫等吴晗副市长代表彭真市长主持宴会并致词

《人民日报》1952 年 12 月 4 日第 1 版。

2.336　吉洪诺夫等将离京返国彭市长举行盛大宴会欢送

《北京日报》1952 年 12 月 4 日第 1 版。

2.337　苏联文化工作者代表团离京返国

《北京日报》1952 年 12 月 5 日第 1 版。

2.338　第二届赴朝慰问团返京北京市抗美援朝分会及首都各界集会欢迎

《人民日报》1952 年 12 月 6 日第 1 版。

2.339　第二届赴朝慰问团返京北京市抗美援朝分会及首都各界集会欢迎

《北京日报》1952 年 12 月 6 日第 1 版。

2.340 芬兰驻华公使举行庆祝芬兰独立日招待会周恩来总理兼外长应邀到会并致词祝贺

《人民日报》1952 年 12 月 7 日第 1 版。

2.341 第二届全国卫生会议在京开幕总结今年爱国卫生运动的经验会议选出主席团及全国卫生模范评奖委员会

《人民日报》1952 年 12 月 9 日第 1 版。

2.342 苏联新任驻我国大使潘友新抵达北京

《人民日报》1952 年 12 月 10 日第 1 版。

2.343 彭真市长昨晚举行盛大宴会欢送苏联艺术工作团部分团员和苏联电影艺术工作者代表团全体团员

《人民日报》1952 年 12 月 19 日第 1 版。

2.344 苏联电影艺术工作者代表团和影片输出公司驻华总代表处联合举行宴会招待首都各界人士周恩来总理及首都各界代表应邀出席宴会

《人民日报》1952 年 12 月 20 日第 1 版。

2.345 苏联电影艺术工作者代表团离京返苏联

《人民日报》1952 年 12 月 21 日第 1 版。

2.346 楚拉基等由京抵沈阳哈侬等离京赴东北各地表演

《人民日报》1952 年 12 月 22 日第 1 版。

2.347 苏军红旗歌舞团返京

《人民日报》1952 年 12 月 24 日第 1 版。

2.348　罗新任驻华大使抵京

《人民日报》1952年12月24日第1版。

2.349　朱总司令接见亚历山大罗夫等苏军红旗歌舞团昨在京举行告别表演会

《人民日报》1952年12月26日第1版。

2.350　北京市人民政府彭真市长举行酒会欢送苏军红旗歌舞团亚历山大罗夫等和我部队文艺工作者座谈

《人民日报》1952年12月27日第1版。

2.351　中国共产党提议明年召开全国人民代表大会中国人民政协全国委员会开常委会交换意见，周恩来同志代表我党说明提议，各党派、各团体负责人一致表示热烈拥护

《人民日报》1952年12月28日第1版。

2.352　庆祝罗马尼亚人民共和国成立五周年　罗驻华大使郭佐文举行招待会　周恩来总理兼外长电贺乔治乌—德治和布吉奇

《人民日报》1952年12月31日第1版。

1953年

2.353　缅甸驻华大使馆临时代办举行国庆招待会，毛泽东主席电缅甸联邦总统巴宇博士祝贺

《人民日报》1953年1月5日第1版。

2.354　市文教委员会召开会议，研究解决中学教师忙乱问题，吴晗副市长在会上作了具体指示

《北京日报》1953年1月12日第1版。

2.355　政协全国委员会常委会举行会议决定月内召开政协全国委员会第四次会议

《人民日报》1953 年 1 月 13 日第 1 版。

2.356　北京天津沈阳武汉西安等地人民拥护开全国人民代表大会

《人民日报》1953 年 1 月 17 日第 1 版。

2.357　活跃机关生活 增进干部健康 市人民政府成立机关总俱乐部 吴晗副市长号召大家认真开展文娱体育活动

《北京日报》1953 年 1 月 18 日第 2 版。

2.358　纪念越中建立邦交三周年越南驻华大使馆临时代办周亮举行招待会

《人民日报》1953 年 1 月 19 日第 1 版。

2.359　出席世界人民和平大会中国代表团宋庆龄团长回到北京我保卫世界和平委员会欢宴阿根廷等国和平代表

《人民日报》1953 年 1 月 25 日第 1 版。

2.360　北京市举行第二届卫生行政会议 决在今春解冻时间开展大规模突击卫生运动

《光明日报》1953 年 1 月 26 日第 1 版。

2.361　印度大使赖嘉文举行国庆招待会

《人民日报》1953 年 1 月 27 日第 1 版。

2.362　市文教委员会召集有关部门和部分校长会议　听取对解决小学教师忙乱的意见

《北京日报》1953 年 1 月 31 日第 1 版。

2.363　中国人民政治协商会议第一届全国委员会主席、副主席、常务委员、委员出席第一届全国委员会第四次会议名单

《人民日报》1953 年 2 月 5 日第 1 版。

2.364　铁道部滕代远部长欢宴朝鲜铁道艺术团

《人民日报》1953 年 2 月 7 日第 1 版。

2.365　朝鲜权五稷大使举行庆祝建军节招待晚会

《人民日报》1953 年 2 月 7 日第 1 版。

2.366　保存优秀的民族音乐遗产　北京市文联举行京音乐演奏会

《光明日报》1953 年 2 月 14 日第 3 版。

2.367　中国人民抗美援朝总会欢宴朝鲜铁道艺术团

《光明日报》1953 年 2 月 18 日第 1 版。

2.368　苏联驻华武官柯托夫举行酒会庆祝建军节朱德副主席和中央各部门首长应邀到会

《人民日报》1953 年 2 月 24 日第 1 版。

2.369　吴晗副市长等检查三个区的卫生工作　石景山钢铁厂等单位不重视卫生工作受到批评

《北京日报》1953 年 3 月 5 日第 1 版。

2.370 我国各民主党派和人民团体负责人前往苏联大使馆慰问斯大林病情

《人民日报》1953 年 3 月 6 日第 1 版。

2.371 哀悼我们最敬爱的导师和朋友斯大林同志的逝世

《人民日报》1953 年 3 月 7 日第 3 版。

2.372 丹麦公使举行国庆招待会

《人民日报》1953 年 3 月 12 日第 1 版。

2.373 首都各界和各国驻华使节等到捷大使馆吊唁哥特瓦尔德逝世 华东区和上海市党政负责人到捷总领事馆吊唁

《人民日报》1953 年 3 月 16 日第 1 版。

2.374 文化简讯

《人民日报》1953 年 3 月 24 日第 3 版。

2.375 吴晗副市长等检查全市爱国卫生工作 决定进一步推动和改进工矿卫生工作

《北京日报》1953 年 3 月 25 日第 1 版。

2.376 庆祝匈牙利解放八周年纪念匈驻华大使夏法朗柯举行招待会 毛主席和周总理分别电贺道比和拉科西

《人民日报》1953 年 4 月 5 日第 1 版。

2.377 匈牙利人民共和国艺术展览会在北京揭幕

《人民日报》1953 年 4 月 5 日第 1 版。

2.378　民主青联举行全国委员会第二次会议通过召开全国青年第二次代表大会的决定

《人民日报》1953 年 4 月 21 日第 1 版。

2.379　开展经常性的体育活动努力锻炼身体 市属各机关运动会下月举行

《北京日报》1953 年 4 月 21 日第 2 版。

2.380　北京市文化教育委员会举行扩大会议

《北京日报》1953 年 4 月 22 日第 1 版。

2.381　中国人民外交学会会长张奚若设宴欢迎芬兰文化代表团到京团员

《人民日报》1953 年 4 月 23 日第 3 版。

2.382　洛德捷维纳尔日采村赠我张郭庄农业机器

《人民日报》1953 年 4 月 25 日第 1 版。

2.383　芬兰驻华公使馆设宴招待芬兰文化代表团

《人民日报》1953 年 4 月 26 日第 1 版。

2.384　德意志民主共和国工业展览会在北京开幕

《人民日报》1953 年 4 月 28 日第 1 版。

2.385　波兰玛佐夫舍歌舞团到达北京中央文化部举行宴会欢迎歌舞团全体人员

《人民日报》1953 年 4 月 29 日第 1 版。

2.386　北京市彭真市长设宴招待蒙古艺术团

《人民日报》1953 年 4 月 30 日第 1 版。

2.387　北京市选举委员会成立

《人民日报》1953 年 5 月 7 日第 3 版。

2.388　我对外文化联络事务局举行晚会庆祝德国解放日

《人民日报》1953 年 5 月 8 日第 4 版。

2.389　北京昨日举行捷解放八周年庆祝会捷克斯洛伐克驻华大使康萨拉特举行招待会

《人民日报》1953 年 5 月 10 日第 1 版。

2.390　中国人民抗美援朝总会等举行盛大酒会欢迎志愿军五一节观礼代表团首都人民怀着极大的热情倾听英雄们的报告

《人民日报》1953 年 5 月 14 日第 1 版。

2.391　北京市彭真市长欢宴玛佐夫舍歌舞团

《人民日报》1953 年 5 月 14 日第 1 版。

2.392　志愿军五一节观礼代表团离京返朝鲜

《人民日报》1953 年 5 月 25 日第 1 版。

2.393　庆祝“六一”国际儿童节 首都儿童举行庆祝大会

《人民日报》1953 年 6 月 1 日第 1 版。

2.394　首都和全国各地少年儿童 愉快地度过“六一”儿童节

《北京日报》1953 年 6 月 2 日第 1 版。

2.395 全国文联主席郭沫若欢宴芬兰文化代表团芬兰文化代表团在北京举行记者招待会

《人民日报》1953年6月6日第1版。

2.396 瑞典驻我国大使举行招待会庆祝瑞典国庆

《人民日报》1953年6月7日第1版。

2.397 参加我全国青年第二次代表大会苏联、英国和越南代表到达北京

《人民日报》1953年6月7日第1版。

2.398 市属机关工作人员运动会今举行

《北京日报》1953年6月7日第1版。

2.399 市属机关工作人员运动会昨举行 吴晗副市长出席致辞指出开展机关体育活动应注意的问题

《北京日报》1953年6月8日第1版。

2.400 应邀参加我全国青年代表大会和青年团全国代表大会世界青联和朝、捷、保、印尼、澳等国代表到京

《人民日报》1953年6月9日第1版。

2.401 全国青年代表大会开幕

《人民日报》1953年6月11日第1版。

2.402 全国青联和青年团中央委员会 欢宴应邀参加全国青代大会的各国代表

《北京日报》1953年6月11日第1版。

2.403 越中友好协会赠送给毛泽东主席两只大象

《人民日报》1953 年 6 月 12 日第 1 版。

2.404 全国青联第二届全国委员会举行会议选出主席、副主席及正副秘书长

《人民日报》1953 年 6 月 17 日第 1 版。

2.405 蒙古新任驻我国大使奥其尔巴特抵京

《人民日报》1953 年 6 月 21 日第 1 版。

2.406 朝鲜祖国解放战争三周年图片展览会在京开幕

《人民日报》1953 年 6 月 26 日第 1 版。

2.407 我国青年代表团离京前往罗马尼亚

《人民日报》1953 年 7 月 8 日第 1 版。

2.408 蒙古驻我国大使举行招待会庆祝蒙古人民革命胜利纪念日毛主席和周总理分别电贺布曼增迪和泽登巴尔

《人民日报》1953 年 7 月 12 日第 1 版。

2.409 健全组织 加强卫生工作的领导力量 全市按系统设立了四个卫生运动办公室

《北京日报》1953 年 7 月 18 日第 1 版。

2.410 发动全体市民参加夏秋季节爱国卫生运动 行业、机关、学校、居民等举行动员大会 吴晗副市长在各动员大会上作了报告

《北京日报》1953 年 7 月 21 日第 1 版。

2.411　我保卫和平委员会欢宴印度艺术代表团

《人民日报》1953 年 7 月 22 日第 1 版。

2.412　波兰驻华大使举行招待会庆祝复兴节毛主席和周总理分别电贺萨瓦茨基和贝鲁特

《人民日报》1953 年 7 月 23 日第 1 版。

2.413　波兰教育及人民体育活动图片展览会昨在北京揭幕

《人民日报》1953 年 7 月 23 日第 1 版。

2.414　印度艺术代表团举行音乐舞蹈演出晚会毛主席出席晚会、接见该团团长等周总理设宴招待印度艺术代表团

《人民日报》1953 年 7 月 27 日第 1 版。

2.415　热烈庆祝朝鲜停战的实现平壤北京举行庆祝大会

《人民日报》1953 年 7 月 30 日第 1 版。

2.146 一年来的北京苏联红十字医院

林印《中医杂志》1953 年第 7 期

2.417　庆祝瑞士国庆日瑞士公使举行招待会

《人民日报》1953 年 8 月 2 日第 1 版。

2.418　全国各地热烈进行拥军优属活动

《人民日报》1953 年 8 月 3 日第 1 版。

2.419　市厂矿工地卫生安全运动周办公室主任、副主任等 开始检查厂矿工地卫生安全运动

《北京日报》1953年8月4日第1版。

2.420　市人民政府正式接办同仁医院

《北京日报》1953年8月8日第1版。

2.421　北京市爱国卫生运动委员会召开卫生模范座谈会 吴晗主任委员勉励大家将工作提高一步

《光明日报》1953年8月11日第2版。

2.422　彭德怀将军胜利归国首都举行盛大欢迎会

《人民日报》1953年8月12日第1版。

2.423　本市卫生模范和模范单位代表举行座谈 结合具体情况交流搞好卫生工作经验 吴晗副市长号召模范们带动群众搞好卫生工作

《人民日报》1953年8月12日第2版。

2.424　朝鲜驻华大使馆举行庆祝招待会朱副主席周总理等及各国使节应邀出席

《人民日报》1953年8月16日第1版。

2.425　庆祝印尼独立八周年纪念日印度尼西亚驻我国大使馆举行招待会

《人民日报》1953年8月18日第1版。

2.426　厂矿、工地和街道、机关卫生运动办公室分别组织观摩团参观卫生工作有成绩的单位和地区

《人民日报》1953年8月19日第2版。

2.427　庆祝罗马尼亚解放九周年罗马尼亚大使郭佐文举行招待会刘少奇副主席及各国驻华使节应邀出席

《人民日报》1953年8月24日第1版。

2.428　北京市积极解决小学毕业生的就学问题

《人民日报》1953年8月29日第1版。

2.429　北京苏联红十字会医院举行成立一周年庆祝会

《中国医学杂志》1953年第8期

2.430　周恩来总理到蒙古大使馆吊唁

《人民日报》1953年9月25日第1版。

2.431　波兰经济展览会在京开幕波兰驻华大使和波兰政府代表团举行招待会

《人民日报》1953年9月27日第1版。

2.432　北京市召开各企业干部、劳动模范大会动员增产节约一万二千亿被选为华北区的模范单位和个人在会上受奖

《人民日报》1953年9月29日第1版。

2.433　周恩来总理设宴招待外宾

《人民日报》1953年10月1日第1版。

2.434　苏联体育代表团在京举行体操表演会中央人民政府副主席朱德等出席观看

《人民日报》1953年10月1日第2版。

2.435　田径赛、体操、自行车运动大会开幕

《人民日报》1953年10月3日第3版。

2.436　中国人民第三届赴朝慰问团总团及各总分团团长、副团长、秘书长、副秘书长名单

《人民日报》1953年10月5日第1版。

2.437　我国赴朝慰问团总团到达新义州朝鲜迎接委员会在车站举行盛大欢迎会

《人民日报》1953年10月21日第1版。

2.438　朝鲜各界在平壤举行盛大集会欢迎我国赴朝慰问团

《人民日报》1953年10月23日第1版。

2.439　赴朝慰问团举行慰问大会代表祖国人民慰问志愿军

《人民日报》1953年10月30日第1版。

2.440　第三届赴朝慰问团的五个总分团 先后达到朝鲜开始进行慰问工作总团长贺龙等在沈阳扫祭黄继光等烈士墓

《北京日报》1953年10月19日第1版。

2.441　赴朝慰问团总团到达新义州 朝鲜各界代表在车站举行盛大欢迎会

《北京日报》1953年10月21日第1版。

2.442　第三届赴朝慰问团抵平壤 平壤各界人民举行了盛大的欢迎会

《北京日报》1953 年 10 月 22 日第 1 版。

2.443　平壤各界举行盛大集会 热烈欢迎我赴朝慰问团

《北京日报》1953 年 10 月 23 日第 1 版。

2.444　赴朝慰问团在平壤举行慰问大会 贺龙将军致辞慰问朝鲜党政军首长等

《北京日报》1953 年 10 月 24 日第 1 版。

2.445　金日成首相设宴招待赴朝慰问团

《北京日报》1953 年 10 月 27 日第 1 版。

2.446　赴朝慰问团举行慰问大会代表祖国人民慰问志愿军

《人民日报》1953 年 10 月 30 日第 1 版。

2.447　赴朝慰问团举行慰问大会代表祖国人民慰问志愿军

《北京日报》1953 年 10 月 30 日第 1 版。

2.448　赴朝慰问团贺龙总团长在平壤举行酒会 金日成元帅及朝鲜党政军首长应邀参加

《北京日报》1953 年 11 月 4 日第 1 版。

2.449　赴朝慰问团总团及第一总分团 和朝鲜人民军英雄模范举行联欢

《北京日报》1953 年 11 月 7 日第 4 版。

2.450 赴朝慰问团热情慰问朝鲜军民和志愿军

《人民日报》1953年11月13日第1版。

2.451 赴朝慰问团在平壤等地继续进行慰问贺龙总团长等赴海防前线慰问志愿军

《人民日报》1953年11月15日第1版。

2.452 赴朝慰问团慰问军事停战委员会朝中代表

《北京日报》1953年11月18日第1版。

2.453 贺龙将军到开城前沿阵地慰问朝中人民部队

《人民日报》1953年11月23日第1版。

2.454 志愿军领导机关举行大会欢送祖国第三届赴朝慰问团总团贺龙将军代表慰问团向志愿军致告别词

《人民日报》1953年12月14日第1版。

2.455 赴朝慰问团总团定今日从平壤启程回国金日成首相会见贺龙将军

《人民日报》1953年12月14日第1版。

2.456 平壤市各界举行盛大集会热烈欢送我国赴朝慰问团总团赴朝慰问团总团昨离平壤返国

《人民日报》1953年12月15日第1版。

2.457 平壤市各界举行盛大集会热烈欢送我国赴朝慰问团总团赴朝慰问团总团昨离平壤返国

《人民日报》1953年12月15日第1版。

2.458　第三届赴朝慰问团总团回到北京首都各界人民在北京车站举行欢迎大会

《人民日报》1953年12月19日第1版。

2.459　北京市人民政府委员会举行会议讨论关于推销经济建设公债问题

《人民日报》1953年12月26日第1版。

2.460　周总理设宴招待德艺术歌舞团

《人民日报》1953年12月28日第1版。

1954年

2.461　抗美援朝总会举行常务委员会扩大会议贺龙将军作赴朝慰问团工作报告会议通过关于赴朝慰问团工作报告的决议

《人民日报》1954年1月9日第4版。

2.462　彭真市长设宴欢送民主德国艺术歌舞团

《人民日报》1954年1月11日第1

2.463　推销一九五四年建设公债吴晗今向全市人民广播

《北京日报》1954年1月13日第1版。

2.464　抗美援朝华北总分会和北京市分会决定传达赴朝慰问工作本市传达报告自明天起广泛深入开展

《北京日报》1954年1月14日第1版。

2.465　庆祝越中建交日和“越苏中友好月”开幕 越南驻我国大使馆举行招待会 周恩来总理和苏联大使尤金院士应邀到会

《人民日报》1954 年 1 月 19 日第 1 版。

2.466　赴朝慰问团代表吴晗等向全市烈军属代表传达赴朝慰问工作

《北京日报》1954 年 1 月 27 日第 1 版。

2.467　政协全国委员会和抗美援朝总会决定派遣代表团慰问人民解放军

《人民日报》1954 年 2 月 6 日第 1 版。

2.468　朝大使崔一举行庆祝人民军建军节招待会朱德总司令电金日成元帅贺人民军建军节

《人民日报》1954 年 2 月 9 日第 1 版。

2.469　首都热烈纪念中苏友好同盟四周年

《人民日报》1954 年 2 月 14 日第 1 版。

2.470　庆祝中苏友好同盟互助条约签订四周年苏联大使尤金在京举行盛大酒会朱德副主席、周恩来总理应邀出席酒会

《人民日报》1954 年 2 月 15 日第 1 版。

2.471　北京苏联红十字医院建成开幕

《人民日报》1954 年 2 月 17 日第 1 版。

2.472　全国人民慰问人民解放军代表团举行大会隆重慰问人民革命军事委员会向朱总司令和英勇可爱的解放军全体指战员致敬

《人民日报》1954 年 2 月 21 日第 1 版。

2.473 认购数字超过预计百分之五十二 本市公债胜利结束 市人民政府委员会会议通过推销工作报告

《北京日报》1954年2月24日第1版。

2.474 丹麦驻我国公使格瑞杰生举行庆祝国庆招待会

《人民日报》1954年3月12日第1版。

2.475 政务院文教委员会举行第五次全体会议批准召开全国文教工作会议

《人民日报》1954年3月13日第1版。

2.476 朝鲜人民访华代表团到京首都车站上举行了盛大欢迎会

《人民日报》1954年3月15日第1版。

2.477 周恩来总理举行宴会招待朝鲜人民访华代表团

《人民日报》1954年3月20日第1版。

2.478 华北抗美援朝总分会举行盛大欢迎会欢迎朝鲜人民访华代表团并设宴招待代表团及艺术团的全体人员

《人民日报》1954年3月23日第1版。

2.479 中央文教委员会举行第六次全体委员会议

《人民日报》1954年3月26日第1版。

2.480 市府昨召开建筑工地卫生运动动员大会，号召加强工地卫生完成建设任务

《北京日报》1954年3月30日第1版。

2.481　庆祝匈牙利解放九周年，匈驻华大使苏贝克举行招待会，刘少奇副主席等应邀出席招待会

《人民日报》1954 年 4 月 5 日第 1 版。

2.482　首都各界人民举行大会热烈庆祝世界和平运动五周年

《人民日报》1954 年 4 月 21 日第 1 版。

2.483　志愿军“五一”节归国观礼代表团到京

《人民日报》1954 年 4 月 29 日第 4 版。

2.484　青年团中央欢宴苏联青年代表团

《人民日报》1954 年 5 月 3 日第 3 版。

2.485　首都举行“五四”纪念大会 朱德同志代表中共中央讲话

《人民日报》1954 年 5 月 4 日第 1 版。

2.486　庆祝捷克斯洛伐克解放九周年捷克斯洛伐克驻华大使举行招待会

《人民日报》1954 年 5 月 10 日第 1 版。

2.487　首都各界人民六千多人举行盛大集会支持中苏朝越四外长正义主张要求制止美国破坏日内瓦会议的政策

《人民日报》1954 年 5 月 13 日第 1 版。

2.488　苏联驻我国大使馆举行招待会招待苏联青年代表团和我国团中央负责人

《人民日报》1954 年 5 月 19 日第 1 版。

2.489 中央文化部召开座谈会讨论保护文物问题

《人民日报》1954年5月20日第3版。

2.490 北京市百货大楼建筑工程昨日破土

《人民日报》1954年5月29日第2版。

2.491 蒙古人民共和国美术展览会在北京开幕

《人民日报》1954年5月30日第1版。

2.492 首都儿童集会庆祝“六一”儿童节

《人民日报》1954年6月2日第2版。

2.493 首都儿童热烈庆祝“六一”儿童节

《北京日报》1954年6月2日第1版。

2.494 北京市举行第二届保育工作者代表大会

《人民日报》1954年6月6日第3版。

2.495 庆祝瑞典国庆日瑞典大使举行招待会

《北京日报》1954年6月7日第1版。

2.496 本市各民主党派，人民团体负责人发表谈话，拥护中华人民共和国宪法草案

《北京日报》1954年6月16日第1版。

2.497 印度艺术图片及手工艺品展览会在京开幕

《北京日报》1954年6月17日第3版。

2.498　北京市市长彭真举行盛大宴会欢送朝鲜人民访华代表团

《人民日报》1954年6月26日第1版。

2.499　庆祝蒙古人民革命胜利三十三周年，蒙古大使奥其尔巴特举行招待会，毛主席和周总理分别电贺扎·桑布和泽登巴尔

《人民日报》1954年7月12日第1版。

2.500 市爱国卫生运动委员会举行大会动员全市人民加强卫生工作

《北京日报》1954年7月17日第1版。

2.501　庆祝印度支那停战和恢复和平问题达成协议首都各界举行盛大庆祝会

《人民日报》1954年7月24日第1版。

2.502　周恩来总理昨天回到北京，朱德、刘少奇副主席等到场欢迎

《人民日报》1954年8月2日第1版。

2.503　瑞士驻华公使馆举行招待会庆祝瑞士国庆

《人民日报》1954年8月2日第1版。

2.504　范文同副总理到我国访问，周恩来总理等到北京机场欢迎

《人民日报》1954年8月3日第1版。

2.505　周恩来总理宴请范文同副总理

《人民日报》1954年8月3日第1版。

2.506　为范文同副总理访问我国越南驻我国大使馆举行招待会，朱德、刘少奇、李济深副主席和周总理等出席

《人民日报》1954 年 8 月 4 日第 1 版。

2.507　范文同副总理离北京返国，周恩来总理等到车站欢送

《人民日报》1954 年 8 月 5 日第 1 版。

2.508　中央人民政府委员会举行会议听取并批准周恩来总理兼外长的外交报告，决定九月十五日召开全国人民代表大会会议

《人民日报》1954 年 8 月 14 日第 1 版。

2.509　中国人民外交学会会长张奚若设宴招待英国工党代表团

《人民日报》1954 年 8 月 15 日第 1 版。

2.510　庆祝巴基斯坦独立七周年，巴基斯坦大使罗查举行招待会，毛主席、周总理电贺巴基斯坦总督和总理

《人民日报》1954 年 8 月 15 日第 1 版。

2.511　庆祝朝鲜解放九周年，朝鲜驻华大使崔一举行招待会，周恩来总理等应邀出席

《人民日报》1954 年 8 月 16 日第 1 版。

2.512　周总理设宴招待英国工党代表团

《人民日报》1954 年 8 月 17 日第 1 版。

2.513　周总理设宴招待各国青年代表

《人民日报》1954 年 8 月 17 日第 1 版。

2.514 庆祝印度尼西亚独立九周年，印尼大使莫诺努图举行招待会，毛主席、周总理分别电贺印尼总统和总理

《人民日报》1954年8月18日第1版。

2.515 中国人民政治协商会议全国委员会举行盛会并欢宴英国工党代表团

《人民日报》1954年8月19日第1版。

2.516 印度尼西亚艺术展览会在北京开幕，周恩来总理等参加了展览会的开幕仪式

《人民日报》1954年8月19日第1版。

2.517 北京市人民代表大会选出全国人民代表大会代表毛泽东、刘少奇、周恩来同志等当选

《人民日报》1954年8月22日第1版。

2.518 政协全国委员会常务委员会举行扩大会议通过为解放台湾联合宣言

《人民日报》1954年8月23日第1版。

2.519 首都各界人民举行庆祝大会庆贺罗马尼亚解放十周年

《人民日报》1954年8月23日第4版。

2.520 罗马尼亚驻我国大使郭佐文举行招待会庆祝罗马尼亚解放十周年，刘少奇、李济深副主席和周恩来总理出席

《人民日报》1954年8月24日第4版。

2.521　北京市各民主党派各人民团体负责人发表谈话，热烈拥护为解放台湾联合宣言

《北京日报》1954 年 8 月 25 日第 1 版。

2.522　北京市各民主党派、人民团体负责人发表谈话，热烈拥护为解放台湾联合宣言

《人民日报》1954 年 8 月 26 日第 1 版。

2.523　北京市彭真市长举行酒会欢送英国工党代表团去上海访问政务院总理周恩来等出席酒会

《人民日报》1954 年 8 月 26 日第 1 版。

2.524　周总理招待印度尼西亚艺术团

《人民日报》1954 年 8 月 27 日第 1 版。

2.525　保加利亚人民军迪亚科夫中将和歌舞团应邀来我国访问，受到热烈欢迎

《人民日报》1954 年 9 月 3 日第 1 版。

2.526　中央文化部和军委总政治部举行宴会招待保加利亚人民军迪亚科夫中将和歌舞团

《人民日报》1954 年 9 月 4 日第 1 版。

2.527　中华人民共和国第一届全国人民代表大会代表名单

《人民日报》1954 年 9 月 4 日第 2 版。

2.528　中华人民共和国第一届全国人民代表大会代表名单

《北京日报》1954 年 9 月 4 日第 2 版。

2.529 中华人民共和国第一届全国人民代表大会代表名单

《光明日报》1954年9月4日第3版。

2.530 达赖喇嘛、班禅额尔德尼到北京，朱德副主席、周恩来总理等到车站欢迎

《人民日报》1954年9月5日第1版。

2.531 朱德副主席举行宴会欢迎达赖喇嘛和班禅额尔德尼

《人民日报》1954年9月6日第1版。

2.532 阿尔巴尼亚首任驻我国大使纳赛到达北京

《人民日报》1954年9月11日第1版。

2.533 迎接全国人民代表大会会议和国庆节，市卫生委员会号召做好清洁扫除工作

《北京日报》1954年9月15日第2版。

2.534 北京第一棉纺织厂昨举行开工生产典礼

《人民日报》1954年9月26日第1版。

2.535 应我中央人民政府邀请参加我国国庆典礼匈牙利、民主德国政府代表团到京，陈云、邓小平副总理等到机场欢迎

《人民日报》1954年9月27日第1版。

2.536 应我中央人民政府邀请参加我国国庆典礼蒙古人民共和国政府代表团到京，李济深副主席、林伯渠秘书长等到机场欢迎

《人民日报》1954年9月28日第1版。

2.537 第一届全国人民代表大会预算委员会主任委员和委员名单

《人民日报》1954 年 9 月 29 日第 1 版。

2.538 应我国政府邀请参加我国国庆典礼阿尔巴尼亚政府代表团到达北京，周恩来总理等到机场欢迎

《人民日报》1954 年 9 月 29 日第 1 版。

2.539 中央对外贸易部部长叶季壮举行宴会欢迎苏联经济及文化建设成就展览会工作团

《人民日报》1954 年 9 月 29 日第 4 版。

2.540 周恩来总理举行盛大宴会招待各国政府代表团

《人民日报》1954 年 10 月 3 日第 1 版。

2.541 民主德国政府代表团离北京回国

《人民日报》1954 年 10 月 11 日第 1 版。

2.542 苏联驻我国大使尤金举行招待会招待苏联政府代表团，毛泽东等党政负责人应邀到会

《人民日报》1954 年 10 月 13 日第 1 版。

2.543 蒙、匈、保三国政府代表团离京回国

《人民日报》1954 年 10 月 13 日第 4 版。

2.544 罗、捷、阿三国政府代表团回国

《人民日报》1954 年 10 月 16 日第 1 版。

2.545　印度加尔各答市市长慕克吉到达北京

《人民日报》1954 年 10 月 16 日第 1 版。

2.546　彭真市长设宴招待慕克吉

《人民日报》1954 年 10 月 18 日第 1 版。

2.547　应我国政府邀请来我国访问印度总理尼赫鲁到北京受到首都各界二十多万人的热烈欢迎

《人民日报》1954 年 10 月 20 日第 1 版。

2.548　北京各界盛会欢迎尼赫鲁总理

《人民日报》1954 年 10 月 24 日第 1 版。

2.549　欢送印度总理尼赫鲁

《人民日报》1954 年 10 月 27 日第 1 版。

2.550　莫斯科音乐剧院全体人员到京

《人民日报》1954 年 10 月 27 日第 1 版。

2.551　文化部设宴欢迎莫斯科音乐剧院全体人员

《人民日报》1954 年 10 月 28 日第 1 版。

2.552　印度总理尼赫鲁离开北京将在华东、华南等地参观后回国

《人民日报》1954 年 10 月 28 日第 1 版。

2.553　中国人民政治协商会议第二届全国委员会委员名单

《人民日报》1954 年 12 月 11 日第 2 版。

2.554　政协全国委员会会议开幕，毛泽东主席主持开幕式，陈叔通副主席作政协工作报告，周恩来副主席作政治报告

《人民日报》1954 年 12 月 22 日第 1 版。

2.555　政协二届全国委员会会议闭幕，毛泽东被推举为名誉主席，周恩来当选为主席宋庆龄等十六人当选为副主席

《人民日报》1954 年 12 月 26 日第 1 版。

2.556　政协二届全国委员会会议胜利闭幕，推举毛泽东为第二届全国委员会名誉主席；选举周恩来为主席，宋庆龄等十六人当选为副主席，邢西平为秘书长；选举常务委员六十五人；通过关于工作报告的决议，政协章程和政协宣言

《光明日报》1954 年 12 月 26 日第 1 版。

2.557　在中国人民政治协商会议第二届全国委员会第一次全体会议上的发言

《北京日报》1954 年 12 月 26 日第 4 版。

2.558　在中国人民政治协商会议第二届全国委员会第一次全体会议上的发言

《人民日报》1954 年 12 月 27 日第 2 版。

2.559　中苏友好协会第二次全国代表会各党派、群众团体和各单位代表名单

《人民日报》1954 年 12 月 29 日第 2 版。

2.560 庆祝苏联展览会闭幕和音乐剧院演出结束彭真市长举行盛大宴会

《人民日报》1954年12月30日第1版。

2.561 在中苏友好协会第二次全国代表会上的发言

《人民日报》1954年12月30日第2版。

2.562 中苏友协全国代表会闭会选出宋庆龄为会长，林伯渠等为副会长

《人民日报》1954年12月30日第1版。

1955年

2.563 吴晗发表广播讲话号召全市人民踊跃购买经济建设公债

《北京日报》1955年1月13日第1版。

2.564 印度驻我国大使赖嘉文举行招待会庆祝印度共和国成立五周年

《人民日报》1955年1月27日第1版。

2.565 民盟中常委举行扩大会议为张澜主席逝世通过决议

《光明日报》1955年2月11日第1版。

2.566 北京市召开人民代表大会第二次会议选出北京市人民委员会组成人员

《人民日报》1955年2月13日第1版。

2.567　北京、上海、武汉、山东等地成立反对使用原子武器签名运动委员会

《人民日报》1955 年 2 月 14 日第 1 版。

2.568　北京市人民委员会举行首次会议决定改进卫生工作和发展郊区农业生产等项

《人民日报》1955 年 2 月 22 日第 1 版。

2.569　庆祝藏历木羊年新年佳节达赖喇嘛班禅额尔德尼举行宴会

《人民日报》1955 年 2 月 25 日第 1 版。

2.570　周恩来总理举行盛大宴会欢送达赖喇嘛和班禅额尔德尼

《人民日报》1955 年 3 月 11 日第 1 版。

2.571　丹麦公使举行庆祝丹麦国庆日招待会

《人民日报》1955 年 3 月 12 日第 1 版。

2.572　全国各人民团体负责人举行联席会议成立亚洲国家会议中国筹委会并推选了出席会议的我国代表团

《人民日报》1955 年 3 月 13 日第 1 版。

2.573　达赖喇嘛和班禅额尔德尼离京

《人民日报》1955 年 3 月 13 日第 1 版。

2.574　苏联科学院和波兰科学院代表团到京

《人民日报》1955 年 4 月 27 日第 1 版。

2.575　人民政协北京市第一届委员会第一次全体会议闭幕

《北京日报》1955年4月28日第1版。

2.576　北京举行德国解放十周年庆祝会

《人民日报》1955年5月7日第1版。

2.577　庆祝德国解放十周年德驻华大使柯尼希举行招待会

《人民日报》1955年5月9日第4版。

2.578　彭真市长宴请捷歌舞团和展览会人员

《人民日报》1955年5月12日第1版。

2.579　埃及政府宗教事务部部长巴库尔等到京

《人民日报》1955年5月16日第1版。

2.580　周恩来总理接见比利时青年代表团

《人民日报》1955年5月23日第1版。

2.581　沙斯特罗阿米佐约总理到北京受到首都各界十多万人民的热烈欢迎

《人民日报》1955年5月27日第1版。

2.582　周恩来总理举行盛大宴会欢迎沙斯特罗阿米佐约

《人民日报》1955年5月28日第1版。

2.583　北京市各界人民举行大会欢迎沙斯特罗阿米佐约总理

《人民日报》1955年5月29日第1版。

2.584　首都举行纪念“六一”保卫儿童大会

《人民日报》1955 年 6 月 1 日第 1 版。

2.585　周总理设宴招待巴库尔和卡迈尔

《人民日报》1955 年 6 月 1 日第 1 版。

2.586　首都儿童集会庆祝“六一”并举行游园等活动

《人民日报》1955 年 6 月 2 日第 1 版。

2.587　埃及宗教事务部部长巴库尔等离北京回国

《人民日报》1955 年 6 月 2 日第 1 版。

2.588　北京市儿童医院昨天开幕

《北京日报》1955 年 6 月 2 日第 2 版。

2.589　沙斯特罗阿米佐约总理离京将在华东华南等地参观后回印度尼西亚

《人民日报》1955 年 6 月 4 日第 1 版。

2.590　各民主党派北京市组织一致声讨胡风反革命集团

《北京日报》1955 年 6 月 12 日第 3 版。

2.591　印度文化代表团举行首次表演会

《人民日报》1955 年 6 月 13 日第 1 版。

2.592　印度文化代表团演出开幕

《光明日报》1955 年 6 月 13 日第 1 版。

2.593 坚决肃清胡风集团和一切暗藏的反革命分子

《人民日报》1955年6月14日第3版。

2.594 为印度文化代表团访问我国印度驻我国大使赖嘉文举行宴会

《人民日报》1955年6月17日第3版。

2.595 苏联大使馆和科学院代表团举行招待会

《人民日报》1955年6月22日第1版。

2.596 胡志明主席率领代表团到京，毛泽东主席等到机场欢迎

《人民日报》1955年6月26日第1版。

2.597 周恩来总理举行盛大宴会招待胡志明主席和越南代表团

《人民日报》1955年6月27日第1版。

2.598 胡志明主席和越南政府代表团离北京到达蒙古人民共和国首都乌兰巴托受热烈欢迎

《人民日报》1955年7月9日第1版。

2.599 彭真市长举行宴会 招待蒙古人民革命军歌舞团

《北京日报》1955年7月10日第1版。

2.600 周总理招待各国和平代表

《人民日报》1955年7月26日第1版。

2.601 瑞士公使贝努义举行招待会庆祝瑞士国庆

《人民日报》1955年8月2日第1版。

2.602　反对原子战争、反对使用原子武器，首都各界人民举行大会支持禁止原子弹、氢弹世界大会在日本举行

《人民日报》1955 年 8 月 6 日第 1 版。

2.603　科学院、对外文化协会和我国人民保卫和平委员会设宴招待英国访华友好代表团

《人民日报》1955 年 8 月 21 日第 1 版。

2.604　北京各界五千多人举行大会支援印度人民收复果阿

《人民日报》1955 年 8 月 24 日第 1 版。

2.605　北京市市长彭真设宴招待阿人民军歌舞团

《人民日报》1955 年 8 月 27 日第 1 版。

2.606　彭真市长招待阿人民军歌舞团中阿两国文艺工作者在颐和园游园联欢

《北京日报》1955 年 8 月 27 日第 1 版。

2.607　彭真欢宴日本议员访苏团和日本访华团，日本客人们在酒会上会见了周恩来总理

《人民日报》1955 年 8 月 30 日第 1 版。

2.608　彭真举行酒会欢迎日本议员访苏团和恢复日中日苏邦交国民会议访华团

《光明日报》1955 年 8 月 30 日第 1 版。

2.609　对外文化联络局局长洪深逝世

《人民日报》1955 年 8 月 30 日第 1 版。

2.610　越南人民歌舞团到达北京

《人民日报》1955年9月14日第4版。

2.611　彭真市长举行宴会欢送越南人民歌舞团

《人民日报》1955年9月24日第4版。

2.612　彭真市长接见日本六大城市访华代表团　并举行宴会欢迎代表团

《北京日报》1955年9月26日第1版。

2.613　意大利社会党总书记南尼到北京

《人民日报》1955年9月30日第1版。

2.614　彭真市长接见归国华侨观光团

《人民日报》1955年10月1日第1版。

2.615　彭真市长举行庆祝国庆联欢晚会

《人民日报》1955年10月3日第1版。

2.616　彭真市长设宴招待六个国家的艺术家

《人民日报》1955年10月4日第1版。

2.617　缅甸军事友好代表团团长奈温中将回国缅甸佛教代表团举行辞行宴会

《人民日报》1955年10月7日第1版。

2.618　郭沫若举行盛大酒会欢送南尼南尼等在北京同各界人士广泛进行交谈

《人民日报》1955 年 10 月 10 日第 1 版。

2.619　陈毅副总理设宴招待西藏两参观团

《人民日报》1955 年 10 月 20 日第 1 版。

2.620　贺龙副总理招待缅甸国家足球代表团，代表团人员已离北京去武汉访问

《人民日报》1955 年 10 月 21 日第 1 版。

2.621　彭真市长设宴招待法国议员代表团

《人民日报》1955 年 11 月 5 日第 1 版。

2.622　陈毅副总理接见全德青年代表团

《人民日报》1955 年 11 月 9 日第 1 版。

2.623　北京市青年集会庆祝世界青联成立十周年

《人民日报》1955 年 11 月 11 日第 3 版。

2.624　彭真市长举行酒会招待日本访华两团体

《人民日报》1955 年 11 月 14 日第 1 版。

2.625　彭真市长设宴欢送民主德国吹奏乐团

《人民日报》1955 年 11 月 14 日第 1 版。

2.626 首都少年儿童举行向祖国献向日葵大会，少先队员倡议每个少年儿童都为祖国做有益的事

《人民日报》1955年11月16日第3版。

2.627 朝鲜青年艺术团在北京举行演出闭幕式，周总理等出席并接见艺术团负责人

《人民日报》1955年11月26日第1版。

2.628 文化部和团中央设宴欢送朝鲜青年艺术团

《人民日报》1955年11月27日第1版。

2.629 著名中医孔伯华先生公祭在京举行

《人民日报》1955年11月28日第1版。

2.630 毛主席接见日本拥护宪法国民联合会访华团，政协全国委员会举行盛大宴会欢送访华团

《人民日报》1955年11月29日第1版。

2.631 芬兰大使孙士敦举行国庆招待会

《人民日报》1955年12月7日第1版。

2.632 纪念“一二·九”运动二十周年和“一二·一”运动十周年，首都和各城市举行纪念大会

《人民日报》1955年12月9日第1版。

2.633 北京市各界人民举行欢迎大会欢迎民主德国政府代表团

《人民日报》1955年12月12日第1版。

2.634 习仲勋设宴欢迎苏联科学家访华代表团

《人民日报》1955年12月13日第1版。

2.635 彭真设宴欢送莫斯科“小白桦树”舞蹈团

《人民日报》1955年12月13日第1版。

2.636 中印友协欢宴印度大使拉·库·尼赫鲁

《人民日报》1955年12月17日第1版。

2.637 欢迎伊斯兰教青年国际大会代表团和埃及新闻代表团、全国青联等四团体联合举行招待会，我伊斯兰教协会设宴招待埃及新闻代表团

《人民日报》1955年12月25日第1版。

2.638 周总理接见伊斯兰教青年国际大会代表团等

《人民日报》1955年12月28日第1版。

1956年

2.639 本市开始推销1956年公债

《北京日报》1956年1月5日第2版。

2.640 中印友协访印代表团到新德里

《人民日报》1956年1月19日第4版。

2.641 印中友协德里分会举行的招待会欢迎中印友协文化代表团

《光明日报》1956年1月24日第4版。

2.642　友好往来

《人民日报》1956年1月28日第4版。

2.643　我国参加第十六届奥林匹克运动会筹委会成立

《人民日报》1956年1月29日第1版。

2.644　印中友协德里分会集会欢迎中印友协文化代表团

《人民日报》1956年2月29日第4版。

2.645　尼赫鲁接见中印友好协会文化代表团

《人民日报》1956年3月1日第4版。

2.646　友好往来

《人民日报》1956年3月3日第4版。

2.647　全国先进生产者代表会议筹备委员会名单

《人民日报》1956年3月11日第1版。

2.648　首都各界人士和各国驻华使节到波大使馆吊唁贝鲁特逝世

《人民日报》1956年3月15日第1版。

2.649　中印友好协会举行访印文化代表团归国报告会

《人民日报》1956年3月19日第3版。

2.650　陈翰笙欢宴中印友协访印文化代表团

《人民日报》1956年3月26日第1版。

2.651　参加亚非会议死难烈士遇难周年纪念大会和安葬仪式在北京举行

《人民日报》1956年4月12日第1版。

2.652　教育部部长张奚若设宴欢迎苏联教育代表团

《人民日报》1956年4月20日第1版。

2.653　中捷友好农业生产合作社举行命名大会

《人民日报》1956年4月26日第2版。

2.654　全国先进生产者代表会议主席团名单

《人民日报》1956年4月30日第1版。

2.655　中印友协增选一批理事

《人民日报》1956年4月30日第1版。

2.656　全国先进生产者代表会议定今天开幕

《北京日报》1956年4月30日第1版。

2.657　全国先进生产者代表会议定今日在北京开幕

《光明日报》1956年4月30日第1版。

2.658　中印友协增选一批理事

《人民日报》1956年4月30日第3版。

2.659　首都庆祝“六一”儿童节筹委会成立

《北京日报》1956年5月22日第1版。

2.660 雅加达市长苏迪罗等到北京，彭真市长举行宴会欢迎贵宾

《人民日报》1956年5月30日第1版。

2.661 “六一”节前夕首都两万多少年儿童联欢，首都庆祝“六一”节筹委会招待优秀的儿童工作者

《人民日报》1956年6月1日第1版。

2.662 首都少年儿童欢欢喜喜迎接自己的节日，首都“六一”国际儿童节筹委会招待优秀儿童工作者

《北京日报》1956年6月1日第1版。

2.663 北京市少年儿童欢乐地度过“六一”节

《人民日报》1956年6月2日第1版。

2.664 让孩子们掌握更多的知识和技术

《人民日报》1956年6月2日第3版。

2.665 彭真市长招待苏迪罗市长

《人民日报》1956年6月9日第1版。

2.666 北京文化联谊社昨天开放

《光明日报》1956年6月11日第1版。

2.667 儿童剧院举行成立大会

《人民日报》1956年6月12日第3版。

2.668　希望留学生早日回国参加建设事业，北京市教育局邀回国留学生和留学生家属座谈

《人民日报》1956年6月17日第1版。

2.669　全国人民代表大会会议继续进行发言

《人民日报》1956年6月28日第1版。

2.670　在全国人民代表大会昨天的会议上 二十位人民代和国家机关负责人发言

《北京日报》1956年6月28日第1版。

2.671　尼泊尔访华文化代表团到京

《人民日报》1956年7月11日第1版。

2.672　北京文艺界集会欢迎尼泊尔文化代表团夏尔马团长在京发表广播演说

《人民日报》1956年7月20日第1版。

2.673　青联招待法国和远东文化交流全国中心代表团

《人民日报》1956年8月22日第1版。

2.674　北京欢迎来自老挝的贵宾，各界人民在北京体育馆举行欢迎大会，梭发那·富马首相热情表示愿中老两国友谊永远保持和发展

《人民日报》1956年8月23日第1版。

2.675　北京各界盛大集会欢迎老挝代表团

《光明日报》1956年8月23日第1版。

2.676　宋庆龄副委员长回到北京

《人民日报》1956年8月29日第1版。

2.677　昨天、今天与明天之间——读《读史札记》有感

林印《读书》1956年第8期

2.678　印度共和国国会代表团到北京，刘委员长举行宴会欢迎代表团

《人民日报》1956年9月30日第1版。

2.679　感谢你给我们带来了八千二百万人民兄弟般的友谊，北京市举行欢迎苏加诺总统大会

《人民日报》1956年10月4日第1版。

2.680　彭真设宴招待阿富汗喀布尔市长

《人民日报》1956年10月16日第1版。

2.681　彭真市长接见喀布尔市市长，喀布尔市市长举行茶会招待本市各界人士

《北京日报》1956年10月19日第1版。

2.682　周总理接见阿富汗首都喀布尔市市长，北京市彭真市长举行酒会招待贵宾

《人民日报》1956年10月20日第1版。

2.683　喀布尔市市长回国

《北京日报》1956年10月21日第1版。

2.684　北京市彭真市长举行酒会欢送印度共和国国会代表团

《北京日报》1956 年 10 月 22 日第 1 版。

2.685　苏拉瓦底总理参观医院和学校

《人民日报》1956 年 10 月 23 日第 2 版。

2.686　全国青联举行宴会欢迎国际青年代表团

《人民日报》1956 年 10 月 24 日第 1 版。

2.687　对埃及人民的伟大声援，对英法侵略者的严重警告，全国人民举行各种活动抗议英法政府侵略埃及的罪行

《人民日报》1956 年 11 月 3 日第 4 版。

2.688　孙中山先生诞辰九十周年纪念大会主席团名单

《人民日报》1956 年 11 月 12 日第 1 版。

2.689　北京市彭真市长举行宴会招待叙利亚议员访华团

《人民日报》1956 年 11 月 13 日第 1 版。

2.690　应邀赴苏联、罗马尼亚、捷克斯洛伐克访问全国人民代表大会代表团到莫斯科，北京市人民委员会访问莫斯科市代表团同机到达

《人民日报》1956 年 11 月 16 日第 1 版。

2.691　陈叔通设宴欢迎日本东京都和平代表团

《人民日报》1956 年 11 月 19 日第 1 版。

2.692　苏联马戏团结束在北京的演出

《人民日报》1956 年 11 月 29 日第 1 版。

2.693　北京市人民委员会举行会议研究改进商品供应工作

《人民日报》1956年12月7日第3版。

2.694　印度孟买市长卡德尔到京

《人民日报》1956年12月26日第1版。

2.695　北京市第二届人民代表大会代表名单

《北京日报》1956年12月30日第1版。

1957年

2.696　朱副主席接见孟买市长卡德尔

《人民日报》1957年1月1日第1版。

2.697　各民主党派市级负责人应邀在市委座谈要求加强统战工作以适应新的形势

《北京日报》1957年5月22日第1~2版

2.698　在民盟中国人民大学支部座谈会上，吴晗表示应该批判章伯钧等人的意见

《人民日报》1957年6月10日第2版。

2.699　吴晗谈话批驳章伯钧、罗隆基

《人民日报》1957年6月11日第2版。

2.700　吴晗严正批判储安平的发言，指出他的中心思想是反党反社会主义

《光明日报》1957年6月11日第2版。

2.701　吴晗在民盟北京市委扩大会上号召大力击败两面派

《人民日报》1957 年 6 月 16 日第 2 版。

2.702　民盟北京市常委会议揭发章伯钧、罗隆基、储安平等人反动面目，要求民盟中央表明立场态度

《北京日报》1957 年 6 月 16 日第 1 版。

2.703　民盟中央作出重大决定号召全盟揭露右派的言行，立即开始在盟内进行整风

《人民日报》1957 年 6 月 19 日第 5 版。

2.704　民盟中央小组扩大座谈会集中揭露罗隆基的右派真面目，罗隆基说要检查自己，但对揭发的重要事实坚决抵赖

《人民日报》1957 年 6 月 26 日第 2 版。

2.705　鉴于盟内反右派斗争最近有新发展民盟中常委号召全盟同时整风

《光明日报》1957 年 6 月 26 日第 1 版。

2.706　动员盟员开展反右派斗争和进行整风，民盟北京市委召开大学校盟员大会

《光明日报》1957 年 6 月 28 日第 2 版。

2.707　人民代表继续批判右派分子，龙云的“检讨”没有暴露他一贯反动的立场

《人民日报》1957 年 7 月 7 日第 1 版。

2.708　周恩来总理和彭真市长向首都高等学校毕业生作报告

《人民日报》1957年7月18日第1版。

2.709　妄图帮助罗隆基成立反社会主义的知识分子政党钱端升是政法学界的右派阴谋家

《人民日报》1957年7月20日第7版。

2.710　缅甸国会访华代表团到京，刘少奇委员长接见代表团并设宴欢迎

《人民日报》1957年7月25日第1版。

2.711　彭真宴科伦坡市政议会代表团

《人民日报》1957年7月31日第1版。

2.712　缅甸国会访华代表团离京将在青岛等地参观后去越南访问

《人民日报》1957年8月3日第1版。

2.713　着重按照六项政治标准挑选忠于人民的公仆，北京人代会选出新人民委员会成员

《人民日报》1957年8月5日第1版。

2.714　彭真欢宴日山口县鸟取县岛根县代表团

《人民日报》1957年8月7日第4版。

2.715　一件件铁的事实在在证明罗隆基反动三十年民盟中央整风会上群情激愤深入揭发

《人民日报》1957年8月11日第1版。

2.716 勾结右派集团，妄图篡夺党对文教界的领导权冯亦代的阴谋被揭穿

《人民日报》1957 年 9 月 2 口第 3 版。

2.717 走出机关，到基层去，到生产中去！北京市第一批下放干部愉快地走上新岗位

《人民日报》1957 年 9 月 3 日第 4 版。

2.718 北京天文馆昨日开幕陈毅、陆定一等六百多人参加了开幕式

《人民日报》1957 年 9 月 30 日第 4 版。

2.719 南议会代表团回国刘委员长到北京机场送行

《人民日报》1957 年 10 月 5 日第 1 版。

2.720 我国人民永远珍视中苏友谊，彭真举行酒会欢送苏联最高苏维埃代表团

《人民日报》1957 年 10 月 17 日第 1 版。

2.721 彭真市长宴请北日本港湾城市市长访华团

《人民日报》1957 年 10 月 31 日第 1 版。

2.722 杨秀峰欢宴波兰高等教育代表团

《人民日报》1957 年 11 月 4 日第 2 版。

2.723 第二颗人造卫星带来新的鼓舞和力量，我国人民更热爱社会主义和苏联

《人民日报》1957 年 11 月 5 日第 8 版。

2.724　首都举行盛大庆祝会，刘少奇和顾悌克夫先后在会上讲了话

《人民日报》1957年11月7日第1版。

2.725　苏联国民教育展览会在京开幕，周恩来总理出席剪彩

《人民日报》1957年11月9日第2版。

2.726　中国亚洲团结委员会举行会议亚非团结大会代表团组成

《人民日报》1957年12月13日第1版。

2.727　出席亚非团结会议，中国代表团去开罗

《北京日报》1957年12月21日第4版。

1958年

2.728　参加亚非团结大会后我代表团离埃返国

《人民日报》1958年1月8日第6版。

2.729　简讯

《人民日报》1958年1月17日第6版。

2.730　努力实现亚非团结大会宣言和决议日本友好访华团和我国出席亚非团结大会代表举行座谈并愿共同努力恢复中日邦交和发展两国经济文化合作

《人民日报》1958年1月31日第4版。

2.731　关于道德的阶级性和继承性

陈梦麟《文史哲》1958年第1期。

2.732　“厚今薄古”与“厚古薄今”

王越《理论与实践》1958 年第 Z1 期。

2.733　谈“厚今薄古”

杨荣国《理论与实践》1958 年第 Z1 期。

2.734　我对于厚今薄古的一点体会

陈序经《理论与实践》1958 年第 Z1 期。

2.735　对于“厚今薄古”的几点体会

梁方仲《理论与实践》1958 年第 Z1 期。

2.736　郭沫若宴请西园寺公一夫妇

《人民日报》1958 年 2 月 1 日第 4 版。

2.737　周恩来总理在人代会上发表和平外交政策讲话，严正谴责美国制造“两个中国”的阴谋

《人民日报》1958 年 2 月 11 日第 1 版。

2.738　首都布下天罗地网鼠雀蚊蝇无处躲藏

《人民日报》1958 年 2 月 12 日第 9 版。

2.739　中央和北京市负责人组成检查队重点抽查首都除“四害”运动

《人民日报》1958 年 2 月 15 日第 3 版。

2.740　民盟北京市委开盟员誓师大会，促进一般整风，加速自我改造

《光明日报》1958 年 3 月 10 日第 1 版。

2.741　波兰贵宾参观十三陵水库工地

《人民日报》1958 年 3 月 23 日第 2 版。

2.742　中国戏曲歌舞团将赴巴黎参加盛大的国际戏剧节

《人民日报》1958 年 4 月 2 日第 7 版。

2.743　罗马尼亚政府代表团参观十三陵水库工地

《人民日报》1958 年 4 月 2 日第 4 版。

2.744　化三心二意为一心一意北京市民主党派、民主人士向党交心

《人民日报》1958 年 4 月 11 日第 1 版。

2.745　去法国参加巴黎国际戏剧节 中国戏曲歌舞团启程

《北京日报》1958 年 4 月 21 日第 4 版。

2.746　参加国际戏剧节我戏曲歌舞团到巴黎

《人民日报》1958 年 4 月 29 日第 5 版。

2.747　我艺术家为国争光两个歌舞团轰动巴黎和大阪

《人民日报》1958 年 5 月 3 日第 5 版。

2.748　我歌舞团即将离巴黎 演出 21 场观众近 4 万人

《人民日报》1958 年 5 月 21 日第 5 版。

2.749　简讯

《人民日报》1958 年 5 月 30 日第 6 版。

2.750　比利时皇太后伊丽莎白邀吴晗团长共进午餐

《人民日报》1958年6月24日第5版。

2.751　各人民团体和各民主党派负责人举行联席会议决定调整保卫和平委员会机构扩充中国亚非团结委员会的成员

《人民日报》1958年7月4日第4版。

2.752　我国文化使者在比利时和卢森堡

《人民日报》1958年7月9日第6版。

2.753　应我国人民外交学会邀请 孟戴斯——弗朗斯到京

《人民日报》1958年7月25日第4版。

2.754　定陵试掘简报

《考古》1958年第7期。

2.755　市选举委员会公布出席市人民代表大会代表名单

《北京日报》1958年8月9日第2版。

2.756　彭真市长举行酒会招待孟戴斯—弗朗斯

《人民日报》1958年8月12日第4版。

2.757　孟戴斯—弗朗斯和罗兰·杜马离北京回国

《人民日报》1958年8月13日第4版。

2.758　北京市人代大会闭幕选举彭真为市长，万里等为副市长决议千方百计超额完成跃进计划

《人民日报》1958年8月23日第2版。

2.759 北京财贸系统职工誓师决心把红旗插遍全市

《人民日报》1958 年 8 月 26 日第 2 版。

2.760 中国戏曲歌舞团赴巴黎参加国际戏剧界

牧《中国戏剧》1958 年第 8 期。

2.761 欢迎各国学生代表彭真市长举行盛大招待会

《人民日报》1958 年 9 月 4 日第 4 版。

2.762 国际学联代表大会开幕 彭真市长招待各国学生代表

《北京日报》1958 年 9 月 4 日第 1 版。

2.763 标志着世界学生进一步大团结国际学联代表大会在京开幕

《人民日报》1958 年 9 月 5 日第 1 版。

2.764 在第十五次最高国务会议上毛主席精辟分析国内外形势

《人民日报》1958 年 9 月 6 日第 1 版。

2.765 缅甸地方行政代表团到京

《人民日报》1958 年 9 月 12 日第 3 版。

2.766 本市第一届小学生运动会昨举行

《北京日报》1958 年 10 月 16 日第 4 版。

2.767 廖承志在欢送苏中友协代表团的宴会上说中国人民对苏联援助将永远铭刻于心，契列德尼钦科赞扬我国人民的冲天干劲

《人民日报》1958 年 10 月 18 日第 5 版。

2.768　欢迎志愿军胜利归国廖承志率代表团赴安东

《人民日报》1958 年 10 月 25 日第 2 版。

2.769　中保人民友谊的结晶中保友好人民公社举行命名大会

《人民日报》1958 年 10 月 27 日第 2 版。

2.770　首都二十多万人夹道欢呼：最热烈地欢迎你们胜利凯旋的英雄们

《人民日报》1958 年 10 月 29 日第 1 版。

2.771　不容许美国侵略军赖着不走，我们必须继续战斗送走瘟神，周总理在欢迎志愿军代表团宴会上号召学习志愿军榜样

《人民日报》1958 年 10 月 30 日第 1 版。

2.772　人大常委会等六单位举行晚会欢迎志愿军代表团

《人民日报》1958 年 10 月 31 日第 1 版。

2.773　七个兄弟国家优秀无线电运动员齐集北京，国际无线电快速收发报竞赛开幕

《人民日报》1958 年 11 月 3 日第 6 版。

2.774　首都工农兵学商喜气洋洋大集会向十月革命的旗手祝贺为共产主义的兴盛欢呼

《人民日报》1958 年 11 月 7 日第 1 版。

2.775　李永镐大使设宴招待志愿军代表团愿朝中友谊永放光彩，周总理、陈毅副总理、郭沫若主席感谢朝鲜人民对志愿军的关怀

《人民日报》1958 年 11 月 10 日第 1 版。

2.776 抗美援朝总会设宴欢送志愿军代表团送上新阵地夺取新荣誉，彭德怀接见代表团勉励永做最可爱的人

《人民日报》1958 年 11 月 12 日第 1 版。

2.777 金日成首相参观清华大学，周总理、金日成首相观看朝鲜艺术家演出

《人民日报》1958 年 11 月 24 日第 1 版。

2.778 向在反殖民主义斗争战火中愈战愈强的人民致敬！中国全力支持阿尔及利亚战友首都举行盛大集会欢迎阿尔及利亚临时政府代表团

《人民日报》1958 年 12 月 6 日第 1 版。

2.779 郭沫若欢宴伊拉克贵宾

《人民日报》1958 年 12 月 15 日第 5 版。

1959 年

2.780 热烈欢迎远道前来我国访问的墨西哥朋友和平战士卡德纳斯将军到北京，我保卫世界和平委员会主席郭沫若设宴欢迎

《人民日报》1959 年 1 月 21 日第 1 版。

2.781 首都盛会欢迎德政府代表团格罗提渥总理赞扬中德友谊重申统一祖国的坚定意志，彭真市长再次表示支持缔结对德和约支持古巴刚果的正义斗争

《人民日报》1959 年 1 月 25 日第 1 版。

2.782 春节慰问子弟兵北京河北等省市开展慰问活动

《人民日报》1959 年 2 月 8 日第 2 版。

2.783　我对外文协和和大设宴欢迎杜波伊斯博士和夫人

《人民日报》1959年2月18日第4版。

2.784　九十高龄犹奋斗，和平战士永青春，首都人士举杯为杜波伊斯祝寿

《人民日报》1959年2月24日第4版。

2.785　我对外文协举行酒会欢迎两位加纳朋友

《人民日报》1959年3月8日第4版。

2.786　中华人民共和国第二届全国人民代表大会代表名单

《北京日报》1959年3月12日第3版。

2.787　人大代表和政协委员开始在京视察工作

《人民日报》1959年3月20日第1版。

2.788　检阅成绩交流经验争取今年更大跃进，炮兵积极分子代表会议开幕

《人民日报》1959年3月26日第6版。

2.789　北京集会热烈祝贺坚持抗战的英雄人民取得辉煌胜利，中国人民支持阿尔及利亚

《人民日报》1959年4月6日第1版。

2.790　中国人民政治协商会议第三届全国委员会名单

《北京日报》1959年4月12日第3版。

2.791　班禅额尔德尼到达北京，阿沛·阿旺晋美、詹东·计晋美、协饶登珠等同车到达，周恩来总理等国家领导人和各界群众一千多人到车站欢迎

《人民日报》1959年4月15日第1版。

2.792　第二届全国人民代表大会预算委员会主任委员、委员名单

《北京日报》1959年4月18日第4版。

2.793　首都各界隆重集会庆祝世界和平运动十周年为争取世界持久和平奋斗到底

《人民日报》1959年4月20日第1版。

2.794　在我对外文协和和大的宴会上首都人士同杜波伊斯话别

《人民日报》1959年4月21日第5版。

2.795　友好往来

《人民日报》1959年4月22日第6版。

2.796　首都各界人民在纪念万隆会议大会上警告印度扩张分子干涉中国内政的阴谋注定失败迎合帝国主义背离万隆精神的人不会有好下场

《人民日报》1959年4月24日第6版。

2.797　政协第三届全国委员会名誉主席、主席、副主席、秘书长、常务委员名单

《北京日报》1959年4月30日第2版。

2.798　首都盛大集会纪念“五四”四十周年

《人民日报》1959年5月4日第1版。

2.799　加强对亚非情况的研究促进各国文化交流我国筹备成立亚非学会

《人民日报》1959 年 5 月 5 日第 6 版。

2.800　彭真副委员长举行宴会欢送德人民议院代表团

《人民日报》1959 年 5 月 12 日第 1 版。

2.801　带好孩子迎接“六一”首都保育工作者举行广播大会

《人民日报》1959 年 5 月 12 日第 6 版。

2.802　班禅额尔德尼离京返藏，邓小平副总理等和各界千余人到车站欢送

《人民日报》1959 年 5 月 26 日第 1 版。

2.803　班禅额尔德尼离京回西藏，邓小平副总理等到车站热烈欢送

《北京日报》1959 年 5 月 26 日第 1 版。

2.804　纵情歌舞欢庆自己的节日，首都两万小朋友游园联欢

《人民日报》1959 年 6 月 1 日第 6 版。

2.805　秘鲁议员团到北京，张奚若举行酒会欢迎

《人民日报》1959 年 6 月 5 日第 1 版。

2.806　为发展工农教育积极培养师资，北京工农师范学院今晨开学，这学期先开办进修班 设语文、物理等四个专业

《北京日报》1959 年 7 月 1 日第 1 版。

2.807　中伊人民在维护世界和平的斗争中相互支持相互合作，首都各界集会庆祝伊拉克国庆，郭沫若表示中国人民坚决支持伊拉克反帝斗争，谢里夫转达伊拉克人民对中国人民的友好愿望

《人民日报》1959 年 7 月 16 日第 1 版。

2.808　中波两国人民的友谊源远流长，李桥公社命名为中波友好公社，波兰大使代表政府向公社赠送礼物

《人民日报》1959 年 7 月 17 日第 4 版。

2.809　美国侵略势力必须滚出南越，日内瓦协议必须彻底履行！中国全力支持越南人民实现和平统一，首都在“越南日”盛大集会，显示中越人民反对侵略保卫和平的坚定意志

《人民日报》1959 年 7 月 21 日第 1 版。

2.810　欢呼波兰十五年来建设社会主义的光辉成就，首都集会庆祝波兰国庆陈毅和基里洛克祝中波友谊不断发展，社会主义阵营日益强大

《人民日报》1959 年 7 月 22 日第 1 版。

2.811　首都举行晚会庆祝建军节部队和群众连日来广泛展开联欢活动

《人民日报》1959 年 8 月 1 日第 1 版。

2.812　刘少奇主席召集最高国务会议，周总理报告上半年计划完成情况，提出鼓足干劲，反对右倾保守，厉行增产节约的任务，发言者一致拥护中共中央号召，要求各族人民深入开展增产节约运动，以辉煌的成就迎接国庆，实现今年国民经济的继续跃进，刘少奇主席就国内外形势作了重要讲话

《光明日报》1959 年 8 月 25 日第 1 版。

2.813 著名钢琴家黄顺经在京举行告别演出

《人民日报》1959年9月2日第5版。

2.814 纳伊姆副首相和周总理会谈，贵宾们参观密云水库文化部举行歌舞欢迎晚会

《人民日报》1959年9月8日第1版。

2.815 在纳伊姆副首相告别宴会上纳伊姆副首相和周总理热烈祝贺中阿友好关系进一步发展亚非各国要高举万隆会议旗帜坚持和平共处五项原则，就能够互相友好而不受外来干涉的影响

《人民日报》1959年9月9日第1版。

2.816 中国人民政治协商会议北京市第二届委员会委员名单

《北京日报》1959年9月11日第5版。

2.817 中国人民政治协商会议北京市第二届委员会主席团、秘书长名单

《北京日报》1959年9月11日第5版。

2.818 北京市第三届人民代表大会第二次会议主席团、秘书长名单

《北京日报》1959年9月11日第5版。

2.819 谴责印度军队侵犯我国领土

《人民日报》1959年9月13日第1版。

2.820 全国人大常委会通过名单庆祝建国十周年筹委会组成

《人民日报》1959年9月17日第1版。

2.821　北京聋人协会集会庆祝第二次国际聋人节

《人民日报》1959 年 9 月 28 日第 6 版。

2.822　我国各民族团结、统一、发展和繁荣的象征民族文化宫举行落成典礼全国十年来民族工作展览的预展同时开幕

《人民日报》1959 年 10 月 7 日第 4 版。

2.823　中共北京市委、北京市人民委员会招待参加全运会的人员

《人民日报》1959 年 10 月 7 日第 4 版。

2.824　北京市委和市人委举行宴会欢宴首都各大建筑工程职工同日欢宴来京献礼演出的文艺工作者

《人民日报》1959 年 10 月 9 日第 4 版。

2.825　各国贵宾在我国各地参观访问

《人民日报》1959 年 10 月 12 日第 5 版。

2.826　苏中友协代表团同首都人民会见吉洪诺夫报告访华观感

《人民日报》1959 年 10 月 13 日第 5 版。

2.827　苏中友协代表团回国

《人民日报》1959 年 10 月 14 日第 5 版。

2.828　各国贵宾在我国各地参观访问

《人民日报》1959 年 10 月 15 日第 5 版。

2.829　首都工人阶级的英雄代表大誓师，力争提前超额完成全年计划，昨天举行的本市群英会选出先进集体和先进生产者的代表 182 人出席全国群英会

《北京日报》1959 年 10 月 20 日第 1 版。

2.830　班禅在首都万人大会上报告西藏工作时说联合国无权干涉我国内政帕巴拉、阿沛、周仁山一致谴责美国继续冷战

《人民日报》1959 年 10 月 22 日第 1 版。

2.831　郭沫若宴请约翰逊教长

《人民日报》1959 年 10 月 23 日第 5 版。

2.832　十月革命的光辉永远照耀着我们首都举行中苏友谊联欢晚会

《人民日报》1959 年 11 月 3 日第 1 版。

2.833　历史的真实与艺术的真实（吴晗、尚钺）

《中国戏剧》1959 年第 20 期。

2.834　历史的真实与艺术的真实（翦伯赞、吕振羽）

《中国戏剧》1959 年第 21 期。

2.835　历史的真实和艺术的真实

《人民日报》1959 年 11 月 10 日第 7 版。

2.836　要反映历史的真实

刘乃崇《中国戏剧》1959 年第 22 期。

2.837　夸张、想象和真实——评越剧《则天皇帝》

温凌《中国戏剧》1959年第22期。

2.838　海瑞的一生

赵希鼎《史学月刊》1959年第12期。

1960年

2.839　祝贺今年在教学上获得更大进步，首都中小学教师春节联欢

《人民日报》1960年1月26日第1版。

2.840　北京归侨、侨眷春节联欢

《人民日报》1960年2月3日第1版。

2.841　筹备委员会名单

《人民日报》1960年2月10日第1版。

2.842　中共中央、国务院发出通知，全国文教战线群英会六月召开，号召进一步开展文化革命和教育革命，迎接这次大会

《北京日报》1960年2月10日第1版。

2.843　美帝国主义必须立即停止对我国在台湾珍贵文物的劫夺行为，首都文化界人士五百四十六人的抗议书

《光明日报》1960年2月23日第2版。

2.844　本市文教战线群英会隆重开幕，邓拓同志向教育、文化、卫生、体育等方面七千多英雄代表作重要报告

《北京日报》1960年2月27日第1版。

2.845 《投枪集》的一个优点

何养明《读书》1962 年第 2 期。

2.846 我举行晚会欢迎尼泊尔贵宾柯伊拉腊首相畅游颐和园等名胜

《人民日报》1960 年 3 月 16 日第 1 版。

2.847 民族民主革命风暴已经到来，新的自由的拉丁美洲就要诞生 中国支持古巴和拉丁美洲正义斗争

《人民日报》1960 年 3 月 20 日第 1 版。

2.848 陈毅副总理设宴招待柯伊拉腊首相

《人民日报》1960 年 3 月 22 日第 1 版。

2.849 政协三届二次协助主席、副主席轮流主持会议的常务委员名单

《北京日报》1960 年 3 月 30 日第 1 版。

2.850 首都人民大示威支援南朝鲜人民正义斗争

《人民日报》1960 年 4 月 29 日第 1 版。

2.851 《中国历史小丛书》应多介绍人民群众的活动

戈《读书》1960 年第 4 期。

2.852 关于《中国历史小丛书》答戈同志

《读书》1960 年第 4 期。

2.853 用更新成绩迎接全国文教群英会市中小学、业余教育先进工作者集会选出了出席全国群英会的代表

《北京日报》1960年5月9日第2版。

2.854 中日人民团结起来，反对复活日本军国主义，打倒美帝国主义！首都百万人大示威支持日本人民反美爱国斗争

《人民日报》1960年5月10日第1版。

2.855 首都万人盛会欢迎站在非洲反对帝国主义斗争最前线的英雄之邦的使者，中国人民坚决支持阿尔及利亚人民民族解放斗争

《人民日报》1960年5月20日第2版。

2.856 完全支持苏联反对美国和挑衅的正义斗争，首都三百万人大示威支持苏联反对美国侵略

《人民日报》1960年5月21日第1版。

2.857 蒙哥马利元帅到京，陈毅元帅设宴欢迎，同日陈毅元帅接见蒙哥马利元帅

《人民日报》1960年5月25日第1版。

2.858 周总理接见蒙哥马利元帅

《人民日报》1960年5月26日第1版。

2.859 周总理欢宴蒙哥马利元帅周总理表示支持他为缓和国际局势所作的努力蒙哥马利元帅在讲话中表示应该同新中国友好

《人民日报》1960年5月27日第1版。

2.860　毛主席接见蒙哥马利元帅，柯庆施市长设宴欢迎蒙哥马利元帅

《人民日报》1960年5月28日第1版。

2.861　坚决支持亚洲、非洲和拉丁美洲人民的民族民主运动！首都三百万人空前广泛热烈地纪念五一节

《人民日报》1960年5月29日第1版。

2.862　全国文教先进工作者代表大会主席团和正副秘书长名单

《人民日报》1960年6月2日第2版。

2.863　陈毅副总理在欢迎刚果政党代表团酒会上说对帝国主义的干涉不应失掉警惕刚果贵宾表示将继续斗争直到彻底解放

《人民日报》1960年6月6日第4版。

2.864　北京上海各民主党派各人民团体集会拥护反美武装大示威不把侵略者赶出台湾誓不罢休

《人民日报》1960年6月19日第4版。

2.865　高举总路线、大跃进、人民公社的红旗持续跃进，市人大三届三次会议开幕，万里作关于今年国民经济计划和预算草案报告 市政协第二届委员会第二次会议同时开幕

《北京日报》1960年6月25日第1版。

2.866　纪念朝鲜人民反对美国侵略的祖国解放战争十周年，首都万人集会支持朝鲜反对美国侵略

《人民日报》1960年6月26日第1版。

2.867 《甲午海战》与历史剧

李健吾《文学评论》1960年第6期。

2.868 评《甲午海战》兼论历史剧

张炯《文学评论》1960年第6期。

2.869 谈谈历史人物和艺术形象的诸葛亮

李希凡《光明日报》1960年7月3日第3版。

2.870 本市教育工作者、作家为少年编写文艺读物

《北京日报》1960年7月9日第2版。

2.871 全国文艺工作者代表大会主席团名单

《人民日报》1960年7月23日第2版。

2.872 首都万人集会支持刚果正义斗争

《人民日报》1960年7月24日第1版。

2.873 庆祝阿联建军节和革命纪念日，阿联驻华武官举行招待会

《人民日报》1960年7月24日第1版。

2.874 应邀来我国参加朝鲜解放十五周年庆祝活动朝中友协代表团抵京，李德全欢宴贵宾，宾主共祝两国人民的友谊巩固发展

《人民日报》1960年8月11日第1版。

2.875 中朝两国人民互相学习互相鼓励，红星中朝友好公社昨命名朝鲜贵宾参加庆祝集会受到社员热烈欢迎

《人民日报》1960年8月12日第1版。

2.876 首都各界人民盛大集会向朝鲜人民致节日祝贺，中朝紧密团结反对美国侵略保卫世界和平

《人民日报》1960年8月15日第1版。

2.877 宋副主席，周总理接见朝中友协代表团同时接见朝鲜电影代表团和朝鲜国家排球队

《人民日报》1960年8月15日第1版。

2.878 我们永远同拉丁美洲人民在一起，郭沫若宴请墨西哥著名社会活动家哈拉将军，楚图南举行酒会欢迎哥斯达黎加议员代表团

《人民日报》1960年8月27日第4版。

2.879 为朝中友好协会代表团访问中国朝鲜大使李永镐举行宴会

《人民日报》1960年8月28日第2版。

2.880 朝中友协代表团离京回国首都各界群众到车站欢送贵宾

《人民日报》1960年8月30日第4版。

2.881 阿联驻我国大使举行招待会欢送中国军事友好代表团

《人民日报》1960年9月9日第4版。

2.882 班禅额尔德尼到达北京

《人民日报》1960年9月28日第1版。

2.883 略论话剧《甲午海战》的历史真实和艺术真实

李希凡《中国戏剧》1960第18期。

2.884 奈温将军和夫人游览长城

《人民日报》1960年10月1日第1版。

2.885 缅甸文化代表团盛大演出周恩来总理、吴努总理、奈温将军和首都一万观众出席开幕式

《人民日报》1960年10月4日第2版。

2.886 吴努总理游览十三陵奈温将军游览颐和园

《人民日报》1960年10月4日第2版。

2.887 中国八个人民团体和日本各界十二个访华代表团共同声明签字仪式昨日在京举行

《人民日报》1960年10月4日第3版。

2.888 中国人民始终一贯地坚决支持阿尔及利亚人民的正义斗争，首都万人集会欢迎阿巴斯总理周总理等领导人出席大会，万里副市长致词代表首都人民欢迎贵宾阿巴斯总理说，阿尔及利亚人民在实现独立前绝不放下武器

《人民日报》1960年10月5日第1版。

2.889 阿巴斯总理在京参观游览前日参观军事博物馆，昨日游览八达岭和十三陵

《人民日报》1960年10月5日第4版。

2.890 北京市选举委员会组成人员名单

《北京日报》1960年10月19日第1版。

2.891　凯莱齐副主席参观十三陵水库

《人民日报》1960 年 10 月 20 日第 4 版。

2.892　应国防部邀请来我国进行友好访问朝鲜人民军协奏团到京

《人民日报》1960 年 10 月 25 日第 1 版。

2.893　国防部欢宴朝鲜人民军协奏团叶剑英元帅、习仲勋副总理出席了宴会

《人民日报》1960 年 10 月 25 日第 4 版。

2.894　首都盛大集会纪念志愿军抗美援朝十周年

《人民日报》1960 年 10 月 26 日第 1 版。

2.895　为了更好地鼓舞人民——畅论《甲午海战》之一

田汉《戏剧报》1960 年 19、20 期。

2.896　历史知识和浪漫精神结合的问题——畅论《甲午海战》之三

齐燕铭《戏剧报》1960 年 19、20 期。

2.897　关于甲午海战的一些史实——畅论《甲午海战》之四

田汉《戏剧报》1960 年 19、20 期。

2.898　以史为鉴，古为今用——畅论《甲午海战》之五

田汉《戏剧报》1960 年 19、20 期。

2.899　要表现历史的时代的特点——畅论《甲午海战》之六

黎澍《戏剧报》1960 年 19、20 期。

2.900　《甲午海战》气魄大《红珊瑚》时有警句——畅论《甲午海战》之七

张光年《戏剧报》1960 年 19、20 期。

2.901　提些艺术处理的意见——畅论《甲午海战》之八

吴雪《戏剧报》1960 年 19、20 期。

2.902　使历史放出光彩——畅论《甲午海战》之九

袁水拍《戏剧报》1960 年 19、20 期。

2.903　惊涛骇浪，激动人心——畅论《甲午海战》之十

马少波《戏剧报》1960 年 19、20 期。

2.904　我的一些感受——畅论《甲午海战》之十一

李健吾《戏剧报》1960 年 19、20 期。

2.905　使英雄性格更丰满——畅论《甲午海战》之十二

田汉《戏剧报》1960 年 19、20 期。

2.906　"甲午海战"是戏剧创作上一个可喜的收获——记海政文工团话剧团对历史剧的改编和创造

《光明日报》1960 年 11 月 12 日第 2 版。

2.907　惊涛骇浪 激动人心——首都史学家、文学家、戏剧家畅论"甲午海战"

《光明日报》1960 年 11 月 12 日第 2 版。

2.908　甲午战争时代的形式

吕振羽《光明日报》1960 年 11 月 12 日第 3 版。

2.909　首都盛会欢迎古巴政府经济代表团

《人民日报》1960 年 11 月 22 日第 1 版。

2.910　以美国为首的帝国主义滚出刚果和非洲去！首都各界集会表达中国人民坚决支持刚果和非洲人民正义斗争的意志

《人民日报》1960 年 11 月 29 日第 1 版。

2.911　气壮山河的《甲午海战》

戴不凡《文艺报》1960 年第 22 期。

2.912　从《甲午海战》谈历史剧的创作——话剧《甲午海战》座谈纪要

《文艺报》1960 年第 22 期。

2.913　中国剧协举行历史剧座谈会

《戏剧报》1960 年 22 期。

2.914　关于历史剧的“古为今用”

温凌《戏剧报》1960 年 23、24 期。

2.915　把中国人民的诚挚友谊带给兄弟的古巴人民格瓦拉率代表团离京李先念和格瓦拉在机场热情致词祝贺中古友好合作的加强

《人民日报》1960 年 12 月 2 日第 1 版。

2.916　中拉友好协会举行酒会欢迎古巴首任驻华大使

《人民日报》1960 年 12 月 4 日第 4 版。

2.917　廖承志欢宴日本贵宾

《人民日报》1960 年 12 月 10 日第 4 版。

2.918　中朝人民战斗友谊与世永存，人民大会堂万人集会听取罗瑞卿副团长访朝报告，周恩来总理、陈毅副总理等和李永镐大使出席大会

《人民日报》1960 年 12 月 12 日第 1 版。

2.919　胡愈之招待巴西众议员博热斯

《人民日报》1960 年 12 月 19 日第 4 版。

2.920　首都盛会欢迎西哈努克亲王同时庆祝中柬签订友好和互不侵犯条约，彭真市长和西哈努克亲王强调中柬人民友好合作的重大意义，一致指出必须终止对老挝的外来干涉，保障东南亚和平与安全

《人民日报》1960 年 12 月 20 日第 1 版。

2.921　带着六亿五千万人民对英雄古巴人民的深厚友谊，郭沫若率友好代表团赴古巴访问我外贸部负责人谈中古贸易重要意义

《人民日报》1960 年 12 月 24 日第 1 版。

2.922　北京市历史学会成立

《北京日报》1960 年 12 月 25 日第 2 版。

2.923　祝独立民主的拉丁美洲从斗争烈火中诞生，首都盛会纪念拉丁美洲各国争取民族独立 150 周年、庆祝古巴革命胜利二周年

《人民日报》1960 年 12 月 27 日第 1 版。

2.924 历史剧和历史真实性

齐燕铭《光明日报》1960 年 12 月 27 日第 2 版。

2.925 古巴哈瓦那市长利亚努萨到京，彭真市长会见并热情招待古巴贵宾

《人民日报》1960 年 12 月 30 日第 1 版。

2.926 应彭真市长邀请来我国访问，古巴哈瓦拉市长到达北京，彭真市长会见并欢宴古巴贵宾

《北京日报》1960 年 12 月 30 日第 1 版。

2.927 中拉友协举行招待会庆祝古巴革命胜利二周年，祝新生的古巴从胜利，走向胜利董必武副主席和李先念副总理等出席了招待会，楚图南会长和古巴大使齐祝中古人民的战斗友谊不断发展

《人民日报》1960 年 12 月 31 日第 1 版。

2.928 市选举委员会公布本市代表大会代表名单

《北京日报》1960 年 12 月 31 日第 2 版。

2.929 历史剧和历史真实性

齐燕铭《剧本》1960 年第 12 月号文艺报。

1961 年

2.930 彭真陪哈瓦那市长观看篮球和乒乓球赛

《人民日报》1961 年 1 月 2 日第 3 版。

2.931 中缅友好协会举行招待会热烈庆祝缅甸联邦独立十三周年

《人民日报》1961 年 1 月 4 日第 4 版。

2.932　首都盛会欢迎日本和平人士安井郁，廖承志致欢迎词热情地赞扬日本人民反美爱国斗争的辉煌成就，安井郁发表长篇讲话强调加强中日人民团结争取和平斗争新胜利

《人民日报》1961 年 1 月 5 日第 1 版。

2.933　廖承志刘宁一宴请安井郁

《人民日报》1961 年 1 月 5 日第 2 版。

2.934　安井郁举行告别酒会廖承志、刘宁一包尔汉出席

《人民日报》1961 年 1 月 6 日第 1 版。

2.935　《新建设》杂志邀请北京部分史学工作者，座谈中国历史上农民战争问题

《光明日报》1961 年 1 月 10 日第 3 版。

2.936　畅所欲言，纵谈人物评价

本报记者《光明日报》1961 年 1 月 10 日第 3 版。

2.937　应我国政府邀请前来进行友好访问阿尔巴尼亚政府经济代表团到京，李富春、李先念副总理和首都人民到机场迎接

《人民日报》1961 年 1 月 12 日第 1 版。

2.938　中国阿尔巴尼亚友好协会举行招待会欢迎阿政府经济代表团，李先念副总理、科列加副主席共颂中阿友谊牢不可破

《人民日报》1961 年 1 月 15 日第 1 版。

2.939　中尼边界联合委员会举行会谈章汉夫欢宴尼泊尔代表团，宾主共祝会谈获更大成果

《人民日报》1961年1月19日第1版。

2.940　庆祝中越两国建交十一周年越驻华大使举行电影招待会，我驻越南临时代办举行酒会

《人民日报》1961年1月19日第4版。

2.941　我七个人民团体欢宴黑田寿男

《人民日报》1961年1月21日第4版。

2.942　陈毅副总理欢宴尼泊尔代表团，宾主表示双方将密切合作圆满解决中尼边界问题

《人民日报》1961年1月24日第1版。

2.943　杨成武上将招待尼泊尔代表团

《人民日报》1961年1月26日第4版。

2.944　中拉友协等单位欢宴古巴芭蕾舞团，楚图南会长说：古巴革命的胜利对世界革命事业是一重大贡献。阿隆索团长说：古巴人民在向美帝国主义展开一场决死的斗争

《人民日报》1961年1月27日第4版。

2.945　庆祝中缅友好关系登上新高峰，周总理欢宴缅甸朋友，宾主共贺中缅友好和互不侵犯条约签订一周年和中缅贸易协定的签订

《人民日报》1961年1月28日第1版。

2.946　中国拉丁美洲友好协会和作家协会举行集会，纪念古巴民族英雄何塞·马蒂诞生108周年

《人民日报》1961年1月28日第4版。

2.947　吴晗完成剧作 马连良排演“海瑞罢官”

《文汇报》1961年1月28日第2版。

2.948　张奚若设宴欢迎密特朗

《人民日报》1961年1月30日第3版。

2.949　京剧《官渡之战》所反映的历史真实

刘乃崇《戏剧报》1961年1、2期。

2.950　坚决支持老挝人民反美爱国斗争

《人民日报》1961年2月3日第1版。

2.951　祝中阿进一步加强互助合作

《人民日报》1961年2月3日第1版。

2.952　科列加副主席率代表团回国陈毅、李先念副总理等到机场欢送

《人民日报》1961年2月4日第1版。

2.953　日本社会党顾问黑田寿男举行招待会辞行

《人民日报》1961年2月8日第4版。

2.954　陈毅副总理在卡特里少将举行的招待会上说中尼边界将永远是友好边界

《人民日报》1961 年 2 月 11 日第 1 版。

2.955　坚决支持卢蒙巴—基赞加合法政府，声援刚果人民反帝爱国的正义斗争

《人民日报》1961 年 2 月 13 日第 2 版。

2.956　首都热烈庆祝中苏同盟伟大节日

《人民日报》1961 年 2 月 14 日第 1 版。

2.957　“史”和“戏”——贺吴晗的《海瑞罢官》演出

繁星《北京日报》1961 年 2 月 19 日第 3 版。

2.958　中国人民永远是刚果人民最可靠的战友，首都五十万人声讨帝国主义杀害卢蒙巴

《人民日报》1961 年 2 月 19 日第 1 版。

2.959　历史的真实与艺术虚构——答蒋星煜同志

沈起炜《上海戏剧》1961 年第 2 期。

2.960　从“兄弟”谈到历史剧的一些问题

常谈《北京日报》1961 年 3 月 9 日第 3 版。

2.961　一场“史”与“戏”的争辩（学术简报）

《光明日报》1961 年 3 月 12 日第 1 版。

2.962 也谈历史剧——并致吴晗、繁星、常谈三同志

史优《北京日报》1961 年 3 月 17 日第 3 版。

2.963 永远发扬巴黎公社的革命精神，首都学术界人士集会纪念巴黎公社九十周年

《人民日报》1961 年 3 月 18 日第 4 版。

2.964 关于“神仙会”与百家争鸣——与吴晗同志商榷

吴大琨《光明日报》1961 年 3 月 18 日第 2 版。

2.965 北京史学会举行学术讨论会，探讨明末农民战争问题，并决定由各单位分工对几次主要农民战争进行深入研究

《文汇报》1961 年 3 月 28 日第 1 版。

2.966 北京史学界探讨明末农民战争问题，史学会举行的学术会上初步提出问题展开讨论

《光明日报》1961 年 3 月 31 日第 2 版。

2.967 谈《海瑞背纤》中的海瑞

鲁煤《中国戏剧》1961 年第 3 期。

2.968 北京市历史学会积极开展学术活动

《历史研究》1961 年第 3 期。

2.969 也谈“神仙会”与百家争鸣

张国藩《光明日报》1961 年 4 月 1 日第 2 版。

2.970 安大历史系举行中国农民战争问题讨论会（学术简报）

《光明日报》1961 年 4 月 3 日第 1 版。

2.971　中非人民友谊日益增强，中非友协举行酒会庆祝成立一周年并欢迎加纳和刚果大使包尔汉，祝贺非洲民族独立运动迅猛发展许多国家赢得独立

《人民日报》1961 年 4 月 18 日第 1 版。

2.972　首都各界集会庆祝万隆会议六周年，强烈谴责美国公然侵略古巴坚决支持古巴反侵略斗争，呼吁亚非人民挫败一切新老殖民主义

《人民日报》1961 年 4 月 19 日第 2 版。

2.973　首都六十万人集会支持古巴反侵略斗争

《人民日报》1961 年 4 月 22 日第 1 版。

2.974　亚非人民紧密团结彻底消灭殖民主义，首都各界集会庆祝全非人民大会和亚非团结理事会成就并欢迎非洲朋友

《人民日报》1961 年 4 月 23 日第 1 版。

2.975　沿着伟大革命导师的道路胜利前进，首都纪念列宁诞辰九十一周年上海、西安、成都、沈阳、重庆、广州、哈尔滨集会纪念

《人民日报》1961 年 4 月 23 日第 1 版。

2.976　中国和非洲人民的战斗友谊在加强我国亚非团结委员会主席廖承志和中非友协先后举行宴会欢迎出席亚非人民团结组织理事会会议的几内亚等国外宾

《人民日报》1961 年 4 月 23 日第 3 版。

2.977　向梭发那·富马首相、苏发努冯亲王和老挝人民表示敬意，首都万人集会欢迎老挝贵宾，彭真市长说中国支持老挝人民反对美国干涉的爱国斗争，梭发那·富马首相希望召开十四国会议来解决老挝问题

《人民日报》1961年4月24日第1版。

2.978　周总理在欢迎缅甸代表团的宴会上讲话预祝中缅边界全部文件最后完成，昂季准将说，缅中人民亲戚般的谅解精神将永远发展下去

《人民日报》1961年5月3日第1版。

2.979　北京师大历史系讨论义和团“扶清灭洋”口号（学术简报）

《光明日报》1961年5月6日第1版。

2.980　山东大学历史系讨论农民战争问题（学术简报）

《光明日报》1961年5月7日第1版。

2.981　吴白匋谈历史与历史剧的区别（学术简报）

《光明日报》1961年5月12日第1版。

2.982　中非人民友好协会举行招待会欢迎几内亚马里阿尔及利亚首任使节，宾主共庆中非人民在反帝斗争中结成的战斗友谊

《人民日报》1961年5月27日第1版。

2.983　纪念太平天国革命一百一十周年首都史学界举行学术讨论会，着重对太平天国革命的性质等三个问题展开讨论

《光明日报》1961年5月31日第1版。

2.984　首都庆祝“六一”国际儿童节筹委会举行招待会，祝贺儿童工作者所取得的成就，武汉少年儿童和儿童工作者集会庆祝“六一”

《人民日报》1961年6月1日第4版。

2.985　向热爱孩子的儿童工作者致敬，首都庆祝“六一”节筹委会招待儿童工作者

《北京日报》1961年6月1日第1版。

2.986　北京、上海、天津等十三个城市少年儿童举行多种活动，兴高采烈庆祝“六一”儿童节

《人民日报》1961年6月2日第4版。

2.987　楚图南欢宴玻利维亚前副总统，楚图南说中国人民支持玻利维亚人民反对美帝国主义的斗争，阿耳瓦雷斯·普拉塔表示他将努力加强玻中两国的友好关系

《人民日报》1961年6月4日第3版。

2.988　为进一步繁荣历史科学的研究创造条件，上海举行中国历史学术讨论会 对古代史分期，农民战争和历史人物评价等问题进行了探讨

《光明日报》1961年6月8日第1、2版。

2.989 《海瑞罢官》演出杂感

马连良《光明日报》1961年6月10日第4版。

2.990　中国人民和印度尼西亚人民的友谊万古长青首都盛会欢迎苏加诺总统

《人民日报》1961年6月15日第1版。

2.991 加强中日人民反对美帝国主义的共同斗争，首都盛会欢迎日共国会议员代表团，廖承志和志贺义雄一致强调粉碎“两个中国”的阴谋，反对复活日本军国主义，恢复中日邦交

《人民日报》1961年6月20日第1版。

2.992 摩加迪沙市政代表团到京彭真市长欢宴索马里贵宾

《人民日报》1961年6月20日第1版。

2.993 印度尼西亚巨港市长阿明到北京

《人民日报》1961年6月29日第4版。

2.994 北京市人民委员会举行宴会，欢迎印度尼西亚巨港市市长，贵宾在津参观受到热烈欢迎

《人民日报》1961年7月4日第3版。

2.995 对外文协等举行理事会联席会议听取会务报告，讨论今后任务，增选领导人员

《人民日报》1961年7月13日第3版。

2.996 首都各界隆重集会表达中国人民意志坚决支持越南人民和平统一祖国，杨秀峰会长陈子平大使揭露美国一贯破坏日内瓦协议、加紧侵略南越，谴责美吴集团对南越的血腥统治

《人民日报》1961年7月21日第1版。

2.997 吴晗论旧历史剧和新历史剧（学术简报）

《光明日报》1961年7月21日第1版。

2.998　阿联驻华武官举行招待会庆祝阿联革命纪念日拉赫曼准将和张宗逊上将讲了话

《人民日报》1961 年 7 月 24 日第 2 版。

2.999　民族历史研究工作指导委员会连续召开讨论会讨论民族历史人物评价等问题李维汉部长出席并在会上作了发言

《光明日报》1961 年 7 月 25 日第 1 版。

2.1000　普及外国历史知识 首都史学界编辑《外国历史小丛书》

《北京日报》1961 年 7 月 27 日第 2 版。

2.1001　北京史学界编辑《外国历史小丛书》(学术简报)

《光明日报》1961 年 7 月 30 日第 1 版。

2.1002　学习解放军艰苦奋斗光荣传统，各地群众和部队官兵共庆“八一”佳节

《人民日报》1961 年 8 月 2 日第 4 版。

2.1003　中尼友协欢宴尼泊尔新任大使

《人民日报》1961 年 8 月 25 日第 4 版。

2.1004　日本地方自治友好代表团到京

《人民日报》1961 年 8 月 29 日第 5 版。

2.1005　关于历史剧问题的争鸣(综合报道)

鲁煤《中国戏剧》1961 年第 8 期。

2.1006 首都集会庆祝七届禁止原子弹和争取全面裁军大会胜利拥护苏联政府，声明谴责美帝扩军备战大会再次表示中国人民坚决支持日本人民反美爱国斗争，廖承志和日本、古巴、澳大利亚、新西兰、苏丹等国代表在会上讲了话

《人民日报》1961年9月3日第1版。

2.1007 北京市人委举行招待会欢迎日本地方自治友好代表团

《人民日报》1961年9月6日第4版。

2.1008 英国蒙哥马利元帅到京陈毅副总理接见蒙哥马利元帅

《人民日报》1961年9月7日第1版。

2.1009 陈毅副总理欢宴蒙哥马利元帅，陈毅希望蒙哥马利这次访问对增进中英两国人民之间的了解和友谊将起更多的作用，蒙哥马利提出缓和紧张局势原则：承认只有一个中国、两个德国和一切部队撤回本国

《人民日报》1961年9月8日第1版。

2.1010 蒙哥马利元帅在京参观访问

《人民日报》1961年9月9日第4版。

2.1011 鹈崎多一团长举行告别招待会表示要进一步团结日本人民建立日中友好关系

《人民日报》1961年9月12日第4版。

2.1012 日本地方自治友好代表团去我国南方访问

《人民日报》1961年9月13日第4版。

2.1013　周总理接见蒙哥马利元帅，英代办为蒙哥马利访华举行酒会，陈毅、罗瑞卿、习仲勋副总理应邀出席

《人民日报》1961 年 9 月 22 日第 1 版。

2.1014　周总理在饯别蒙哥马利元帅的宴会上讲话，重申恢复我在联合国合法权利的立场，坚决反对美国制造“两个中国”的阴谋，周总理和蒙哥马利元帅指出三项原则会对缓和紧张局势有贡献

《人民日报》1961 年 9 月 23 日第 1 版。

2.1015　毛主席在武汉接见蒙哥马利元帅

《人民日报》1961 年 9 月 24 日第 1 版。

2.1016　应全国妇联主席蔡畅邀请来我国进行友好访问，比利时伊丽莎白王太后到京

《人民日报》1961 年 9 月 26 日第 1 版。

2.1017　鲁迅先生诞生八十周年纪念大会主席团名单

《人民日报》1961 年 9 月 26 日第 3 版。

2.1018 全国妇联主席蔡畅举行宴会，欢迎比利时伊丽莎白王太后，宾主讲话表示为世界和平共同努力

《人民日报》1961 年 9 月 27 日第 1 版。

2.1019　对外文协举行酒会欢迎比利时王太后，宾主共祝中比两国人民友谊进一步发展

《人民日报》1961 年 9 月 29 日第 4 版。

2.1020 马亨德拉国王和王后游览北海公园和故宫

《人民日报》1961 年 10 月 1 日第 3 版。

2.1021 尼泊尔国王和王后游览长城

《人民日报》1961 年 10 月 3 日第 2 版。

2.1022 首都盛会欢迎尼泊尔国王和王后热烈庆祝中尼两国签订边界条约，刘少奇主席、周恩来总理等国家领导人出席了大会

《人民日报》1961 年 10 月 6 日第 1 版。

2.1023 马亨德拉国王和王后访问西安陕西省西安市各界人民夹道欢迎尼泊尔贵宾

《人民日报》1961 年 10 月 7 日第 1 版。

2.1024 关于历史和历史剧——从《卧薪尝胆》的许多不同剧本说起

茅盾《文学评论》1961 年第 5 期。

2.1025 应彭真市长邀请来我国进行友好访问，加拉加斯市议会代表团到京北京市人民委员会欢宴委内瑞拉客人

《人民日报》1961 年 11 月 11 日第 1 版。

2.1026 彭真市长接见加拉加斯市议会代表团

《人民日报》1961 年 11 月 19 日第 1 版。

2.1027 首都各界举行声援英雄的古巴人民的大会严厉谴责美帝阴谋再次入侵古巴，吴玉章、桑托斯、比塞特在讲话中一致指出全世界人民站在古巴一边

《人民日报》1961 年 11 月 21 日第 1 版。

2.1028　首都集会庆祝阿解放日蒋南翔会长赞扬阿建设社会主义，反帝反修正主义的革命气概马利列大使说，阿中两国人民之间的友谊正在日益不断加强

《人民日报》1961 年 11 月 29 日第 1 版。

2.1029　北京历史学会举行讨论会探讨康熙评价问题

《光明日报》1961 年 11 月 30 日第 1 版。

2.1030　各民主党派负责人和无党派民主人士举行集会拥护我国政府处理中印边界问题的立场，谴责尼赫鲁讨好美帝再次掀起反华浪潮

《人民日报》1961 年 12 月 9 日第 1 版。

2.1031　加拉加斯市议会代表团离京回国

《北京日报》1961 年 12 月 11 日第 1 版。

2.1032　李先念副总理欢宴阿经济代表团，周恩来总理、陈毅副总理出席宴会，宾主一再为中阿两国人民永恒的牢不可破的兄弟友谊和互助合作，为中阿两党在马克思列宁主义基础上的团结而干杯

《人民日报》1961 年 12 月 24 日第 1 版。

2.1033　进一步推动史学界学术研究工作，北京市历史学会举行年会，会议将总结工作交流经验并进行专题讨论

《光明日报》1961 年 12 月 24 日第 1 版。

2.1034　文化部和中阿友协举行晚会欢迎阿尔巴尼亚经济代表团蒋南翔会长会见凯莱齐团长希提副团长

《人民日报》1961 年 12 月 27 日第 1 版。

2.1035　北京史学界学术活动欣欣向荣，第一次年会就提出并讨论了一批范围广泛、质量较高的论文

《北京日报》1961 年 12 月 29 日第 2 版。

2.1036　中古人民在反对美帝国主义斗争中永远互相支持，首都盛会庆祝古巴革命三周年，刘长胜说，中国人民坚决支持古巴革命，反对美国的侵略阴谋 皮诺·桑托斯大使说，如果美国敢于进攻古巴，必将遭到失败

《人民日报》1961 年 12 月 30 日第 1 版。

2.1037　北京历史学会年会闭幕，提出的论文和讨论的问题范围很广，大家心情愉快的带着许多问题和启发，准备在今后教学和科研中作进一步探讨

《光明日报》1961 年 12 月 30 日第 1 版。

2.1038　同各国驻华使节和在京外国朋友欢聚一堂陈毅副总理举行新年招待会

《人民日报》1961 年 12 月 31 日第 1 版。

2.1039　普及历史知识的良好途径——评介《中国历史小丛书》

羽白《前线》1961 年第 24 期。

2.1040　关于历史和历史剧——从《卧薪尝胆》的许多不同剧本说起（续）

茅盾《文学评论》1961 年第 6 期。

1962年

2.1041 关于历史学习的三个问题

白寿彝《光明日报》1962年1月3日第2版。

2.1042 首都集会欢迎日本和平人士安井郁安井郁说日本人民争取独立与和平的唯一道路是粉碎美帝国主义的枷锁，廖承志说中日人民必须携起手来与共同的敌人美帝国主义进行坚决斗争

《人民日报》1962年1月5日第1版。

2.1043 安井郁举行酒会

《人民日报》1962年1月5日第1版。

2.1044 凯莱齐副主席等离京到长沙访问，希提副团长和阿代表团部分团员回国

《人民日报》1962年1月16日第1版。

2.1045 北京市、河北省和天津市各界人民集会同声谴责肯尼迪政府反共暴行

《人民日报》1962年1月18日第1版。

2.1046 慰问在京部队和武装人民警察伤病员，春节慰问团昨天开始慰问活动

《北京晚报》1962年1月26日第1版。

2.1047 陈外长在印度临时代办国庆招待会上讲话，中国政府维护中印友谊立场不会改变愿在五项原则基础上同邻邦和平共处

《人民日报》1962年1月27日第1版。

2.1048 《金瓶梅》创作时代考索——兼与吴晗同志商榷《金瓶梅》著作时代问题

龙传仕《湖南师范学院学报 社会科学》1962年第1期。

2.1049 中国人民坚决支持第二个哈瓦那宣言，首都各界隆重集会，陈毅副总理和皮诺·桑托斯大使在会上讲了话

《人民日报》1962年2月13日第1版。

2.1050 关于史与论的结合问题

翦伯赞《光明日报》1962年2月14日第4版。

2.1051 政法学院邀请校外学者、专家作学术报告

《法学研究》1962年第2期。

2.1052 北京市历史学会举行年会讨论中国古代、近代史中的若干问题

《历史研究》1962年第2期。

2.1053 国内史学动态

《历史研究》1962年第2期。

2.1054 茅盾同志谈历史剧

《中国戏剧》1962年第2期。

2.1055 “史实”与“虚构”——漫谈历史剧创作中的历史真实与艺术真实的统一

李希凡《中国戏剧》1962年第2期(半月刊)。

2.1056　首都集会支持越南人民正义斗争

《人民日报》1962 年 3 月 6 日第 1 版。

2.1057　答吴晗同志——《说争论》读后

李希凡《光明日报》1962 年 4 月 7 日第 4 版。

2.1058　中国人民永远同亚洲、非洲、拉丁美洲人民站在一起，首都集会纪念万隆会议七周年，陈毅副总理论述万隆会议重大历史意义和世界民族解放运动胜利形势，柬埔寨驻华大使代表亚非国家使节讲话，强调在反帝反殖民主义共同斗争中保持团结

《人民日报》1962 年 4 月 19 日第 1 版。

2.1059　进一步促进我国同亚非各国的文化学术交流中国亚非学会在京成立

《人民日报》1962 年 4 月 20 日第 1 版。

2.1060　艺术形象和历史事实

张毕来《光明日报》1962 年 5 月 1 日第 4 版。

2.1061　首都三百万人民精神焕发欢庆“五一”节 党和国家领导人周恩来、朱德、宋庆龄、邓小平等分别参加各处庆祝联欢活动，三十六个兄弟民族的代表人物、归侨、港澳同胞和国际朋友在京欢度节

《人民日报》1962 年 5 月 2 日第 1 版。

2.1062　历史剧是艺术，不是历史

王子野《光明日报》1962 年 5 月 8 日第 4 版。

2.1063　历史剧是艺术，不是历史

王子野《中国戏剧》1962年第5期。

2.1064　热烈庆祝“六一”国际儿童节 各地少年儿童举行多种联欢活动

《光明日报》1962年6月2日第1版。

2.1065　庆祝马亨德拉国王诞辰尼泊尔驻华大使举行招待会，巴哈杜尔大使、陈毅副总理共颂两国友好关系不断发展

《人民日报》1962年6月12日第1版。

2.1066　关于历史人物评价的意见——同吴晗同志商榷一个问题

《人民日报》1962年6月17日第5版。

2.1067　循名责实谈历史剧

景孤血《光明日报》1962年6月17日第4版。

2.1068　史剧小议

戎笙《光明日报》1962年6月19日第4版。

2.1069　朝鲜贵宾在京参观游览

《人民日报》1962年6月26日第3版。

2.1070　朝鲜贵宾继续在京参观游览

《人民日报》1962年6月28日第1版。

2.1071　龙云在京逝世

《人民日报》1962年6月29日第2版。

2.1072　出席争取普遍裁军与和平世界大会我国代表团组成

《人民日报》1962年7月2日第1版。

2.1073　向坚持七年武装反帝斗争的英勇的阿尔及利亚人民致敬首都各界集会庆祝阿尔及利亚独立

《人民日报》1962年7月6日第1版。

2.1074　中国人民解放军总政治部举行盛大联欢晚会热烈庆祝解放军建军三十五周年，陈毅元帅、罗瑞卿大将接见参加联欢的解放军英雄模范人物

《人民日报》1962年8月1日第7版。

2.1075　历史知识讲座第一讲 星期日由吴晗讲“武则天”

《北京日报》1962年8月1日第2版。

2.1076　吴晗谈对武则天的评价，认为武则天是封建统治者中的杰出人物，在历史上起了进步作用，但也不是十全十美的人物

《北京日报》1962年8月7日第2版。

2.1077　吴晗谈武则天（学术简报）

《光明日报》1962年8月7日第1版。

2.1078　北京广播函授学校成立帮助未升学的中学生补习文化

《人民日报》1962年8月12日第2版。

2.1079　首都各界集会庆祝朝鲜人民全民节日，李德全会长、韩益洙大使讲话同颂中朝人民鲜血凝成的战斗友谊

《人民日报》1962年8月15日第1版。

2.1080　苏联大使馆临时代办举行酒会庆祝两艘宇宙飞船胜利返航，习仲勋副总理等应邀出席

《人民日报》1962年8月19日第1版。

2.1081　史家谈治史——吴晗同志访问记

《北京日报》1962年8月31日第3版。

2.1082　北京市历史学会学术活动近况

《历史研究》1962年第4期(双月刊)。

2.1083　普及世界史知识的良好开端——评介《外国历史小丛书》

齐思和《光明日报》1962年9月5日第2版。

2.1084　民主党派和人民团体负责人就击落美制蒋匪U_2飞机发表谈话，愤怒谴责美帝国主义的侵略罪行，京沪津人民祝贺空军部队重大胜利，揭露肯尼迪政府假和平真备战狰狞面目

《人民日报》1962年9月13日第1版。

2.1085　有关历史人物评价的两个问题——与吴晗、汪原等同志商榷

《人民日报》1962年9月13日第5版。

2.1086　松村谦三到达北京廖承志代表周总理陈毅副总理前往欢迎

《人民日报》1962年9月15日第1版。

2.1087　周总理、陈毅副总理宴请松村谦三周总理和松村谦三一致希望中日人民世世代代友好下去

《人民日报》1962年9月16日第1版。

2.1088　广播函授学校昨天开学，校委会主任委员吴晗勉励学生努力学习

《北京日报》1962 年 9 月 18 日第 2 版。

2.1089　松村谦三在京举行告别宴会，周恩来总理重申中日两国关系的原则

《人民日报》1962 年 9 月 20 日第 1 版。

2.1090　松村谦三去上海等地参观

《人民日报》1962 年 9 月 21 日第 1 版。

2.1091　历史剧问题座谈会纪要

《光明日报》1962 年 9 月 25 日第 2 版。

2.1092　关于历史剧的创作方法

乌强《中国戏剧》1962 年第 9 期。

2.1093　有关历史真实和艺术真实的问题的来稿综述

《中国戏剧》1962 年第 9 期。

2.1094　《地理小丛书》陆续出版

青宣《江苏教育》1962 年第 18 期（半月刊）。

2.1095　哈蒂妮·苏加诺夫人游览长城

《人民日报》1962 年 10 月 1 日第 3 版。

2.1096　庆祝中国尼泊尔边界条约签订一周年中尼友好协会举行酒会

《人民日报》1962 年 10 月 5 日第 1 版。

2.1097　尼泊尔大使举行招待会庆祝中尼边界条约签订周年中尼永久和平友好边界即将诞生

《人民日报》1962 年 10 月 7 日第 1 版。

2.1098　一尼泊尔外宾离北京

《人民日报》1962 年 10 月 7 日第 2 版。

2.1099　中尼友协代表团去尼泊尔访问

《人民日报》1962 年 10 月 19 日第 2 版。

2.1100　怎么学古文——吴晗同志答本刊记者问

《新闻业务》1962 年第 10 期。

2.1101　关于历史剧问题的争论

朱寨《文学评论》1962 年第 5 期（双月刊）。

2.1102　也谈历史剧问题（学术简报）

朱寨《光明日报》1962 年 11 月 1 日第 2 版。

2.1103　欢送我代表去伊拉克伊驻华大使法迪尔举行宴会

《人民日报》1962 年 11 月 20 日第 3 版。

2.1104　吴晗率领代表团去伊拉克

《人民日报》1962 年 11 月 25 日第 2 版。

2.1105　我国代表团到伊拉克

《人民日报》1962 年 12 月 1 日第 5 版。

2.1106　我代表团拜会伊拉克国家指导部

《人民日报》1962 年 12 月 2 日第 3 版。

2.1107　巴格达集会庆祝建城一千周年吴晗祝中伊友谊不断加强

《人民日报》1962 年 12 月 4 日第 4 版。

2.1108　我国代表团离伊拉克回国

《人民日报》1962 年 12 月 11 日第 3 版。

2.1109　市政协三届一次会议开幕，会议讨论主要内容是进一步巩固人民公社集体经济、发展农业生产 昨天会议听取上届委员会常务工作报告、郊区农业生产情况和今后工作意见的报告

《北京日报》1962 年 12 月 18 日第 1 版。

2.1110　我代表团访伊后返京

《人民日报》1962 年 12 月 27 日第 4 版。

2.1111　“历史知识”及其他——再答吴晗同志

李希凡《中国戏剧》1962 年第 6 期。

1963 年

2.1112　首都隆重集会欢迎锡兰贵宾周恩来总理等国家领导人出席了大会

《人民日报》1963 年 1 月 4 日第 1 版。

2.1113　吉里副主席在京举行告别宴会

《人民日报》1963 年 1 月 22 日第 1 版。

2.1114　首都举行盛大拥军优属联欢晚会

《人民日报》1963 年 1 月 31 日第 1 版。

2.1115　历史剧问题的再商榷——答朱寨同志

李希凡《文学评论》1963 年第 1 期。

2.1116　庆祝中苏友好同盟互助条约签订十三周年中苏友好协会总会和北京市中苏友好协会举行晚会

《人民日报》1963 年 2 月 14 日第 1 版。

2.1117　首都盛会热烈欢迎柬埔寨贵宾西哈努克亲王和夫人由刘主席和夫人、董副主席、朱委员长、周总理等陪同赴会彭真市长和西哈努克亲王讲话共同表达了中柬人民友好团结相互支持的情谊

《人民日报》1963 年 2 月 15 日第 1 版。

2.1118　西哈努克亲王游览长城周恩来总理陪同贵宾前往

《人民日报》1963 年 2 月 17 日第 1 版。

2.1119　中国尼泊尔友好协会举行招待会热烈庆祝尼泊尔民主日十二周年

《人民日报》1963 年 2 月 18 日第 1 版。

2.1120　布托外长率巴基斯坦代表团抵京 陈毅副总理兼外长设宴欢迎贵宾

《人民日报》1963 年 3 月 2 日第 1 版。

2.1121　中巴友谊的胜利万隆精神的胜利亚非团结精神的胜利首都盛会庆祝中巴签订边界协定

《人民日报》1963 年 3 月 3 日第 1 版。

2.1122　布托外长率巴基斯坦代表团回国陈毅副总理兼外交部长到机场热烈欢送贵宾

《人民日报》1963 年 3 月 5 日第 1 版。

2.1123　文化部中老友协举行晚会欢迎老挝贵宾，西萨旺·瓦达纳国王到广济寺拜佛并在京参观游览

《人民日报》1963 年 3 月 8 日第 2 版。

2.1124　首都盛会热烈欢迎老挝贵宾

《人民日报》1963 年 3 月 9 日第 1 版。

2.1125　我市政代表团应邀去加纳将参加非洲地方当局会议

《人民日报》1963 年 3 月 17 日第 4 版。

2.1126　市历史学会第二届年会昨日闭幕，邓拓同志作了重要报告，历史工作者向年会提出了四十八篇论文，在讨论中畅所欲言、各抒己见并选出下届学会领导机构

《北京日报》1963 年 3 月 11 日第 2 版。

2.1127　关于道德的阶级性和继承性的问题的讨论

石羊《教学与研究》1963 年第 3 期。

2.1128　再谈关于历史剧问题的争论——兼答李希凡同志

朱寨《文学评论》1963 年第 2 期（双月刊）。

2.1129 庆祝中国印度尼西亚友好条约和文化合作协定签订两周年，苏弗雷·尤淑夫临时代办举行招待会，陈毅副总理出席，宾主共祝中国印度尼西亚友谊日益增进

《人民日报》1963年4月1日第1版。

2.1130 知识青年参加农业生产有最广阔前途

《人民日报》1963年4月7日第1版。

2.1131 郭沫若和廖承志欢宴何塞·马塔，中古两国人民的战斗友谊牢不可破，古巴人民的反美斗争一定取得胜利

《人民日报》1963年4月16日第3版。

2.1132 首都隆重纪念万隆会议八周年

《人民日报》1963年4月19日第1版。

2.1133 首都各界集会热烈欢迎萨布里主席周恩来总理等国家领导人出席了大会

《人民日报》1963年4月24日第1版。

2.1134 庆祝中尼和平友好条约签订三周年中尼友协举行酒会

《人民日报》1963年4月28日第4版。

2.1135 摩洛哥大使设午宴招待周恩来总理

《人民日报》1963年4月29日第1版。

2.1136 演“鬼戏”没有害处吗？

赵寻《文艺报》1963年第4期。

2.1137 为庆祝荷兰女王诞辰荷驻我国临时代办举行招待会

《人民日报》1963 年 5 月 1 日第 4 版。

2.1138 我新闻工作者协会和中尼友协设宴欢送尼泊尔新闻代表团

《人民日报》1963 年 5 月 16 日第 3 版。

2.1139 中尼友协茶会欢迎尼妇女代表团

《人民日报》1963 年 5 月 30 日第 4 版。

2.1140 关于道德问题的几点质疑

艾真《哲学研究》1963 年第 5 期。

2.1141 “有鬼无害”论

梁壁辉《文艺报》1963 年第 5 期。

2.1142 京沪等地少年儿童欢庆“六一”节 各地负责同志勉励孩子们做革命事业的坚强接班人

《人民日报》1963 年 6 月 2 日第 1 版。

2.1143 全国人大代表吴昱恒先生逝世

《人民日报》1963 年 6 月 5 日第 2 版。

2.1144 文化部等举行晚会欢迎朝鲜贵宾，崔庸健委员长由刘主席等陪同看京剧朝鲜贵宾参观中国革命博物馆

《人民日报》1963 年 6 月 8 日第 1 版。

2.1145　中共北京市委书记、北京市副市长万里会见平壤市人民委员会委员长姜希源

《人民日报》1963 年 6 月 8 日第 3 版。

2.1146　向英雄的朝鲜人民和光荣的朝鲜劳动党表达中国人民最崇高的敬意，首都十万人集会热烈欢迎崔庸健委员长

《人民日报》1963 年 6 月 9 日第 1 版。

2.1147　周总理便宴招待崔庸健委员长

《人民日报》1963 年 6 月 10 日第 1 版。

2.1148　全国人民代表大会常务委员会副委员长沈钧儒先生昨日在京逝世，董副主席、周总理等前往向遗体告别

《人民日报》1963 年 6 月 12 日第 1 版。

2.1149　全国人民代表大会常务委员会副委员长沈钧儒先生昨天逝世，国家领导人和各方面负责人向沈副委员长遗体告别

《北京日报》1963 年 6 月 12 日第 1 版。

2.1150　沈钧儒副委员长治丧委员会名单

《人民日报》1963 年 6 月 12 日第 1 版。

2.1151　刘主席吊唁沈钧儒副委员长首都各界人士昨日纷纷前往中山堂吊唁

《人民日报》1963 年 6 月 14 日第 1 版。

2.1152　崔庸健委员长游览长城朝鲜贵宾观看话剧《霓虹灯下的哨兵》

《人民日报》1963 年 6 月 15 日第 1 版。

2.1153　首都各界公祭沈钧儒副委员长，朱德委员长主祭，董副主席致悼词指出沈钧儒先生是民主人士，左派旗帜，中国共产党亲密的朋友，一切爱国知识分子的光辉榜样

《北京日报》1963 年 6 月 15 日第 1 版。

2.1154　试论道德的阶级性和继承性

石梁人《哲学研究》1963 年第 6 期。

2.1155　前往莫斯科参加中苏两党会谈，邓小平、彭真同志率中共代表团离京

《人民日报》1963 年 7 月 6 日第 1 版。

2.1156　首都集会庆祝中朝友好条约签订两周年

《人民日报》1963 年 7 月 12 日第 1 版。

2.1157　首都盛会热烈欢迎亚非拉妇女代表

《人民日报》1963 年 7 月 15 日第 1 版。

2.1158　中非友协等酒会欢迎亚非拉各国女宾

《人民日报》1963 年 7 月 16 日第 4 版。

2.1159　阿尔巴尼亚大使夫人等阿中两国十位同志因苏联班机失事遇难，陈毅副总理和夫人等到殡仪馆吊唁各国驻华使节也到遇难阿尔巴尼亚同志灵堂吊唁

《人民日报》1963 年 7 月 18 日第 1 版。

2.1160　完全支持我国妇女代表团的正确立场

《人民日报》1963 年 7 月 19 日第 1 版。

2.1161 邓小平彭真同志率中共代表团回到北京

《人民日报》1963 年 7 月 22 日第 1 版。

2.1162 中朝人民坚决共同反帝反修正主义

《人民日报》1963 年 7 月 25 日第 3 版。

2.1163 首都盛会庆祝古巴人民武装起义十周年

《人民日报》1963 年 7 月 26 日第 1 版。

2.1164 中国人民支持日本人民防止核战争的斗争日本朋友愿以全部力量实现中国三点建议

《人民日报》1963 年 8 月 2 日第 1 版。

2.1165 集会联欢慰问子弟兵和烈军属，各地“八一”前后开展拥军优属活动

《人民日报》1963 年 8 月 3 日第 2 版。

2.1166 首都盛会热烈欢迎舍马克总理

《人民日报》1963 年 8 月 7 日第 1 版。

2.1167 舍马克总理游览颐和园

《人民日报》1963 年 8 月 7 日第 2 版。

2.1168 首都盛大集会支持美国黑人反对种族歧视的英勇斗争

《人民日报》1963 年 8 月 13 日第 1 版。

2.1169　应中国人民外交学会邀请来我国访问肯尼亚非洲民族联盟代表团到京

《人民日报》1963 年 9 月 3 日第 2 版。

2.1170　我外交学会会长张奚若举行招待会热烈欢迎肯尼亚非洲民族联盟代表团

《人民日报》1963 年 9 月 4 日第 3 版。

2.1171　坚决支持非洲人民反对帝国主义、争取和维护民族独立，首都集会欢迎肯尼亚非洲民族联盟代表团，刘长胜会长、约翰·戴维·卡利团长和其他肯尼亚朋友在会上讲话

《人民日报》1963 年 9 月 6 日第 5 版。

2.1172　中国科学院隆重举行赠予仪式艾地同志接受名誉学部委员称号，周恩来、朱德、邓小平、彭真、鲁克曼、苏蒂斯曼同志等参加仪式

《人民日报》1963 年 9 月 7 日第 1 版。

2.1173　彭真副委员长设午宴欢送肯尼亚朋友

《人民日报》1963 年 9 月 7 日第 1 版。

2.1174　几位肯尼亚朋友离京回国刘清扬茶会招待肯尼亚女宾

《人民日报》1963 年 9 月 9 日第 5 版。

2.1175　杨秀峰举行酒会欢送越中友协代表团

《人民日报》1963 年 9 月 12 日第 1 版。

2.1176　和大设宴欢迎罗伯特·威廉夫妇，宾主欢聚一堂共祝美国黑人的正义斗争不断取得新胜利，郭沫若热情赞扬威廉先生献身黑人解放事业的革命精神，威廉先生感谢毛主席和中国人民对美国黑人斗争的支持

《人民日报》1963年9月27日第2版。

2.1177　首都集会热烈欢迎阿尔及利亚政府代表团，包尔汉副会长和阿马尔·乌兹加尼部长讲话，共祝中阿人民在反对帝国主义和殖民主义斗争中的战斗友谊不断发展

《人民日报》1963年10月1日第4版。

2.1178　陈毅副总理欢宴阿尔及利亚政府代表团，陈毅副总理说贵宾的来访是中阿友好关系新发展的重要标志，阿马尔·乌兹加尼团长为中阿两国人民牢不可破的友谊祝酒

《人民日报》1963年10月1日第4版。

2.1179　张奚若举行宴会欢迎巴基斯坦参加中国国庆观礼团，巴沙尼大毛拉强调巴中人民共同斗争消灭战争根源

《人民日报》1963年10月3日第3版。

2.1180　中国巴基斯坦友好协会举行招待会欢送巴基斯坦参加中国国庆观礼团贺龙副总理出席，宾主讲话表示要为发展中巴友谊不断努力

《人民日报》1963年10月7日第2版。

2.1181　反对美帝国主义、支持美国黑人正义斗争

《人民日报》1963年10月11日第1版。

2.1182　坦噶尼喀议长继续在京参观游览，张奚若设宴热烈欢迎坦噶尼喀文化代表团

《人民日报》1963年10月15日第3版。

2.1183　关于道德的阶级性和继承性的问题的讨论

青《哲学研究》1963年第5期。

2.1184　关于道德问题的几点质疑——与吴晗同志商榷

艾真《哲学研究》1963年第5期 双月刊。

2.1185　首都各界隆重集会庆祝十月革命节

《人民日报》1963年11月7日第1版。

2.1186　应邀访问印度尼西亚并参加新运会观礼，贺龙元帅启程前往雅加达，周总理、陈毅、聂荣臻元帅到机场送行

《人民日报》1963年11月7日第1版。

2.1187　首都盛会庆祝中阿边界条约签订

《人民日报》1963年11月23日第1版。

2.1188　关于道德的阶级性和继承性问题的讨论综述

智源《学术研究》1963年第6期（双月刊）。

2.1189　必须坚决摒弃封建道德——从忠孝谈起

闫长贵《哲学研究》1963年第6期。

2.1190　革命的道德观

李凡夫《江淮论坛》1963年第6期。

2.1191　在历史研究中运用阶级观点和历史主义的问题

关锋 杜聿时《历史研究》1963年第3期。

2.1192　关于道德的阶级性和继承性问题的讨论

青《哲学研究》1963年第5期。

2.1193　关于道德的阶级性与继承性问题讨论综述

智源《学术研究》1963年第6期。

2.1194　北京历史学会举行学术讨论会对史料和理论的关系问题，研究古代史要不要用阶级分析方法以及历史主义与阶级分析等问题，展开热烈讨论

《光明日报》1963年7月16日第2版。

2.1195　阶级观点、历史主义及论史结合问题——北京市历史学会1963年7月5日座谈纪要

《光明日报》1963年7月31日第4版。

2.1196　关于道德的阶级性与继承性的一些问题——与吴晗同志商榷

许启贤《光明日报》1963年8月15日第4版。

2.1197　重视村史、家史、社史、厂史的编写工作

石泉《文艺报》1963年第7、8期合刊。

2.1198　关于上演"鬼戏"有害还是无害的争论

《光明日报》1963年9月10日第2版。

2.1199　非常有害的“有鬼无害论”

李希凡《光明日报》1963年9月10日第3版。

2.1200　演“鬼戏”有害吗？——《演“鬼戏”没有害处吗？》读后

若何《光明日报》1963年9月10日第4版。

2.1201　不应当把糟粕当作精华

冯其庸《光明日报》1963年9月14日第3版。

2.1202　有些“鬼戏”应该加以肯定

谭鹏《光明日报》1963年9月20日第3版。

2.1203　《三说道德》一文提出了什么问题

李之畦《光明日报》1963年9月21日第2版。

2.1204　再论鬼戏之害

景孤血《光明日报》1963年9月23日第3版。

2.1205　非常有害的“有鬼无害论”

李希凡《戏剧报》1963年第9期。

2.1206　关于上演“鬼戏”有害还是无害的争论

《戏剧报》1963年第9期。

2.1207　也谈道德继承问题（上）

江峰《光明日报》1963年10月6日第2版。

2.1208　关于道德的批判继承问题——与吴晗同志商榷

高仲田《光明日报》1963 年 10 月 7 日第 2 版。

2.1209　也谈道德继承问题（下）

江峰《光明日报》1963 年 10 月 7 日第 2 版。

2.1210　关于历史剧问题的讨论

《光明日报》1963 年 10 月 20 日第 2 版。

2.1211　关于历史剧的讨论（资料）

《光明日报》1963 年 10 月 20 日第 2 版。

2.1212　谈历史剧的古为今用

戴不凡《光明日报》1963 年 10 月 20 日第 3 版。

2.1213　从《水浒传》说道德问题

汪子嵩《光明日报》1963 年 10 月 25 日第 4 版。

2.1214　谈历史剧的古为今用问题

戴不凡《光明日报》1963 年 10 月 20 日第 2 版。

2.1215　关于历史剧问题的讨论

《戏剧报》1963 年第 10 期。

2.1216　道德阶级性与继承性问题的探讨与争论（来稿综述）

《光明日报》1963 年 11 月 1 日第 2 版。

2.1217　河北大学哲学史教研室讨论批判与继承问题（学术简报）

《光明日报》1963 年 11 月 15 日第 2 版。

2.1218　对目前道德继承问题讨论的几点商榷

步近智 汤峪元《光明日报》1963 年 11 月 16 日第 2 版。

2.1219　北京市历史学会举行第三届年会 讨论当前历史科学的任务

《光明日报》1963 年 12 月 10 日第 2 版。

2.1220　北京历史学会举行第三届年会，讨论历史科学战线当前任务，号召重新学习马列主义、毛泽东思想，反对现代修正主义，加强近代史现代史研究，认真总结革命经验 学会还组织了有关编写村史家史社史的座谈会

《文汇报》1963 年 12 月 10 日第 2 版。

2.1221　古为今用——历史剧的灵魂

张庚《戏剧报》1963 年第 11 期。

2.1222　提几个有关道德阶级性和继承性的问题

石梁人《光明日报》1963 年 12 月 1 日第 4 版。

2.1223　市选举委员会公布北京市第五届人代会代表名单

《北京日报》1963 年 12 月 30 日第 2 版。

1964 年

2.1224　北京市三里河第二小学命名为北京市三里河中古友谊小学

《人民日报》1964 年 1 月 5 日第 4 版。

2.1225 北京三里河二小被命名为中古友谊小学，古巴贵宾参加大会收到师生们热烈欢迎

《光明日报》1964 年 1 月 5 日第 3 版。

2.1226 三里河二小命名为三里河中古友谊小学，师生们昨日集会古巴朋友和吴晗副市长等参加大会

《北京日报》1964 年 1 月 5 日第 3 版。

2.1227 北京市历史学会举行村史座谈会（学术简报）

苏双碧《光明日报》1964 年 1 月 18 日第 5 版。

2.1228 北京市历史学会座谈村史讨论了编写村史的意义、方法、内容、体例等问题

《北京日报》1964 年 1 月 18 日第 3 版。

2.1229 张奚若举行宴会欢迎法议员代表团

《人民日报》1964 年 1 月 21 日第 4 版。

2.1230 中非友协举行酒会欢迎肯尼亚首任驻华大使

《人民日报》1964 年 1 月 25 日第 3 版。

2.1231 关于道德的阶级性和继承性问题的讨论

《哲学研究》1964 年第 1 期。

2.1232 封建道德不能批判继承——与江峰同志商榷

冯其庸《哲学研究》1964 年第 1 期。

2.1233　关于哲学史方法论和道德继承问题的讨论

张东风《哲学研究》1964 年第 1 期。

2.1234　首都各界公祭甘泗淇同志，罗瑞卿大将主祭，徐立清中将致悼词

《人民日报》1964 年 2 月 10 日第 1 版。

2.1235　在京归国华侨欢聚一堂共庆佳节

《人民日报》1964 年 2 月 11 日第 2 版。

2.1236　毛主席刘主席同三万军民欢度春节

《人民日报》1964 年 2 月 13 日第 1 版。

2.1237　首都三万多军民欢聚一堂畅叙伟大革命情谊，总政举行春节拥政爱民联欢晚会，刘少奇、邓小平等领导人出席并接见四好连队等方面代表

《人民日报》1964 年 2 月 15 日第 1 版。

2.1238　中尼友协庆祝尼泊尔王国民主日，吴晗副会长和巴哈杜尔大使共赞中尼人民传统友谊

《人民日报》1964 年 2 月 18 日第 3 版。

2.1239　郭沫若设宴招待新西兰客人

《人民日报》1964 年 3 月 4 日第 5 版。

2.1240　罗马尼亚工人党中央代表团，游览长城并参观十三陵水库和工厂

《人民日报》1964 年 3 月 10 日第 1 版。

2.1241　精心培育革命接班人 先进托儿组织和保育工作者受奖

《北京日报》1964 年 3 月 11 日第 1 版。

2.1242　面向现实编写“五史”

胡华《光明日报》1964 年 3 月 12 日第 4 版。

2.1243　山东省历史学会 讨论批判地继承历史遗产的问题（学术简报）

《光明日报》1964 年 3 月 18 日第 4 版。

2.1244　日共中央代表团游览颐和园

《人民日报》1964 年 3 月 24 日第 4 版。

2.1245　有关历史人物评价的几个问题

《历史研究》1964 年第 3 期。

2.1246　关于道德的阶级性和继承性问题的讨论

宗敏《学术月刊》1964 年第 3 期。

2.1247　松村谦三等到达北京廖承志和夫人到车站欢迎

《人民日报》1964 年 4 月 13 日第 4 版。

2.1248　周恩来总理接见松村谦三廖承志设宴欢迎日本客人

《人民日报》1964 年 4 月 14 日第 1 版。

2.1249　首都集会支持古巴和拉丁美洲人民反美斗争

《人民日报》1964 年 4 月 18 日第 1 版。

2.1250　发扬万隆精神推进亚非团结反帝事业，首都盛会纪念第一次亚非会议九周年，周恩来总理等和各国使节、亚非拉友人出席大会，贺龙副总理和米斯凯尼亚大使讲话，坚信和预祝第二次亚非会议成功

《人民日报》1964 年 4 月 19 日第 1 版。

2.1251　廖承志办事处和高碕办事处三个文件换文仪式在京举行，松村谦三举行告别宴会郭沫若廖承志等应邀赴会

《人民日报》1964 年 4 月 20 日第 3 版。

2.1252　纪念列宁诞生九十四周年苏驻华大使馆举行电影晚会

《人民日报》1964 年 4 月 23 日第 3 版。

2.1253　讣告

《光明日报》1964 年 4 月 25 日第 3 版。

2.1254　布隆迪国民议会代表团到达北京朱德委员长设宴欢迎布隆迪贵宾

《人民日报》1964 年 4 月 29 日第 1 版。

2.1255　首都三百万人欢庆“五一”国际劳动节

《人民日报》1964 年 5 月 2 日第 1 版。

2.1256　庆祝荷兰女王诞辰荷兰驻华代办举行招待会

《人民日报》1964 年 5 月 2 日第 3 版。

2.1257　同工农群众结合把革命进行到底

《人民日报》1964 年 5 月 4 日第 1 版。

2.1258 肯尼亚政府代表团到北京陈毅副总理设宴欢迎贵宾，陈毅、李先念副总理接见代表团全体成员

《人民日报》1964年5月4日第1版。

2.1259 布隆迪议会代表团到武汉访问湖北省人民委员会设宴欢迎贵宾

《人民日报》1964年5月5日第1版。

2.1260 吴晗会见并欢宴日本客人

《人民日报》1964年5月5日第5版。

2.1261 首都集会热烈欢迎肯尼亚政府代表团

《人民日报》1964年5月7日第1版。

2.1262 山东大学历史系讨论思想遗产的批判继承问题（学术简报）

《光明日报》1964年5月7日第2版。

2.1263 毛主席接见布隆迪国民议会代表团

《人民日报》1964年5月10日第1版。

2.1264 周总理宴请布隆迪贵宾朱德委员长回访布议长李维汉副委员长设宴欢送布议会代表团

《人民日报》1964年5月11日第1版。

2.1265 肯尼亚政府代表团离京回国陈毅副总理和首都各界一千多人到机场欢送

《人民日报》1964年5月12日第1版。

2.1266　我和大北京分会和东京和委会代表团签订共同声明坚决共同反对美帝国主义和修正主义双方在日本代表团告别宴会上庆祝共同声明的签订

《人民日报》1964 年 5 月 16 日第 3 版。

2.1267　廖承志设宴欢送日本客人

《人民日报》1964 年 5 月 16 日第 3 版。

2.1268　首都盛会热烈欢迎阿布德主席刘主席董副主席朱委员长周总理等领导人出席

《人民日报》1964 年 5 月 19 日第 1 版。

2.1269　首都庆祝“六一”国际儿童节筹委会成立

《北京日报》1964 年 5 月 20 日第 1 版。

2.1270　李先念副总理接见巴基斯坦客人

《人民日报》1964 年 5 月 21 日第 3 版。

2.1271　英前坎特伯雷教长约翰逊和夫人到京，周总理和夫人邓颖超等到机场欢迎

《人民日报》1964 年 5 月 29 日第 1 版。

2.1272　论“清官”

星宇《人民日报》1964 年 5 月 29 日第 5 版。

2.1273　周恩来总理和夫人邓颖超接见并宴请约翰逊博士和夫人

《人民日报》1964 年 5 月 30 日第 1 版。

2.1274 无神论教育与“鬼戏”问题

牙含章 唐亥《戏剧报》1964 年第 5 期。

2.1275 好好学习天天向上做红色接班人，北京、上海、武汉、广州、沈阳举行各种活动庆祝“六一”儿童节

《人民日报》1964 年 6 月 1 日第 1 版。

2.1276 各地少年儿童兴高采烈过“六一”许多负责同志和老工人老贫农老红军老干部同孩子们一起联欢

《人民日报》1964 年 6 月 2 日第 2 版。

2.1277 各地少年儿童欢度“六一”国际儿童节

《光明日报》1964 年 6 月 2 日第 1 版。

2.1278 无神论教育与“鬼戏”问题

牙含章 唐亥《光明日报》1964 年 6 月 2 日第 2 版。

2.1279 试论封建社会的“清官”“好官”

王思治《光明日报》1964 年 6 月 3 日第 4 版。

2.1280 首都盛会欢迎萨拉勒总统

《人民日报》1964 年 6 月 5 日第 1 版。

2.1281 萨拉勒总统在京参观游览董副主席陪同游览颐和园并宴请贵宾

《人民日报》1964 年 6 月 6 日第 1 版。

2.1282　首都盛会欢迎登山队胜利归来

《人民日报》1964 年 6 月 8 日第 1 版。

2.1283　也门贵宾游览长城

《人民日报》1964 年 6 月 11 日第 3 版。

2.1284　尼泊尔大使举行招待会庆祝国王诞辰，周总理出席巴哈杜尔大使陈毅副总理讲话祝中尼友谊发展

《人民日报》1964 年 6 月 12 日第 1 版。

2.1285　英驻华代办举行招待会庆祝女王诞辰

《人民日报》1964 年 6 月 14 日第 4 版。

2.1286　首都盛会欢迎卡瓦瓦副总统，周恩来总理、陈毅副总理等出席大会彭真市长和卡瓦瓦副总统发表了充满两国人民兄弟友谊的讲话

《人民日报》1964 年 6 月 15 日第 1 版。

2.1287　卡瓦瓦副总统和周总理同游颐和园

《人民日报》1964 年 6 月 15 日第 3 版。

2.1288　胡嘉在安徽省历史学会谈中国资本主义萌芽问题（学术简报）

《光明日报》1964 年 6 月 16 日第 1 版。

2.1289　英前坎特伯雷教长约翰逊回国周恩来总理等到北京机场送行

《人民日报》1964 年 6 月 23 日第 1 版。

2.1290　首都隆重集会纪念朝鲜人民祖国解放战争十四周年坚决支持朝鲜人民反美爱国斗争

《人民日报》1964 年 6 月 26 日第 1 版。

2.1291　首都佛教界和文化界人士集会纪念玄奘法师逝世一千三百年

《人民日报》1964 年 6 月 28 日第 1 版。

2.1292　北京市历史学会第一、第二届年会论文集出版（学术简报）

《光明日报》1964 年 7 月 4 日第 1 版。

2.1293　关于“清官”、“好官”讨论中的若干问题

王思治《光明日报》1964 年 7 月 9 日第 3 版。

2.1294　瑞士驻华大使举行国庆招待会，凯乐大使李先念副总理讲话祝中瑞两国良好关系进一步发展

《人民日报》1964 年 8 月 2 日第 1 版。

2.1295　首都五十万人示威声援越南反对美帝侵略

《人民日报》1964 年 8 月 8 日第 1 版。

2.1296　首都十万人盛大集会支援越南人民反对美国武装侵略

《人民日报》1964 年 8 月 10 日第 1 版。

2.1297　首都十万人隆重集会庄严宣告，中国人民随时准备全力支援越南抗击美帝武装侵略，周总理等领导人同越南同志和亚非拉朋友出席，廖承志、陈子平大使和各界代表讲话痛斥美帝

《北京日报》1964 年 8 月 10 日第 1 版。

2.1298　杨秀峰欢宴尼泊尔教育代表团

《人民日报》1964 年 8 月 24 日第 4 版。

2.1299　陈毅副总理欢宴中非共和国友好代表团陈毅副总理会见代表团，双方在友好气氛中进行会谈

《人民日报》1964 年 8 月 25 日第 1 版。

2.1300　中国尼泊尔友好协会举行招待会欢迎尼教育代表团和科学代表团

《人民日报》1964 年 8 月 29 日第 4 版。

2.1301　首都盛会欢庆越南人民的伟大节日陈毅副总理、陈子平大使以及中越人士出席大会

《人民日报》1964 年 9 月 2 日第 1 版。

2.1302　市人大五届一次会议举行预备会 选出了大会主席团、通过了秘书长人选和会议议程

《北京日报》1964 年 9 月 3 日第 1 版。

2.1303　李先念同志率领我党政代表团回京邓小平彭真陈毅陆定一罗瑞卿林枫同志到机场迎接

《人民日报》1964 年 9 月 9 日第 1 版。

2.1304　北京市第五届人民代表大会首次会议闭幕选出市长副市长和人民委员会委员，彭真继续当选市长政协北京市三届二次全体会议于本月十日闭幕

《人民日报》1964 年 9 月 13 日第 1 版。

2.1305　中尼友协和外交学会欢宴尼泊尔友好代表团

《人民日报》1964 年 9 月 13 日第 3 版。

2.1306　市人民代表大会五届一次会议胜利闭幕各族人民的伟大领袖毛泽东和刘少奇主席、周恩来总理、邓小平同志、彭真同志等当选为第三届全国人大代表，彭真当选市长，万里、贾庭三、吴晗、王昆仑、程宏毅、赵凡、范瑾、王纯、崔月犁、乐松生当选副市长

《北京日报》1964 年 9 月 13 日第 1 版。

2.1307　越南南方民族解放阵线驻华代表团到京，我亚非团结委员会和和大欢宴越南南方人民使者郭沫若和陈文成团长在宴会上讲话，热情赞颂中越人民的战斗友谊

《人民日报》1964 年 9 月 19 日第 1 版。

2.1308　刚果（布）军事友好代表团到京罗瑞卿大将举行宴会热烈欢迎贵宾

《人民日报》1964 年 9 月 20 日第 1 版。

2.1309　更快地培养既能体力劳动又能脑力劳动的新人，北京新办三十所半工半读学校

《人民日报》1964 年 9 月 22 日第 2 版。

2.1310　电视大学举行首届毕业典礼，二百多毕业生学完了全日制大学有关数学化学专业基本理论课

《北京日报》1964 年 9 月 22 日第 1 版。

2.1311　我国和大和亚非团结委员会举行招待会欢迎越南南方民族解放阵线驻华代表团

《人民日报》1964 年 9 月 24 日第 1 版。

2.1312　和大欢宴美国黑人领袖威廉

《人民日报》1964 年 9 月 25 日第 1 版。

2.1313　欢迎越南南方民族解放阵线驻华代表团越南驻华大使举行招待会，陈子平大使，陈文成团长和廖承志讲话，共祝中越人民友谊日增

《人民日报》1964 年 9 月 26 日第 1 版。

2.1314　尼泊尔王国政府代表团在京游览

《人民日报》1964 年 9 月 30 日第 4 版。

2.1315　陈毅副总理接见印度尼西亚客人

《人民日报》1964 年 10 月 3 日第 4 版。

2.1316　刘主席接见尼泊尔塔帕副主席

《人民日报》1964 年 10 月 5 日第 1 版。

2.1317　周总理和陈毅副总理会见并宴请阿尔及利亚党政代表团，陈副总理乌兹加尼部长讲话共祝中阿人民战斗友谊进一步发展

《人民日报》1964 年 10 月 5 日第 1 版。

2.1318　中国尼泊尔签订修建水利灌溉工程议定书，陈毅副总理和塔帕副主席代表双方签字周总理出席签字仪式

《人民日报》1964 年 10 月 5 日第 2 版。

2.1319 尼泊尔王国政府代表团离京贺龙陈毅副总理到机场欢送

《人民日报》1964 年 10 月 6 日第 2 版。

2.1320 刚果（布）军事友好代表团赴武汉访问

《人民日报》1964 年 10 月 8 日第 2 版。

2.1321 首都集会庆祝阿尔及利亚革命十周年

《人民日报》1964 年 10 月 31 日第 1 版。

2.1322 在朱德委员长陪同下阿富汗国王和王后在京参观游览

《人民日报》1964 年 11 月 2 日第 1 版。

2.1323 首都盛会欢迎查希尔国王和王后

《人民日报》1964 年 11 月 3 日第 1 版。

2.1324 凯塔总统和夫人在京参观游览朱委员长董副主席分别陪同参观

《人民日报》1964 年 11 月 3 日第 2 版。

2.1325 首都万人盛会欢迎阿富汗国王和王后 刘少奇主席和夫人周恩来总理等出席大会 彭真市长和查希尔国王讲话共祝中阿友好合作关系日益巩固发展

《北京日报》1964 年 11 月 3 日第 1 版。

2.1326 十月革命道路是各国革命发展的道路，首都隆重集会庆祝十月革命节，宋庆龄、彭真等领导出席大会，刘宁一、契尔沃年科、别谢夫讲了话

《北京日报》1964 年 11 月 7 日第 1 版。、第 2 版。

2.1327　彭真副委员长接见日本客人

《人民日报》1964 年 11 月 11 日第 3 版。

2.1328　阿富汗贵宾在京参观游览

《人民日报》1964 年 11 月 13 日第 1 版。

2.1329　周恩来同志、贺龙同志率领我国党政代表团回到北京，毛泽东、刘少奇、朱德、董必武、邓小平等领导人到机场热烈欢迎

《人民日报》1964 年 11 月 15 日第 1 版。

2.1330　北京市各界人民集会欢迎马晴山、陈觉光荣起义返回祖国大陆，陪同他们前来的日本朋友和东京华侨总会代表参加了集会

《人民日报》1964 年 11 月 18 日第 2 版。

2.1331　苏中友协代表团离京回国

《人民日报》1964 年 11 月 21 日第 3 版。

2.1332　向屹立在社会主义阵营西方前哨的英雄国家人民致敬，首都各界万人隆重举行盛大集会热烈庆祝阿尔巴尼亚解放二十周年

《人民日报》1964 年 11 月 28 日第 1 版。

2.1333　社会主义阿尔巴尼亚二十年图片展览在京开幕

《人民日报》1964 年 11 月 29 日第 4 版。

2.1334　热烈响应毛主席庄严号召愤怒声讨美、比帝国主义侵略罪行首都七十万人游行集会支持刚果（利）人民斗争

《人民日报》1964 年 11 月 30 日第 1 版。

2.1335　中华人民共和国第三届全国人民代表大会代表名单（单位和姓名均按笔划排列）

《人民日报》1964年12月13日第2版。

2.1336　本·贝拉总统特使乌兹加尼部长到北京，周总理、陈毅副总理同乌兹加尼特使会谈，陈毅副总理举行宴会招待阿尔及利亚贵宾

《人民日报》1964年12月17日第1版。

2.1337　本·贝拉总统特使乌兹加尼离京，陈毅副总理等到机场欢送

《人民日报》1964年12月18日第1版。

2.1338　应邀来我国进行友好访问阿联副总理西德基率代表团到京，薄一波副总理会见并欢宴贵宾

《人民日报》1964年12月19日第1版。

2.1339　阮明芳代理团长举行盛大招待会

《人民日报》1964年12月20第1版。

2.1340　中华人民共和国第三届全国人民代表大会预算委员会主任委员、委员名单

《人民日报》1964年12月21日第2版。

2.1341　阿联大使为西德基副总理访华举行宴会周恩来总理和陈毅薄一波副总理等应邀出席

《人民日报》1964年12月22日第2版。

2.1342　阿联贵宾离京到上海访问薄一波副总理等到机场欢送西德基副总理

《人民日报》1964 年 12 月 23 日第 3 版。

1965 年

2.1343　尼泊尔友好代表团到京

《人民日报》1965 年 1 月 4 日第 4 版。

2.1344　刘少奇主席接见尼泊尔友好代表团

《人民日报》1965 年 1 月 8 日第 1 版。

2.1345　中尼友协举行报告会尼友好代表团长介绍尼泊尔建设情况

《人民日报》1965 年 1 月 10 日第 4 版。

2.1346　郭沫若副委员长接见尼泊尔友好代表团，我对外文委和中尼友协饯别尼客人

《人民日报》1965 年 1 月 12 日第 4 版。

2.1347　学习解放军的革命精神迎接工农业生产新高潮，各地人民热情慰问解放军

《人民日报》1965 年 1 月 26 日第 2 版。

2.1348　关于道德批判继承讨论中的立场——重新学习《矛盾论》，答以东同志的批评

王煦华《哲学研究》1965 年第 1 期。

2.1349　试论编写和研究“四史”的重大意义——编选《北京四史丛书》的几点体会

赵有福 黎凯《历史研究》1965年第1期。

2.1350　是批判的继承，还是拜倒在古人脚下

范凡《文艺报》1965年第1期。

2.1351　热烈庆祝朝鲜人民军建军十七周年，朝鲜驻华武官举行招待会，贺龙元帅、罗瑞卿大将出席招待会，宾主热烈赞扬中朝两国人民和军队用鲜血凝成的战斗友谊

《人民日报》1965年2月9日第2版。

2.1352　首都一百五十万人集会示威支援越南兄弟反美斗争

《人民日报》1965年2月11日第1版。

2.1353　中国人民决心在一切战线上加紧努力加强战备，用实际行动支援越南打退美帝国主义战争挑衅，首都一百五十万人集会游行声讨美国强盗，毛主席、刘主席等党和国家领导人参加了天安门广场集会，彭真、刘宁一同志和黄北临时代办、阮明芳代理团长讲话、表达中越两国人民并肩战斗的坚强意志

《北京日报》1965年2月11日第1版。

2.1354　庆祝尼泊尔王国民主日中尼友协举行酒会

《人民日报》1965年2月18日第3版。

2.1355　我的“有鬼无害论”是错误的

繁星《光明日报》1965年2月18日第4版。

2.1356　首都盛会欢迎尼雷尔总统和夫人庆祝中国坦桑尼亚签订友好条约

《人民日报》1965年2月21日第1版。

2.1357　评封建社会“对立阶级道德互相包含”论

黄宜民《历史研究》1965年第2期。

2.1358　我的《有鬼无害论》是错误的

繁星《戏剧报》1965年第2期。

2.1359　首都各界集会热烈欢迎阿尤布·汗总统

《人民日报》1965年3月6日第1版。

2.1360　阿尤布·汗总统和周总理同游八达岭，巴基斯坦贵宾还游览了十三陵

《人民日报》1965年3月7日第4版。

2.1361　由人大常委会副委员长刘宁一率领全国人大代表团前往非洲访问，彭真、郭沫若、杨明轩副委员长、薄一波副总理等到机场送行

《人民日报》1965年3月9日第1版。

2.1362 《文史哲》讨论关于历史遗产继承问题（学术简报）

《光明日报》1965年3月12日第2版。

2.1363 《哲学研究》今年第一期载文 讨论道德的阶级性问题（学术简报）

《光明日报》1965年3月18日第2版。

2.1364 《南京大学学报》发表文章，论述朱元璋政权性质转化问题（学术简报）

《光明日报》1965年3月18日第2版。

2.1365 地主阶级道德和农民阶级道德是决不可能“互相包含”的

王思治《光明日报》1965年3月24日第4版。

2.1366 关于编写村史的几个问题的初步探讨

杨立文《新建设》1965年3期。

2.1367 《历史研究》载文 论述“四史”的重大意义（学术简报）

《光明日报》1965年4月4日第2版。

2.1368 《新建设》第三期载文 探讨编写“村史”的问题（学术简报）

《光明日报》1965年4月8日第2版。

2.1369 我人大代表团拜会恩克鲁玛总统，黄华大使为代表团访加纳举行宴会，我代表团在进行了五天的访问后离加纳去阿联

《人民日报》1965年4月11日第5版。

2.1370 向坚贞不屈地同美帝及其走狗英勇斗争的亲人致敬，我国九名人员胜利回到祖国首都，李先念副总理和首都各界数千人以及五大洲朋友到机场热烈欢迎

《人民日报》1965年4月22日第1版。

2.1371 首都万人集会欢迎胜利回国的九位同志

《人民日报》1965年4月25日第1版。

2.1372　中尼友好协会举行招待会

《人民日报》1965年4月28日第5版。

2.1373　加纳政府代表团到北京陈毅副总理等到机场欢迎贵宾

《人民日报》1965年4月29日第1版。

2.1374　周总理欢宴加纳政府代表团

《人民日报》1965年4月30日第1版。

2.1375　反映越南人民反美斗争坚强意志揭露美帝侵略越南滔天罪行“美国侵略者从越南滚出去”图片展览在京开幕

《人民日报》1965年4月30日第5版。

2.1376　读《北京四史丛书》(前六辑)

刘辉 文初《新建设》1965年4期。

2.1377　珍贵的遗产 深刻的启示——带着道德继承问题学《王杰日记》

夏书章《中山大学学报 社会科学版》1965年第4期。

2.1378　加纳政府代表团团长举行告别宴会，博齐约部长在宴会上提议为加中永恒友谊和亚非团结干杯，周总理祝加纳人民在建设自己国家和反帝斗争中获新胜利

《人民日报》1965年5月3日第1版。

2.1379　加纳政府代表团离开我国周总理和首都各界数千人到机场欢送

《人民日报》1965年5月4日第2版。

2.1380　首都工人盛大集会支持越南人民抗美救国斗争

《人民日报》1965年5月5日第1版。

2.1381　首都集会热烈庆祝反法西斯战争胜利廿周年，庆祝德国人民和捷克斯洛伐克人民解放廿周年

《人民日报》1965年5月10日第1版。

2.1382　首都十万人集会声讨美帝武装侵略多米尼加最坚决支持多米尼加人民抗美爱国正义斗争

《人民日报》1965年5月13日第1版。

2.1383　我外交学会副会长欢宴秘鲁客人

《人民日报》1965年5月22日第5版。

2.1384　庆祝蒙中友好互助条约签订五周年，蒙古驻华临时代办举行酒会陈毅副总理等应邀出席

《人民日报》1965年6月1日第3版。

2.1385　听毛主席的话做毛主席的好孩子，全国少年儿童欢庆"六一"节，朱委员长、阿鲁季议长、威廉斯主席、利佩书记等同首都一万五千名少年儿童一起联欢

《人民日报》1965年6月2日第1版。

2.1386　祝贺乒乓健儿在世界锦标赛中为祖国争得巨大荣誉，祝贺乒乓健儿在政治上思想上技术上获得全面丰收，首都一万五千人集会欢迎我乒乓球代表团

《人民日报》1965年6月4日第1版。

2.1387　陈毅副总理欢宴阿尔及利亚代表团，陈毅副总理同亚齐德团长继续会谈

《人民日报》1965 年 6 月 6 日第 1 版。

2.1388　卡柏尔临时代办举行招待会庆祝丹麦王国宪法日，陈毅副总理、林枫副委员长等出席

《人民日报》1965 年 6 月 6 日第 1 版。

2.1389　瑞典大使举行招待会庆祝瑞典国旗日，陈毅副总理、陈叔通副委员长到会祝贺

《人民日报》1965 年 6 月 8 日第 1 版。

2.1390　庆祝英女王诞辰英国驻华代办举行招待会

《人民日报》1965 年 6 月 13 日第 4 版。

2.1391　对朱元璋政权性质转化问题的商榷

顾诚《光明日报》1965 年 6 月 16 日第 4 版。

2.1392　关于"清官"和公案戏《陈州粜米》的讨论

吉林师大中文系古典文学教研室《光明日报》1965 年 6 月 20 日第 4 版。

2.1393　周总理接见并设宴欢迎李宗仁先生和夫人

《人民日报》1965 年 6 月 21 日第 1 版。

2.1394　支持朝鲜人民反美侵略、统一祖国、粉碎"韩日基本条约"，首都隆重集会纪念朝鲜祖国解放战争十五周年

《人民日报》1965 年 6 月 26 日第 1 版。

2.1395　董副主席、邓代总理、彭真、康生、刘宁一副委员长接见康良煜副委员长率领的朝鲜人民代表团

《人民日报》1965年6月26日第1版。

2.1396　芬兰临时代办举行国旗日招待会，林枫副委员长等出席，宾主共祝两国友好关系进一步加强

《人民日报》1965年6月27日第1版。

2.1397　中国人民保卫世界和平委员会、中国亚非团结委员会调整组织机构通过领导成员郭沫若、廖承志分别担任两机构主席

《人民日报》1965年7月1日第1版。

2.1398　首都各界盛大集会欢迎奥博特总理，周恩来、彭真、谢富治、郭沫若、杨明轩等领导人出席大会彭真市长和奥博特总理讲话，强调进一步加强亚非人民在反帝反殖斗争中的团结

《人民日报》1965年7月15日第1版。

2.1399　首都隆重集会热烈欢迎越南国会代表团

《人民日报》1965年7月16日第1版。

2.1400　印度尼西亚和日本和平代表团到京

《人民日报》1965年7月20日第4版。

2.1401　欧斯曼总统参观北京国棉二厂纺织工人热烈欢迎索马里贵宾

《人民日报》1965年7月25日第1版。

2.1402　中共中央统战部长徐冰和夫人宴请并接见李宗仁先生和夫人

《人民日报》1965年7月30日第1版。

2.1403 庆祝中国人民解放军建军三十八周年首都举行拥军优属联欢会

《人民日报》1965 年 7 月 31 日第 1 版。

2.1404 瑞士大使举行国庆招待会陈毅副总理林枫副委员长等应邀出席

《人民日报》1965 年 8 月 3 日第 1 版。

2.1405 几内亚政府代表团到北京，李先念副总理和首都各界千余人到机场欢迎，薄一波副总理接见几内亚贵宾

《人民日报》1965 年 8 月 19 日第 1 版。

2.1406 赞比亚政府代表团首次访华李先念副总理设宴欢迎贵宾

《人民日报》1965 年 8 月 19 日第 1 版。

2.1407 比斯塔副主席和夫人到我国访问陈副总理和夫人欢宴尼泊尔贵宾

《人民日报》1965 年 8 月 26 日第 1 版。

2.1408 祝贺西藏自治区成立，中共中央和国务院派出代表团，谢富治副总理等率领中央代表团由北京动身去拉萨代表团包括中央部门、二十七个省市区、十六个少数民族自治地方的代表六个文艺团体三百六十多人日前陆续出发前往拉萨祝贺

《人民日报》1965 年 8 月 28 第 1 版。

2.1409 再评王煦华同志的无产阶级应当继承历史上统治阶级道德的观点

以东《哲学研究》1965 年第 4 期（双月刊）。

2.1410　西藏自治区首届人代会首次会议开幕

《人民日报》1965 年 9 月 2 日第 1 版。

2.1411　中国人民政治协商会议北京市第四届委员会委员名单

《北京日报》1965 年 9 月 6 日第 2 版。

2.1412　应该怎样估价“让步政策”

孙达人《光明日报》1965 年 9 月 22 日第 4 版。

2.1413　朱元璋蜕化变质的原因是什么？与吴晗先生商榷

谢季《文汇报》1965 年 9 月 23 日第版。

2.1414　印度尼西亚临时人民协商会议代表团到北京，刘少奇主席、朱德委员长接见印度尼西亚贵宾，朱委员长举行宴会热烈欢迎代表团来我国访问

《人民日报》1965 年 9 月 28 日第 1 版。

2.1415　前来我国参加十六周年国庆活动北加里曼丹代表团到达北京

《人民日报》1965 年 10 月 1 日第 6 版。

2.1416　彭真同志举行招待会热烈祝贺全运会成功，勉励运动员互相学习把我国体育运动水平推向新高度，邓小平、陈毅、李井泉、乌兰夫、陆定一、李雪峰、陶铸、刘澜涛、杨尚昆、宋任穷等同志出席了招待会

《人民日报》1965 年 10 月 3 日第 1 版。

2.1417　印度尼西亚经济代表团团长苏尔亚迪举行告别宴会，李先念副总理出席了宴会

《人民日报》1965 年 10 月 3 日第 3 版。

2.1418　我全国人民代表大会常务委员会印度尼西亚临时人民协商会议联合声明在京签字 朱德委员长和哈鲁尔·萨勒主席代表双方签字

《人民日报》1965 年 10 月 4 日第 1 版。

2.1419　印度尼西亚临时人民协商会议代表团去南方访问朱委员长，周总理和首都各界数千人到机场欢送，周恩来总理接见代表团团长、副团长等贵宾

《人民日报》1965 年 10 月 5 日第 1 版。

2.1420　庆祝中华人民共和国成立十六周年苏联驻华大使馆举行电影招待会

《人民日报》1965 年 10 月 6 日第 4 版。

2.1421　谈当前“四史”编写中的一个问题

黎凯《光明日报》1965 年 10 月 6 日第 4 版。

2.1422　对“让步政策”的看法

熊铁基《光明日报》1965 年 10 月 20 日第 4 版。

2.1423　应邀访问并参加纪念我志愿军入朝参战十五周年活动杨勇率中国人民代表团离京去朝

《人民日报》1965 年 10 月 22 日第 1 版。

2.1424 政协全国委员会常委会举行第三次会议 决定隆重纪念孙中山先生诞辰一百周年

《北京日报》1965年10月25日第1版。

2.1425 试论朱元璋政权的封建转化

史泽《光明日报》1965年11月2日第2版。

2.1426 如何正确地理解“让步政策”

王玉哲 陈振江《光明日报》1965年11月3日第4版。

2.1427 封建统治阶级的两面手法

覃延欢 钱宗范《光明日报》1965年11月3日第4版。

2.1428 元末张士诚统治下的江南人民的 生活状况

施一揆《光明日报》1965年11月3日第4版。

2.1429 首都隆重集会庆祝十月革命四十八周年董必武陈毅康生等同志和各界代表一千多人出席刘宁一同志和科瓦诺夫团长在大会上讲了话

《人民日报》1965年11月6日第1版。

（本节1965年11月10日以后部分及后续章节，见本书下卷）